휴먼 해킹

휴먼 해킹

친구를 사귀고, 대화가 쉬워지고,
모든 인간 심리에 침입하는 9가지 기술

크리스토퍼 해드내기, 세스 슐먼
노승영 옮김

HUMAN HACKING : Win Friends, Influence People, and Leave
Them Better Off for Having Met You

by Christopher Hadnagy, Seth Schulman

역자 노승영(盧承英)

서울대학교 영어영문학과를 졸업하고, 서울대학교 대학원 인지과학 협
동과정을 수료했다. 컴퓨터 회사에서 번역 프로그램을 만들었으며 환경
단체에서 일했다. '내가 깨끗해질수록 세상이 더러워진다'라고 생각한
다. 옮긴 책으로『오늘의 법칙』,『우리 몸 오류 보고서』,『약속의 땅』,『시
간과 물에 대하여』,『천재의 지도』,『바나나 제국의 몰락』,『트랜스휴머
니즘』,『정치의 도덕적 기초』,『그림자 노동』 등이 있다. 홈페이지(http://
socoop.net)에서 그동안 작업한 책들에 대한 정보와 정오표를 볼 수 있다.

편집, 교정_옥신애(玉信愛)

휴먼 해킹
친구를 사귀고, 대화가 쉬워지고, 모든 인간 심리에 침입하는 9가지 기술

저자/크리스토퍼 해드내기, 세스 슐먼
역자/노승영
발행처/까치글방
발행인/박후영
주소/서울시 용산구 서빙고로 67, 파크타워 103동 1003호
전화/02 · 735 · 8998, 736 · 7768
팩시밀리/02 · 723 · 4591
홈페이지/www.kachibooks.co.kr
전자우편/kachibooks@gmail.com
등록번호/1-528
등록일/1977. 8. 5
초판 1쇄 발행일/2022. 2. 10
    2쇄 발행일/2022. 3. 30

값/뒤표지에 쓰여 있음

ISBN   978-89-7291-760-1   03180

추천의 글

이 책은 사람들과 더 잘 지내고 여러분의 세상을 최고의 장소로 바꾸는 기술을 배울 수 있는 완벽한 지침서이다.

— 마크 보든, 『블랙 호크 다운*Black Hawk Down*』 저자

자신에게서 최상의 모습을 끌어내는 법을 배우고 싶다면 필독하라. 나는 솔직한 의사소통을 중시하는데, 이것이야말로 이 책의 전부이다. 이 책을 읽으면 전문 휴먼 해커가 수십 년간 연구하여 다듬은 기술을 일반인에게 적용하는 법을 배울 수 있다.

— A. J. 쿡, 배우 겸 무고한 생명 재단Innocent Lives Foundation 이사

우리는 기계의 세상에서 살아가지만 기계를 조종하는 것이 인간임을 망각한다. 인간은 쉽게 해킹할 수 있다. 이 책은 휴먼 해킹이 어떻게 벌어지는지 보여주는 빼어난 책이며, 오늘날의 세상에서 살아가기 위한 필수 도구이다.

— 헨리 엘커스, 사회문제 해결 프로젝트 헬레나Helena 창업자 겸 최고경영자

이 책은 기만이 아니라 정직을 가르치는 책이다. 정직을 연습하는 이 간단한 방법은 어떤 상황, 장소, 사람에게든 적용할 수 있으며, 모두를 이롭게 한다.

— 닐 팰런, 밴드 클러치Clutch 리드 싱어

나의 영원한 사랑, 어리사에게.
당신은 나의 가장 절친한 친구이자
내가 이제껏 만난 가장 아름다운 사람입니다.

콜린에게.
네가 지금의 모습으로 성장하는 것을 지켜보면서
끝없는 희망을 느꼈단다. 네가 정말 자랑스럽다.

어마야에게.
널 향한 나의 사랑은 말로 표현할 수 없구나.
너의 아름다움과 재능에 감탄한다.

차례

경고문

이 책에 실린 기법들은 유례를 찾을 수 없을 정도로 강력하다. 해마다 전 세계의 범죄자들이 이 기법들을 이용하여 범죄를 저지르고 기업과 개인에게서 수조 달러를 훔치고 수백만 명의 삶을 망가뜨리고 한 나라의 명운을 바꾼다. 내가 이 기법들을 공개하는 것은 당신이 이런 악한 목적이 아니라 선한 목적으로 이것들을 쓰리라고 믿기 때문이다. 사익을 추구하는 것이 아니라, 남을 돕고 남에게 피해가 가는 행동은 하지 않을 것이라고 믿기 때문이다. 농담이 아니다. 이것은 생사가 걸린 문제이다! 그러니 이 책의 기법들을 익히기 전에 다음의 서약을 읽고 서명하기를 부탁한다.

나 _____은(는) 이기적이고 일방적인 이익을 위해서 사람들을 조종하는 데에 이 기술들을 이용하지 **않을** 것임을 엄숙하게 맹세합니다. 이따금 나 자신에게 유익하도록 쓸 때도 있겠지만, 나의 행위가 나와 교류하는 사람들에게도 유익하게 할 것이며, 나와 소통하는 과정에서 그들이 손해를 입지 않도록 할 것입니다. 더 나아가 이 기술을 이용하면서 다른 사람의 사생활을 존중할 것을 약속하며, 나 자신을 더욱 정확히 파악하여 더 나은 배우자, 가족, 친구, 동료, 이웃이 되는 데에 이 기술을 이용할 것을 약속합니다. 무엇보다도 나를 만난 것이 사람들에게 잘된 일이 되도록 이 기술들을 이용할 것을 약속합니다. 이 약속을 지키지 못할 때도 있겠지만, 그럴 때에는 그 실수를 교훈삼아서 다음번에는 더욱 잘할 것을 약속합니다.

_____년 ____월 ____일

이름 _____ (서명)

머리말
당신의 새로운 초능력

지금은 새벽 1시이다. 우리는 검은색 SUV 렌터카를 타고 전조등을 끈 채 길 없는 사막을 달팽이걸음으로 통과하고 있다. 나는 달빛에 눈이 부셔서 실눈을 뜬 채 바위와 덤불과 이따금 나타나는 작은 나무들 사이를 요리조리 피해 간다. 나의 친구 라이언은 손이 하얘지도록 조수석을 꽉 쥐고 있다. 그는 몇 분마다 창밖으로 목을 빼고는 아무도 따라오지 않는지 돌아본다. 나는 침착하려고 숨을 깊이 들이쉰다. 이따금 차가 거칠게 덜컹거리거나 바위에 부딪힐 뻔할 때에 욕설을 내뱉는 것 말고는 둘 다 한마디도 하지 않는다.

우리는 시속 10킬로미터도 내지 못한 채 강력한 투광기와 곳곳에 배치된 산업용 조명이 비추는 네모나고 특색 없는 건물들을 향해 나아간다. 정확히 말하자면 우리와 건물들 사이에는 꼭대기에 가시철망이 쳐진 1미터 높이의 안전 울타리가 있는데, 우리는 그 울타리를 향해서 가고 있다.

8킬로미터쯤 갔을 때에 코요테가 불쑥 튀어나오는 바람에 기겁하여 브레이크를 꽉 밟는다. 이러는 게 아니었어, 나는 혼잣말을 한다.

울타리를 400미터가량 앞두었는데, 나의 왼쪽에 넓고 깊게 파인 골짜기가 보인다. 내가 묻는다. "저기 어때?"

라이언이 말한다. "좋아."

나는 좌우의 빽빽하고 바싹 마른 덤불에 차가 긁히지 않도록 조심하면서 골짜기 쪽으로 다가간다. 이 흙투성이 황무지를 돌아다니는 경비원이나 인부들의 눈에 띄지 않을 만큼 골짜기 깊숙이 내려가서 차를 세운다. 여기에서부터는 도보로 이동할 것이다. 내가 시동을 끄며 묻는다. "인기척 있어?"

라이언이 말한다. "아무도 없는 것 같아."

"그럼 나가볼까."

우리는 차에서 내려 문을 살살 닫는다. 이 지역에는 방울뱀과 전갈이 많으므로 아주 작은 움직임에도 신경을 곤두세운 채 조심조심 발을 내디딘다. 차량 뒷문을 열고 알루미늄 사다리와 밧줄을 꺼낸다. 사다리 말고는 거추장스러운 물건은 들지 않는다. 여차하면 달아나야 할 수도 있으니까. 내가 우리 왼쪽에 있는 울타리를 가리키며 말한다. "결정했어. 저기 어두운 데로 하자. 조명이 나간 것 같아. 저기가 가장 좋겠어."

우리는 사다리를 맞든 채 걷는다. 건물 쪽에서 낮게 울리는 소리와 간간이 사다리가 부드럽게 달그락거리는 소리 말고는 스산하리만치 고요하다. 우리는 시내에서 80킬로미터나 떨어진 곳에 무장도 없이 쳐들어온 불청객이다. 우리에게 무슨 일이 일어나도 누구 하나 알지 못할 것이다. 그리고 불상사는 일어나게 마련이다. 나는 체포되어 총으로 위협받은 적도 있다. 게다가 그때는 지금보다 쉬운 일이었다.

이 시설이 어떤 종류인지, 어디에 있는지는 발설할 수 없다. 내가 말할 수 있는 것은 이 철조망 너머에서 어떤 막강한 조직이 무엇인가 엄청나게 귀중한 것을 지키고 있다는 점이다. 이 "무엇인가"가 너무 귀중해서 조직은 이 시설을 지구상에서 가장 안전한, 요컨대 우리가 듣기로는 "절대 난공불락"인 시설로 설계하고 건설하기 위해서 수천억 달러를 쏟아부었다. 철조망 말고도 고도로 훈련된 무장 경비원 수십 명이 자동화기를 들고서 밤새 교대로 구내를 순찰한다. 높은 감시탑에도 경비원들이 서 있다. 굉장히 밝은 스포트라이트가 수시로 울타리를 비추며 수백 대의 카메라가 구내와 주변의 움직임을 감시한다. 그밖에도, 밝힐 수는 없지만 온갖 비싸고 정교한 장비들을 갖추고 있는데, 그 목적은 오직 하나이다. 라이언과 나 같은 자들이 얼씬하지 못하게 하는 것.

우리가 보안에 대해서 이렇게 자세히 아는 것은 여러 주일에 걸쳐서 이 임무를 준비해왔기 때문이다. 우리는 외딴 곳에서 피싱phishing과 비싱vishing(보이스 피싱) 공격을 하여 상세한 정보를 대량으로 수집했다. 철조망 뒤에서, 또는 이 조직이 운영하는 다른 시설들에서 일하는 사람들은 무심한 대화 중에 운영 계획, 세부 일정, 심지어 이곳에서 일하는 직원과 관리자들의 이름까지 누설했다. 이 정도면 조직도를 얼추 짜맞추기에 충분했다.

최근 들어서는 정보를 계속 수집하는 한편으로 시설 주변을 직접 탐사했다. 우리는 조직이 이 근처에 새로운 시설을 짓고 있으며 이번 주에 기공식을 연다는 사실을 알아냈다. 온라인에서는 새 시설의 위치에 대한 정보를 전혀 찾을 수 없었지만 그렇다고 포기할 우리가 아니었다. 현지 기자가 건설 공사와 관련하여 기사를 썼다는 사실을 알아낸 우리는 그 기자와 그의 방송국 동료로 위장한다는 계획을 세웠다. 시설의 위치를 알아내기 위해서 우리의 여자 동료 데브라를 시켜서 기자의 비서인 척을 하며 본사 사무실에 전화하게 했다. 그녀는 활기찬 목소리로 말했다. "안녕하세요. WXTT[방송국의 실제 이름은 아니다]의 서맨사라고 해요. 피트 로비초드 기자님의 비서예요. 기자님이 토요일 10시 30분에 열리는 기공식을 취재할 예정인데, 이것과 관련하여 두어 가지 여쭤볼 것이 있어요."

상대방이 말했다. "잠시만요." 아마도 피트(이것도 실제 이름이 아니다)가 방문객 명단에 있는지를 확인하는 듯했다. "말씀하세요."

"네, 우선 어떤 신분증을 가져가야 하나요? 사진이 있는 정부 발급 신분증이면 될까요?"

"그래요. 운전 면허증이면 됩니다. 여권도 괜찮고요."

"알겠어요. 다음 질문은요, 기자님은 본인의 카메라 장비를 가져갈 생각인데 그래도 되나요? 가져가면 안 되는 물품이 있을까요?"

남자가 말했다. "가져오셔도 됩니다. 하지만 입장할 때에 몸수색이 있을 거예요."

데브라가 말했다. "물론이죠. 자, 마지막 질문은요……그냥 확인차 여쭤보는 건데요. 초청장을 분실한 것 같아서, 시설의 위치가 어디인지, 기자님이 어디로 가면 되는지 확실히 확인하고 싶어요."

남자가 말했다. "알았어요." 그는 정확히 우리에게 필요한 정보를 제공했다.

이 대화는 대수롭지 않아 보였으며 30초밖에 걸리지 않았다. 상대방은 전혀 의심하지 않았을 것이다. 그러나 이 대화에는 눈에 보이는 것이상의 수법이 숨겨져 있었다. 데브라가 원하는 정보는 단 하나, 주소였지만 그녀는 두 가지의 가벼운 질문을 던져서 상대방이 당연히 대답해줄 수 있는 기본 정보를 이끌어냈다. 이는 우리 업계에서 "호응 유도"라고 부르는 기법이다. 데브라는 가벼운 질문들을 던져서 남자가 자신의 질문에 순순히 **호응하게** 했다. 앞의 두 가지 질문에 답한 이후, 남자의 뇌는 세 번째 질문에도 기꺼이 대답할 준비가 되었을 것이다(마지막 질문이 의심을 살 만큼 엉뚱하지만 않다면 말이다). 데브라는 심지어 첫 번째 질문의 답을 스스로 내놓아서 자신이 이 업무에 익숙하고 전에도 해보았으며 모든 것이 정상이라는 인상을 심었다.

그러나 데브라가 구사한 기법은 이것만이 아니었다. 그녀는 세 번째 질문을 던질 때에 자신이 이미 아는 것을 단순히 "확인하는" 것인 양 위장했다. 논리에 들어맞도록 질문을 꾸며서 완전히 타당한 질문처럼 보이게 했다. 그리고 그전에는 자신의 상사가 가져가면 안 되는 것이 있느냐고 짐짓 어수룩한 질문을 던져서 상대방에게 자신을 가르쳐달라는 뉘앙스를 풍겼다. 이렇게 남자를 우쭐하게 해서 그의 권위를 세워주는 한편 그가 더 편안하게 느끼고 기꺼이 입을 열게 했는데, 여기에는 성별 차이도 한몫했다.

이런 대화들 덕분에 우리는 어제 시설을 사전에 답사할 수 있었으며 잘하면 들어갈 수도 있을 뻔했다. 보안 직원들이 우리를 수상하다고 생각해서 금세 제지했지만, 이미 우리는 보안 규정이 어떤지, 경비원들이 어떻게 훈련받고 어떤 무기를 휴대하며 어떤 협박을 동원하는지, 시설에서 어떤 카메라가 이용되는지 등의 수많은 정보들을 알아낸 후였다.

지금 라이언과 나는 두 번째 접근을 시도하고 있다. 이번이 분명 훨씬 더 위험하다. 한밤중에 신원 미상의 남자 두 명이 머리끝부터 발끝까지 검은색으로 둘러싸고 몰래 울타리에 다가가고 있으니 성마른 경비원이라면 일단 총부터 쏘고 질문은 나중에 할 법도 하다. 나는 키가 190센티미터여서 맞히기 쉬운 표적이다. 울타리를 향해서 걸어가며 이런 생각들을 떨치려고 애쓰지만 쉽지 않다. 아까 아내와 아이들에게 전화해서 사랑한다고 말했던 것이 자꾸 떠오른다. 무슨 소리가 들릴 때마다 심장이 두근거리고 호흡이 가빠진다. 이러는 게 아니었어, 나는 다시 혼잣말을 한다.

우리는 울타리의 어두운 부분에 도착하여 주위를 살펴본다. 아무도 없다. 나는 울타리에 사다리를 걸치고 철조망을 밧줄로 내리누른다. 라이언이 휴대전화로 촬영하는 동안 나는 울타리를 넘어간다. 혹시 발각되지 않았는지 주위를 둘러보지만, 다행히 들키지 않았다.

그후로 한 시간가량 라이언과 나는 구내를 탐색하며 건물 두어 곳과 커다란 기계가 있는 곳에 잠입하여 사진과 동영상을 촬영한다. 경비원은 한 번도 오지 않았다. 우리가 여기 있으리라고는 꿈에도 모를 것이다. 그래도 시시각각 관자놀이가 떨리고 긴장감으로 아드레날린이 분출된다.

이만하면 정보를 충분히 수집했다는 생각이 들어서 트럭으로 돌아가 눈을 붙인다. 이제 며칠 동안은 재래식 수단과 심리 기법을 동원하여 다른 진입 지점에서 시설에 침투할 것이다. 경비원들이 고함을 지르고 우리 머리에 총을 겨눌 테지만, 그때는 이미 우리가 건물 주위와 시설의 가장 민감하고 경비가 삼엄한 지역을 몇 시간 동안이나 돌아본 이후일 것이다.

"절대 난공불락"이라고? 천만의 말씀.

우리의 정체와 임무

당신은 라이언과 내가 정부 첩보원이거나 첨단 기술을 보유한 범죄자이거나 유튜브 구독자를 백만 명 늘리고 싶어하는 무모한 모험가라고 생각할지도 모르겠다. 아니, 그렇지 않다. 어느 쪽도 아니다.

우리는 해커이다.

대부분의 사람들은 해커 하면 음료수 캔을 구기고 컴퓨터 키보드를 두드리면서 데이터를 훔치고 웹사이트를 마비시키고 비아그라 스팸 메일을 보내는 젊은 기술천재 악당을 생각한다. 그러나 해커 중에는 좋은 사람도 있다. 정부와 기업을 악당으로부터 **보호하기** 위해서 고용된 1급 보안 전문가가 그렇다. 이 좋은 해커 중에서도 극소수는 컴퓨터에 침투하는 것이 아니라 뒤죽박죽인 인간 정신을 공략한다. 이 특수한 해커들은 코드를 짜서 컴퓨터를 해킹하는 것이 아니라 **사람을** 해킹해서, 아무리 단단한 보안이라도 깨뜨린다. 그들은 사기꾼에 달변가이며, 어수룩한 이들을 구슬려서 서버와 제한구역에 침투한다. 이 중에서도 최고의 해커들은 솜씨가 굉장히 뛰어나서 원하는 것을 얻을 뿐만 아니라 자신을 만난 것이 표적들에게 **잘된 일이 되게** 한다.

라이언과 나는 휴먼 해커^{human hacker}이다. 걱정 안 해도 된다. 우리는 좋은 사람들이니까. 우리는 악당이라면 어떻게 할지 상상하며 고급 심리학 원리와 기법을 구사하여 서버와 제한구역에 침투한다. 침투에 성공하면(거의 대부분 성공한다) 클라이언트가 취약점을 파악하고 고치게 해서 그들의 고객과 우리 사회를 더 안전하게 한다. 바로, 그날 밤 사막 한가운데에서 우리가 하던 일이다. 우리는 난공불락이라고 자부하는 시설의 보안 상태를 점검하고 취약점을 찾아내어, 악당이 쳐들어와서 말썽을 피우기 전에 고칠 수 있게 한다. 생판 낯선 타인이 우리가 원하는 대로 말하거나 행동하게 하는 것이 우리의 밥벌이 비결이다.

나는 10년 넘게 이 기법을 갈고닦았으며 이를 이용하여 세상에서 가장 철통같은 시설과 컴퓨터 네트워크에 침투했다. 한 기자는 보안 업계를 다룬 기사에서 나를 "미국에서 가장 위험한 자"로 묘사했다.[1] 그것은 과장된 말이지만, 우리가 전 세계의 첩보원, 군, 보안 전문가들에게 우리의 방법을 가르쳐서 그들이 정말로 위험한 악당보다 한발 앞서게 하는 것은 사실이다. 이 책에서 나는 당신에게 가정과 직장에서 활용할 수 있는 우리의 비밀을 알려줄 것이다. 당신은 사람들의 몸짓언어를 효과적으로 읽는 법, 적절한 어휘를 구사하여 사람들을 자기편으로 만드는 법, 긍정적인 대답을 얻을 가능성이 극적으로 커지도록 부탁하는 법, 당신을 조종하려고 하는 자들을 꿰뚫어보고 퇴치하는 법, 성공 확률이 높아지도록 중요한 대화를 처음부터 끝까지 구상하는 법 등을 배울 것이다. 당신이 승진하고 싶든, 공짜로 무엇인가를 얻고 싶든, 사람들이 자신의 속내를 털어놓게 하고 싶든, 더욱 효과적으로 소통하는 법을 배워서 인간관계를 향상시키고 싶든 간에 우리의 방법은 당신의 은밀한 신무기가 될 것이다. 차차 보겠지만 사람을 해킹하면 친구를 얻고 사람들에게 영향을 미치고 목표를 이루는 데에 도움이 된다. 휴먼 해킹은 당신에게 유익하다.

새로운 종류의 해킹

컴퓨터가 아니라 사람을 해킹한다는 발상이 이상하게 들릴지도 모르겠다. 사람이 해킹의 "대상"이 될 줄 누가 알았겠는가? 나도 몰랐다. 1991년, 나는 대학교에서 사소한 장난을 쳤다가 두 달 만에 퇴학당했다. 사실 사소하지는 않았다. 내가 학내의 구식 모뎀들을 건드리는 바람에 플로리다 주 새러소타의 전화 시스템이 하루 종일 먹통이 된 것이다.

그후로 방황의 세월이 시작되었다. 나는 사람들을 설득하여 내가 가져서는 안 되는 것을 내어주게 하는 신기한 재주가 나에게 있다는 것을 깨닫고서는 이를 이용하여 재미있어 보이는 일자리들을 따냈다. 퇴학당한 지 1년쯤 후에는 서류 배달 일을 하다가 25가구가 사는 다세대 주택의 관리 사무실에 들어가서 건물주와 담소를 나누게 되었다. 만난 적이 한 번도 없는 사람이었지만, 나는 몇 분 만에 그가 자신의 가장 깊숙하고 어두운 비밀들을 털어놓게 했다. 그에게는 해결해야 할 개인적인 문제들이 있었다. 두 시간 후에 나는 관련 경력이 전혀 없었음에도 주택을 임대하고 건물을 관리하면서 두둑한 급여를 받는 건물주 대리인으로 취직했다. 나의 나이 고작 열일곱 살 때였다.

한동안 그곳에서 일하다가 싫증이 나서 그만두었다. 요리사가 되면 근사할 것 같아서 주방 경험이 전무한 채로 고급 레스토랑에 들어가서는 취직시켜달라고 부탁했다. 두 시간 후에, 놀랍게도 일자리를 얻었다.

그 일도 지겨워져서 경험도 없이 혀만 놀려 또다른 일자리를 얻었다. 그후에도 수많은 일자리를 전전했다. 20대 후반이 되었을 즈음에는 산업용 스테인리스를 주로 제조하는 회사에서 국제 영업 협상 담당자로 일하고 있었다. 전 세계를 누비며 솜씨를 발휘하여 큰돈을 벌었지만, 그 즈음에는 사랑하는 여인을 설득해서 결혼하고 아이도 낳은 후였다. 이 때문에 집에서 더 많은 시간을 보내고 싶어서 그 직장을 그만두고 다른 일을 찾기로 했다.

대학교에서 퇴학당한 연유를 떠올리다가 나는 내가 컴퓨터 해킹에 재능이 있을지도 모르겠다는 생각이 들었다. 인터넷에 들어가서 보안 회사가 제공하는 컴퓨터 해킹 강좌를 찾았다. 강좌를 수강한 나는 그 회사의 가장 철벽같은 서버에 역사상 처음으로 침투하는 데에 성공했다. 사장은 그 자리에서 나에게 컴퓨터 기술을 이용하여 컴퓨터 네트워크에 침투하는 업무를 제안했다.

그런데 문제가 하나 있었다. 강좌를 수강하기는 했지만 나는 컴퓨터 기술에 그다지 능하지 못했다. 내가 가진 이점은 잔머리와 말발이었다. 알고 보니 이것만으로도 충분했다. 그후로 몇 년간 나는 뜻밖의 방식으로 팀에 한몫을 했다. 동료들은 컴퓨터 코드를 짜면서 시스템 침투에 활용할 수 있는 소프트웨어, 하드웨어의 취약점을 뒤지는 일을 했다. 그런데 30시간, 40시간, 50시간이 지나도록 헛물만 켜면 결국 내가 끼어들고는 했다. "제가 그냥 이 친구에게 전화해서 비밀번호를 캐내볼까요?"

그들은 어깨를 으쓱하며 말했다. "좋죠, 해봐요."

10분 만에 우리는 시스템에 침투했다.

이런 일들이 수없이 벌어졌다. 어떤 때에는 사람들에게 전화해서 정보를 빼냈고 또 어떤 때에는 이메일 피싱 수법을 이용하거나 겁 없이 시설에 들어가 직원들을 구슬려서 서버 접근권을 얻어냈다. 나는 기존 수법은 전혀 활용하지 않았고 대인관계 기술과 잔머리만 구사했다. 그런데도 통했다. 하도 효과가 좋아서 상사에게 이 기법을 가르치는 강좌를 개설하자고 제안했다. 놀랍게도 그는 나에게 직접 강좌를 개설하라고 권했다. 내가 말했다. "말도 안 돼요. 강의 준비를 어떻게 하는지 전혀 모르는걸요. 저는 대학교도 마치지 못했다고요."

그가 말했다. "간단하네. 그 기법과 관련된 심리학 이론이나 연구에 대한 책들을 모조리 찾아서 읽어본 다음에 자네가 매일매일 하는 일에 접목하는 거야. 그것을 전부 기록한 다음에, 사람들에게 가르칠 수 있는 간단한 체계로 구성하면 돼."

그의 조언에 일리가 있어서 나는 도전을 받아들였다. 1년 가까이 연구하고 고심하여 2009년에 나 자신의 체계를 완성했다. 그러고는 강좌를 온라인에 올린 후에 잊어버리고 지냈다. 그러다가 몇 달 후에 한 출판사에서 다짜고짜 나에게 전화하여 나의 강좌를 보았다고 말했다. 그들은 나에게 보안 업계 사람들을 위한 지침서를 쓰지 않겠느냐고 물었다. 처음에는 거절했다. 나는 하찮은 해커에 불과하며 아무도 내가 쓴 책을 읽고 싶지 않을 것이라고 말했다. 상사도 나처럼 허튼소리로 치부할 것이라고 생각하며 그에게 보고했는데, 그는 나의 말을 듣고 펄쩍 뛰었다. "자네 미쳤나? 당장 전화해서 책을 쓰겠다고 해!"

이번에도 나는 그의 조언을 받아들였으며 그렇게 해서 『사회공학과 휴먼 해킹Social Engineering : The Art of Human Hacking』이 2010년에 출간되었다. 이 책은 휴먼 해킹에 대한 최초의 "지침서"였으며 10만 부가 넘게 팔렸다. 전문 기술 서적으로는 상상도 하지 못할 판매량이었다. 나는 내가 하는 일을 설명하기 위해서 "사회공학social engineering"이라는 용어를 차용했는데, 이 용어는 19세기 말에 처음 만들어졌으며 1990년대와 2000년대의 이름난 해커인 케빈 미트닉 덕분에 유명해졌다. 나는 독자에게 사회공학을 "목표가 되는 사람을 조종하여 '목표물에게' 최고의 이익이 될 수도 있고 안 될 수도 있는 특정 행동을 취하게 하는 기술"로 설명했으나,[2] 그후로는 미트닉의 이 정의를 수정해서 영향력 기법과 조종 기법을 구별했다. 영향력 기법은 사람들이 내가 바라는 대로 행동하거나 생각하게 하는 기술인 반면, 조종 기법은 행동이나 생각을 억지로 끄집어내는 어둠의 기술이다. 좋은 해커는 윤리적 제약을 받기 때문에(이에 대해서는 이후에 설명할 것이다), 나 같은 사회공학자가 하는 일의 대부분은 사람들에게 영향을 미치는 것에 국한된다. 우리는 사람들이 민감한 정보를 털어놓도록 은밀히 유도할 뿐, 어떤 상황에서도 억지로 강요하지 않는다.

우리와 직접 만나거나 전화나 인터넷으로 소통하고 나면, 당신은 다른 사람과 시답잖을 수도 있지만 즐거운 대화를 나누었다고 생각할 것이다. 우리를 만난 것은 당신에게 사소하나마 잘된 일일 것이다. 그러나 우리가 특수한 단어를 쓰고 당신의 반응을 면밀히 살피며 대화를 정확한 틀에 끼워맞추었기 때문에, 대화가 끝났을 즈음이면 당신은 우리에게 비밀번호나 주민등록번호, 그밖에 우리에게 필요한 정보를 영락없이 내어주었을 것이다. 사실, 훈련을 잘 받은 사회공학자는 조종 기법을 동원할 필요가 없다. 영향력 기법만으로도 충분하다.

어제 당신에게 전화를 걸어 몇 분간 대화를 나누면서 기부를 요청한 상냥한 아주머니를 기억하는가? 당신에게 길을 묻다가 당신의 회사 모자를 가리키며 농담을 건네고 당신이 하는 일에 대해서 악의 없이 물어본 친절한 택배 기사를 기억하는가? 당신을 겁주려는 것은 아니지만, 사실 아주머니는 상냥하지 않을지도 모르며 택배 기사는 악의가 있었을지도 모른다. 당신에게서 정보를 빼내려는 사악한 해커였을지도 모르는 일이다. 물론 그렇지 않았을 가능성이 다분하지만(부디 진정하라) 그랬을 가능성도 배제할 수는 없다. 악의 없는 대화로 가장하여 영향력 기법을 구사하는 범죄자들에게 수많은 사람들이 해킹당하고 있다. 피해자들은 자신의 명의로 사업자 대출이 이루어지거나 컴퓨터가 잠기고 몸값을 요구받은 후에야 해킹당한 사실을 알아차린다.

『사회공학과 휴먼 해킹』에서 휴먼 해킹의 기본 원리와 기법을 밝혀놓은 덕분에, 보안 전문가들은 그 원리를 활용하여 해킹 공격을 격퇴하고 우리를 안전하게 지켜줄 수 있었다. 돌이켜보면 그 책이 썩 자랑스럽지는 않다. 허술한 곳이 한두 군데가 아니다. 그러나 사회공학이라는 개념을 알리는 데에는 일조했다고 자부한다. 개인적으로 『사회공학과 휴먼 해킹』은 나에게 전환점이었다. 나는 보안 업계의 호응에 고무되어서 앞에서 소개한 것과 같은 "침투 시험"으로 기업의 약점을 파악하고 보안 전문가들에게 효과적인 휴먼 해킹 방법을 훈련시키는 회사를 설립했다.

지난 10년간 우리 회사는 사회공학 원리를 활용하여 1,400만 통의 피싱 이메일을 보내고 4만5,000여 건의 보이스 피싱 전화를 걸었다. 수백 대의 서버를 해킹했으며 은행, 기업 본사, 제조 시설, 창고, 군사 시설을 비롯하여 세계에서 가장 삼엄하게 경비되는 정치, 경제계 시설 수십 곳에 침투했다. 우리가 진짜 도둑이었다면 고도로 민감한 국가 기밀을 입수하고, 수십억 달러를 탈취하고, 사람들의 신원을 도용하거나 그들의 가장 민감한 정보를 유출하여 수백만 명의 삶을 망쳤을 것이다. 우리의 기법들이 큰 성공을 거둔 탓에 FBI에서 행동분석실 신입 요원들을 훈련시켜달라고 요청하기도 했다. 나는 경찰과도 협력했고, 무고한 생명 재단이라는 비영리 단체를 설립하여 온라인에서 휴먼 해킹 기법으로 소아성애자들을 적발했다.

우리 팀과 나는 휴먼 해킹을 일종의 초능력이자 심리학적인 무술이라고 생각한다. 우리는 이 기술을 활용하여 우리가 만나는 사람들이 우리가 원하는 것을 무엇이든 하게 하고 그 과정에서 그들 스스로 만족하며 우리에게 호감을 느끼게 할 수 있다. 어떤 측면에서 보면 이는 사람을 속이는 행위이지만, 더 근본적인 관점에서 들여다보면 섬세하게 다듬은 공감 능력과 사교적 요령을 자신에게 이익이 되도록 구사하는 일이기도 하다. 우리는 심리학에서 얻은 통찰을 적용하여 사람들이 어떻게 생각하고 느끼는지를 꼼꼼히 관찰한 다음에 그 정보를 이용하여 그들이 우리의 요구를 들어주고 **싶도록** 유도한다. 사회공학을 올바르게 이용한다면 사람들은 우리를 도움으로써 더 행복해지고 침착해지고 강인해지며, 스스로에게 더 **만족한다**. 그들은 우리에게서 작은 정서적 "선물"을 받으며, 그 대가로 자연스럽게 우리가 원하는 것을 내어준다. 이 모든 일이 단 몇 분간의 유쾌한 대화 중에 벌어진다.

일상생활에서의 휴먼 해킹

당신이 가정이나 직장에서 이 기술을 구사할 수 있다고 상상해보라. 상상이 아니라 정말로 그럴 수 있다. 얼마 전 아내와 딸, 내가 런던의 히스로 공항에서 비행기를 기다리고 있을 때였다. 나는 가방들을 높이 쌓은 짐수레를 밀고 있었는데, 수속 카운터로 가다가 카트가 턱에 걸리는 바람에 짐이 몇 개 떨어졌다. 그 순간 런던을 지나는 주요 고속도로 이름이 M5인 것에 빗대어 이렇게 농담을 했다. "M5에서 미국인이 대형 사고를 치다니." 카운터 뒤의 직원이 웃음을 터뜨리는 것을 보고 나는 속으

로 이렇게 말했다. '좋았어. 저 여자는 적어도 기분은 좋아 보이는군.'

아내는 직원과 몇 분간 잡담을 했다. 아내가 말했다. "수속하기 전에 한 말씀 드리고 싶은데, 화장이 정말 멋지네요. 스카프와 근사하게 어울려요. 저도 그런 스카프를 사고 싶은데, 어디서 파나요?"

직원이 칭찬에 기뻐한 데에는 스트레스와 불만으로 가득 찬 승객들의 요구를 들어주느라 근무 시간 내내 시달린 탓도 있었을 것이다. 스카프와 화장에 대해서 아내와 몇 분간 수다를 떨고 나자 직원은 눈에 띄게 긴장이 풀어졌다. 얼굴에는 미소가 떠올랐고 이마의 주름살이 펴졌으며 뭉친 어깨가 풀어졌다. 아내는 이 직원에게 환심을 사려던 것이 아니었다. 부담을 주려던 것도 아니었다. 진심으로 화장이 마음에 들었고 그 이야기를 그녀에게 해주고 싶었을 뿐이었다. 그녀는 아내의 진심을 느낄 수 있었다.

나는 기회를 포착했다. 카운터 쪽으로 몸을 숙여 아내를 팔로 안은 채 미소를 지으며 고개를 살짝 기울였다. 그러고는 이렇게 말했다. "그런데 말이죠, 저희 수속을 처리해주실 때, 혹시나 해서 말인데……저희 형편에 감당이 안 될 줄은 알지만, 일반석에서 좌석 등급을 올리려면 비용이 얼마나 드는지 알려주실 수 있을까요? 이등석이나 그런 것으로요."

그녀는 내가 아니라 아내를 쳐다보며 "아무에게도 말하지 마세요"라고 속삭이더니 키보드를 맹렬하게 두드렸다. "세 분 모두 일등석으로 올려드릴게요."

우리가 말했다. "뭐라고요??? 고마워요, 이렇게 기쁠 수가!"

방금 일어난 일을 하나하나 되짚어보자. 누군가를 처음 만났을 때에 우리 머릿속에 떠오르는 기본적인 질문은 다음의 4가지이다.

1. 이 사람은 누구일까?

2. 이 사람이 원하는 것은 무엇일까?

3. 이 의사소통은 시간이 얼마나 걸릴까?

4. 이 사람은 위협적인 존재일까?

최근에 누군가를 만난 경험을 생각해보라. 비록 의식하지는 못했더라도 이 질문들이 뚜렷이 떠올랐을 것이다. 처음 만나는 사람이 나를 위해서 무엇인가를 해주도록 만들려면 이 4가지 질문에 재빨리 요령 있게 응답하여 상대방이 긴장을 풀고 편안하게 느끼게 해야 한다. 그러지 못하면 실패한다. 당신이 무슨 말을 하든 그들은 경계심을 품고 순순히 따르지 않을 것이다.

직원이 품었을 4가지 궁금증 중의 3가지는 내가 수속 카운터에 도착하자마자 사회적인 맥락과 나의 외모를 통해서 해소되었다. 가방으로 가득한 짐수레를 밀고 있었으니 탑승객이 분명했고 수속하러 온 것도 분명했다. 우리의 의사소통은 여느 수속과 마찬가지로 몇 분이면 충분할 터였다. 아직 답을 얻지 못한 유일한 궁금증은 4번째, "이 사람은 위협적인 존재일까?"였다. 그렇지 않을 가능성이 크기는 했지만 절대적으로 확신할 수는 없었을 것이다. 통로 쪽 좌석을 얻지 못하면 고함을 지르며 폭력을 행사하는 취객일 수도 있고, 술에 취하지 않았더라도 항공사가 마음에 들지 않아서 시빗거리를 찾는 싸움닭일 수도 있고, 기침으로 바이러스를 옮기는 코로나 환자일 수도 있으니 말이다.

나는 시답잖은 농담을 활용하여 그녀의 4번째 궁금증을 나에게 유리하도록 해소했다. 전문 용어로 "구두 소프트볼verbal softball"을 던진 셈이었다. 나는 직원과 근처의 승객들 중에서 누가 반응하여 "받을지는" 모르는 채 무작정 소프트볼(농담)을 던졌다. 누구든 반응하는 사람은 나의 "표적", 또는 이 책에서 이르는 말로는 나의 "관심인person of interest"이 된다 (이 책은 대인 의사소통을 다루고 있으므로 "관심사"에 빗대어 "관심인"으로 번역했다/옮긴이). 직원의 반응은 긍정적인 신호였다. 그녀는 내가 원하는 것을 가지고 있었기 때문이다. 나는 농담 덕분에 그녀와 사소하게나마 첫 라포르rapport(친밀감)를 형성할 수 있었다. 그녀는 농담에 웃음을 터뜨렸고 우리는 눈을 마주쳤다. 그녀가 보기에 나는 위협적일지도 모르는 낯선 이가 아니라 자학 개그를 할 줄 아는 재미있는 미국인이 된 것이다. 첫 단추는 잘 꿰어졌다.

그때 아내가 놀랍게도 자발적으로 근사한 일을 해냈다. 꿍꿍이셈을 치거나 거부감을 유발하지 않고 직원을 칭찬함으로써 이른바 "호감 원리"를 실천한 것이다. 영향력의 관점에서 보면 우리는 우리를 좋아하는 사람을 좋아하는 경향이 있다. 따라서 이제 직원은 나와 가족을 위협적이지 않은 존재로 생각하는 것을 넘어서 우리를, 적어도 아내를 좋아하게 되었다. 아내와 직원은 공통분모가 생겼으며 화장과 스카프를 통해서 유대감을 느꼈다. 한편, 칭찬이 직원에게 화학적 자극을 일으킨 덕분에 그녀의 뇌에서는 옥시토신과 도파민이 분비되었다. 옥시토신은 신뢰감을 일으키는 호르몬이고, 도파민은 쾌감을 발생시키는 호르몬이다.

옥시토신과 도파민의 화학적인 수프, 다시 말해서 공통분모와 행복과 쾌감의 작은 소용돌이 속에서 나는 무리하지 않은 부탁을 하면 긍정적인 반응을 얻을 수 있겠다는 생각이 들었다. 이런 상황에서는 직원이 나의 부탁을 존중할 가능성이 컸으며 실제로도 그랬다. 그녀는 한발 더 나아가서 우리에게 추가 요금을 청구하지도 않았다. 우리가 건넨 "선물"에 대해서 자신도 답례로서 선물을 내놓은 것이다.

수강생들과 나는 이와 비슷한 기법들을 활용하여 좌석 업그레이드, 렌터카 업그레이드, 인기 레스토랑 예약과 같은 목적을 달성했다. 이 기법들은 가족과의 관계를 개선하고 직장에서 승진하고 까다로운 동료를 상대하고 친구를 새로 사귀고 칵테일파티와 같은 사교 행사에서 여유롭게 처신하는 데에도 도움이 되었다. 물론 우리를 조종하여 우리에게 최선이 아닌 행동을 하게 하려는 자들로부터 스스로를 보호하는 데에도 요긴했다. 사회공학은 범용적으로 적용할 수 있는 기법이기 때문에, 숙달하기만 하면 친구를 사귀고 사람들에게 영향을 미치고 대부분의 목표를 달성할 수 있다. 더욱 다정해지고 더욱 공감하고 더욱 베풀기만 하면 된다.

그중에서도 공감은 휴먼 해킹의 토대이다. 대중문화에서 공감은 본질적으로 좋은 것으로 묘사된다. 심리학자들이 이 견해를 지지하는데, 사이먼 배런-코언은 잔인함이 공감 능력의 상대적인 결핍에서 비롯된다는 이론을 내놓기도 했다.[3] 반면, 공감이 잔인함이나 파벌주의와 같은 여러 부정적인 현상들과 관계가 있다고 주장하는 학자들도 있다.[4] 나는 공감을 가치 중립적인 개념으로 간주하며, 상상 속에서 타인의 감정을 경험하는 행위로 정의한다. 불법 해커와 사기꾼들은 공감의 핵심인 조망 수용(타인의 관점을 취하는 것/옮긴이) 능력이 탁월하다. 문제는 이를 자신에게 유리하도록 악용한다는 것이다. 그들은 타인의 생각에 매우 민감하며 이 민감성을 발휘하여 남을 조종하기에 안성맞춤인 말과 행동을 한다.

반면에 우리는 공감 능력을 발휘하되 이를 더욱 긍정적으로 활용해서, 타인을 조종하여 행동을 강요하는 것이 아니라 우리를 돕고 싶도록 영향을 미칠 수 있다. 당신도 알게 되겠지만 어떤 목표를 추구하든 공감의 도약을 단행하면 목표를 달성하기가 훨씬 쉬워진다. 그와 동시에 우리는 공감을 발휘하여 남들의 필요에 부응함으로써 우리를 만난 것이 그들에게 잘된 일이 되게 할 수 있다.

휴먼 해킹의 기본 원리

타인에게 영향을 미쳐서 원하는 것을 얻어내려면 공감의 사고방식을 길러야 한다. 자신의 머릿속에서 밖으로 나와 상대방이 무슨 생각을 하는지 상상하고, 그들의 필요, 믿음, 감정을 존중하여 그에 맞추어서 소통해야 한다.

당신이 이 책에서 얻어야 할 것을 딱 하나만 꼽자면 그것은 공감의 사고방식이다. 모든 사람은 남들과 어느 정도 공감할 수 있으며 노력을 통해서 공감 능력을 계발할 수도 있다. 사실 이 책에서 살펴볼 도구들은 공감을 연습하고 구사하고 표현하는 여러 가지 방법들이라고 할 수 있다. 이 도구들을 숙달하면 당신은 어마어마한 공감 능력을 소유하게 될 것이며 공감은 당신의 존재 방식이 될 것이다. 세상을 헤쳐가면서 즉각적이고도 무의식적으로 공감을 구사할 수 있게 되는 것이다. 공감 능력을 발휘했을 때에 목표를 이루기가 얼마나 쉬운지, 그리고 얼마나 뿌듯한지 알면 아마도 놀랄 것이다.

해킹처럼 사악해 보이는 행위의 밑바탕에 공감처럼 선한 요소(여기에 친절, 존중, 너그러움을 듬뿍 첨가할 것을 권한다)가 깔려 있다는 것이 의

아하겠지만, 사실이 그렇다. 사람들을 기분 좋게 하고 그들과 더 호의적으로 소통하고 그들을 더 극진히 대접하면 당신이 원하는 것 또한 더 많이 얻을 것이다. 한마디로 사회공학은 친절하게 부탁하는 기술, 세련되게 행동하는 기술, 남들의 마음을 읽고 그들의 필요를 존중하는 기술, 사교적 요령을 연습하는 기술이 하나로 어우러져서 어떤 목적에든 자유자재로 구사할 수 있는 강력한 수단이다.

이 책에 대하여

이 책을 써야겠다는 생각이 처음 든 것은 수년 전이었다. 홍보 문구에 보안 전문가를 대상으로 한다고 분명히 써두었는데도, 일반인들이 수천 달러를 지불하며 나의 사회공학 강좌를 듣는다는 사실을 알게 된 것이다. 영업 사원은 제품을 더 효과적으로 파는 법을 배우려고 수강했다. 줌바 댄스 강사는 대인관계를 개선하고 싶어서 찾아왔다. 고등학교 교사는 학생들과 더욱 생산적으로 소통하는 법을 배우기 위해서 강좌를 들었다. 껍데기를 벗고 자녀들과 더 효과적으로 대화하고 싶어한 어머니도 있었다. 이 사람들은 모두 친구들에게서 강좌에 대해서 소개받았으며 강좌를 자신의 삶에 접목했다.

흥미롭게도, 강좌가 끝난 이후에 이들을 계속 관찰했더니 그들은 휴먼 해킹을 활용하여 엄청난, 심지어 인생을 바꾸는 결과를 얻고 있었다. 그들은 직장에서 승승장구하고 연애 관계를 탄탄히 다지고 자녀를 더욱 훌륭히 양육했다. 처음 수업을 들을 때만 해도 많은 수강생들이 숫기가 하나도 없는 내성적 성격의 소유자였는데, 1주일이 지나자 시내를 활보하며 생판 낯선 사람들에게 대담한 질문을 던졌다. 그후로 몇 주일, 몇 달이 지나면서 그들은 한 번도 상상하지 못한 방식으로 새 친구를 사귀고 동료와 교류하고 세상과 소통했다.

지금은 인간으로서 살아가기 힘든 시절이다. 기술이 발전하면서 우리는 어느 때보다도 고립되었으며 남들과 교류하는 것을 어색해하게 되었다(코로나 바이러스로 인한 팬데믹도 이에 한몫했다). 우리는 바로 옆에 있는 사람들과도 소통하기를 꺼리며 스스로 만든 작은 밀실에 틀어박힌 채로 살아간다. 파벌주의는 문제를 더욱 키운다. 어떤 집단은 우리와 너무 달라서 소통이 아예 불가능해 보이기도 한다. 한편으로는 오래된 사교적 규범들이 우리 눈앞에서 무너지면서 동료, 친목 행사에서 만난 사람, 이성, 심지어 자녀와도 어떻게 소통해야 할지 막막하기만 하다.

이 모든 이유들 때문에 우리는 남과 교류할 때에 무력하고 위축되고 불안해한다. 그러나 휴먼 해킹을 배우면 소통 능력을 되찾을 수 있다. 사람들의 생각과 감정을 더 정확하게 읽어서 상대방을 더 현명하게 대하는 법을 배울 수 있다. 타인과의 갈등을 더 요령 있게 해결할 수 있으며 더 나아가 애초에 갈등이 생기지 않게 할 수 있다. 우리가 원하고 필요로 하는 것을 상대방이 당혹스럽지 않게 자연스럽고 합리적으로 요청할 수 있다. 기회를 적시에 포착하여 원하는 것을 더 많이 얻어낼 수 있다(내가 히스로 공항에서 했던 것처럼). 사악한 해커와 사기꾼들로부터 스스로를 보호하여 어떤 상황에서도 침착하고 자신감 있게 대처하는 법을 배울 수 있다. 무엇보다 자신이 어떻게 의사소통하는지를 훨씬 정확하게 파악하는 법을 배울 수 있다. 사교적인 실수를 저지르더라도(차차 보겠지만 가장 숙련된 해커도 실수를 저지른다) 그 실수로부터 배워서 발전할 수 있다.

이 책에서는 휴먼 해킹의 전문가라면 누구나 알고 능란하게 구사하는 기술들을 살펴볼 것이다. 우선 자신과 타인의 소통 방식을 더 정확히 이해할 수 있는 강력한 도구를 소개할 것이다. 무엇보다도 삶에서 의미 있는 사람들이 대화에 어떻게 반응하는지를 이해하면 당신은 그에 따라서 훨씬 효과적으로 맞춤형 소통을 할 수 있다. 이 책에서 당신은 다음과 같은 것들을 배운다.

- 사람들과 라포르를 형성하기
- 대화의 물꼬를 트는 효과적인 밑밥 만들기
- 자신에게 유리하도록 사람들에게 영향력을 미치기
- 사람들이 선뜻 내놓으려고 하지 않는 정보를 털어놓게 하기
- 나를 조종하려는 사람들로부터 스스로를 보호하기
- 성공 가능성이 높아지도록 대화의 얼개를 짜기
- 몸짓언어를 유리하게 이용하기
- 이 책의 여러 도구를 조합하여 중요한 대면 접촉을 사전에 계획하기

각 장을 읽을 때마다 내가 제시하는 "과제"나 연습 문제를 통해서 기술을 연마하기를 바란다. 열심히 노력한다면 몇 주일 안에 소통하고 설득하는 능력이 향상될 것이다. 더 바람직한 것은 이 능력을 무술이나 악기처럼 끊임없이 연습하여 발전시키는 것이다. 실력이 아무리 향상되어도 발전에는 끝이 없는 법이니까.

이 책을 읽으면 취업 면접, 협상, 동료나 애인과의 까다로운 대화처럼

구체적이고 당신의 삶에서 "중차대한" 대화를 준비하는 법도 익힐 수 있다. 그런 대화를 무작정 시작하는 것이 아니라, 구사할 도구와 계획을 미리 준비할 수 있으며 지식과 솜씨를 바탕으로 자신감을 가질 수 있다. 각 장을 읽을 때마다 남들과 소통하는 장면을 머릿속에 그리면서 책에 나온 기술을 구체적인 "휴먼 해킹" 상황에 어떻게 적용할 수 있을지 상상해보라. 그런 다음 마지막 장을 바탕으로 휴먼 해킹을 위한 세부 계획을 작성하라. 당신이 전에도 중차대한 대화를 준비해본 적이 있다면, 이 책을 통해서 만반의 준비를 갖추고 자신감을 새로운 차원으로 끌어올릴 수 있을 것이다.

내가 부탁하고 싶은 것은 딱 하나이다. **못된 사람이 되지 말라.** 그래줄 수 있겠는가? 이 책을 읽고 기법들을 연습하면 이 새로운 초능력에 무궁무진한 잠재력이 있음을 금세 깨달을 것이다. 여느 초능력과 마찬가지로 휴먼 해킹은 선한 일에 쓸 수도 있고 악한 일에 쓸 수도 있다. 만일 악한 일에 쓴다면 개인과 사회에 치명적인 악영향을 끼칠지도 모른다. 우리 팀과 나는 이를 감안하여 구체적인 윤리 규정을 엄격히 준수한다. 조항은 여러 가지이지만 본질적으로는 다음과 같다. 우리는 서버나 제한구역에 침투하려는 목적으로 법을 위반하지 않는다.* 우리가 알아낸 취약점을 공개하지 않는다. 사람들을 위협하거나 조종 전술을 이용하여 고통을 가하지 않는다. 어떤 교류 상황에서든 우리를 만난 것이 **반드시**

---

* 엄밀히 말하자면 우리가 건물에 침투하고 피싱 이메일을 보내는 것은 범법 행위이다. 그러나 이런 행위는 클라이언트와의 계약에 의한 것이다. 이 계약에는 이를테면 우리가 클라이언트의 건물에 침투해도 좋다는 조항이 들어 있다. 우리는 계약에서 허용하지 않는 불법적인 행위를 **결코** 하지 않는다.

상대방에게 잘된 일이 되게 한다.

나는 강좌를 시작하기 전에 수강생들에게 이 윤리 규정에 동의할 것을 요구한다. 이 책을 읽는 당신도 책 첫머리에 있는 윤리 규정을 읽고 규정을 준수하는 데에 동의하기를 부탁한다. 완벽한 사람은 없지만, 절대다수의 독자들은 사람들을 해킹할 때에 당신을 만난 것이 상대방에게 잘된 일이 되도록 하리라고 믿는다. 몇몇 독자들은 나의 기법이 비도덕적이거나 범죄에 쓰일 수 있다고 생각할지도 모르겠지만, 전체적으로 보자면 해킹 기법이 전파됨으로써 세상은 더 친절하고 사려 깊고 공감 넘치고 다정한 곳으로 바뀐다. 못된 의도를 가진 사람이 1명이라면, 이 책을 활용하여 성공과 행복을 누리면서도 자신이 대접받기 원하는 대로 남을 대접하는 사람은 1,000명일 것이다.

1,000명 중의 하나가 되시기를. 당신이 삶의 어느 영역에서든 지금껏 고전하고 있다면, 아니면 지금껏 거둔 성공을 이어가고 싶다면, 이 책은 당신이 기다리던 바로 그 책이다. 기술을 익히고 연습하고 숙달하라. 자신과 주위 사람들에게 덕을 베풀어라. 우물쭈물하지 말고 게으름 피우지 말고 당장 해킹을 시작하라. 휴먼 해킹을!

제1장

자신을 알라,
그래야 남을 알 수 있다

당신과 삶의 "관심인"이
어떻게 말하고 행동하는지 더욱 자각하라

다른 사람을 해킹하는 기술과 원리를 숙달하려면 먼저 자신을 해킹해야 한다. 즉, 자신의 의사소통 방식을 파악하여 자신에게 유리하게 작용하지 않는 성향을 교정해야 한다. 자신을 더욱 잘 알면, 타인들의 성격과 그들이 선호하는 의사소통 방식을 감안하여 의사소통을 그다음 단계로 발전시킬 수 있다. 당신 삶의 "관심인" 한 명 한 명에게(상사든 배우자든 자녀든 우연히 만난 타인이든 어느 누구든 간에) 맞춤형으로 이야기하면, 당신의 목적이 무엇이든 성공 가능성을 극대화할 수 있다.

2018년에 한 스캐머scammer(기업의 이메일 정보를 해킹한 이후 거래처로 둔갑하여 무역 거래 대금을 가로채는 범죄 수법을 "스캠scam"이라고 하며 이런 범죄를 저지르는 사람을 "스캐머"라고 한다/옮긴이)가 캐나다 오타와 시市의 재무과장 메리언 시뮬리크를 속여서 10만 달러에 가까운 돈을 유령 판매업자에게 송금하게 했다. 스캐머는 피싱 공격을 활용하여 시뮬리크의 상관인 도시국장 스티브 캐널래코스가 송금을 부탁하는 것처럼 이메일을 보냈다. 사실 이는 조직 내의 주요 인사 한 명을 점찍어서 겨냥하는 특수한 형태의 피싱 공격으로, 우리는 "고래잡이" 공격이라고 부른다(왜 고래잡이인지는 아시겠지?). 이메일 내용은 다음과 같았다.

개인적으로 부탁하고 싶은 일이 있습니다. 방금 새로운 해외 판매업체가 제의를 수락했다는 통보를 받았습니다. 그러면 내가 얼마 전부터 은밀히 협상하던 인수 작업이 마무리됩니다. 합의 조항에 따라서 총액의 30퍼센트를 계약금으로 지급해야 하는데, 금액은 9만7,797달러 20센트입니다. 현재 발표문을 작성하고 있고 다음 주에 계약이 체결되면 공지할 예정입니다. 그런데 아직은 상세한 내용을 밝히고 싶지 않습니다. 인수를 공식적으로 발표할 상황이 될 때까지는 부서 내의 누구와도 상의하지 않았으면 좋겠습니다.

궁금한 것이 있으면 이메일을 보내세요. 오늘 오전에 해외 송금이 가능한지 확인해주겠어요?"[1]

당신이라면 이 스캠에 걸려들었겠는가? 이 이메일은 나중에 설명할 여러 효과적인 기법들을 훌륭히 구사하여 작성되었다. 그 기법들을 들여다보기 전에, 이 이메일이 얼마나 교묘하게 시뮬리크의 머릿속에 파고들었는지를 살펴보자. 추측건대 국민의 세금 수백만 달러의 운용을 책임지는 시 재무과장쯤 되면 성실하고 신중한 사람이라고 가정할 수 있을 것이다. 또한 매우 과묵하고 반듯하고 체계적일 것이다. 이는 고정관념이기는 하지만 대부분의 고정관념은 일말의 진실을 담는 법이다. 당신이 스캐머라면 그 일말이야말로 전부이다.

이 경우에 스캐머는 성실하고 신중한 사람에게 어필하도록 메시지를 썼다. 문장은 정확하며, 확실한 계약에 대해서 적절하고 믿을 만한 사실을 전달한다. 어조는 진지하고 사무적이다. 자녀에 대한 잡담이나 이모티콘 따위는 없다. 스캠이 내세운 논리, 즉 캐널래코스가 민감한 계약을 "은밀히" 협상해왔다는 것은 꼼꼼하고 차분하고 내성적인 사람이 명백하게 "가지고 있을" 법한 밑밥pretext이다. 이메일 첫 번째 줄에서는 시뮬리크에게 "개인적으로 [송금을] 부탁"하면서 이 문제가 극도로 민감하여 신중함과 판단력을 요한다는 것을 암시한다. 캐널래코스가 이런 부탁을 한다는 것 자체는 그가 재무과장 시뮬리크의 자질과 판단력을 다른 직원들보다 더욱 신뢰한다는 뉘앙스를 풍긴다. 이메일 후반부에서 스캐머는 시뮬리크에게 재량권을 부여하여 이 민감한 문제를 "부서 내의 누구와도" 상의하지 말아달라고 부탁한다. 그는 그녀가 입이 무겁다는 사실을 **알고** 있으며 그녀의 그런 점을 높이 평가한다. (캐널래코스를 사칭한) 스캐머는 자신에게 얼마든지 이메일을 보내도 괜찮다고 말하지만 "상세한 내용을 밝히고 싶지" 않음을 시사하는데, 이는 캐널래코스 자신도 꼼꼼하고 전문적이고 신중한 인물임을 보여준다.

스캐머는 재무과장이 정말로 신중한 인물인지는 **알지** 못했을 것이다. 그녀와 만나거나 교류한 적은 단 한 번도 없었을 것이다. FBI에서 이 스캐머를 잡았는데, 알고 보니 수천 킬로미터 떨어진 미국 플로리다 주에 사는 남자였다.[2] 그러나 스캐머는 비슷한 유형을 전에 만나본 적이 있어서 **바로 이** 재무과장에 대해서 합리적인 추측을 했을 것이다. 그의 판단이 틀렸고 이 재무과장이 유난히 과묵하고 내성적이고 성실한 사람이 아니었다면 이메일은 곧이들리지 않았을 테고 그녀는 이메일이 가짜임을 알아차렸을 것이다. 그러나 공교롭게도 스캐머의 추측은 옳았고 그녀는 걸려들었다.

이런 종류의 공격이 얼마나 위력적인지 생각해보라. 시뮬리크는 초짜가 아니었다. 그녀는 28세의 베테랑이자, 신문 기사에 따르면 "매우 인정받는 고위급 관리자"였다. 또한 이 이메일을 받기 얼마 전에도 시립도서관 관장을 사칭한 자에게서 금전을 요구하는 또다른 이메일을 받았는데, 그때는 가짜임을 눈치챘다. 그런데도 이번에는 넘어가고 만 것이다. 스캠이 발각된 것은 스캐머가 과욕을 부렸기 때문이었다. 송금 며칠 후에 시뮬리크는 더 많은 금액을 보내라는 이메일을 받았다. 두 번째 이메일을 받자 그녀는 도시국장에게 문의했고 스캠에 당했다는 사실을 알게 되었다.

이 사건에는 우리 모두에게 중요한 교훈이 담겨 있다. 첫째로, 가장 분명한 교훈은 이것이다. 이메일로 요청을 받았을 때에 무턱대고 송금하지 말라. 언제나 직접 확인하라. 둘째, 누군가에게 부탁을 할 때에는 상대방의 의사소통 방식과 선호를 감안하여 그에 맞게 전하라.

너 자신을 알라

당시 스캐머의 머릿속이 어떻게 돌아갔을지 상상해보면 세 번째 교훈을 얻을 수 있다. 자신의 성격을 알고 그것이 의사소통 목표에 방해가 되지 않도록 하라.

우리 회사는 보안 업계 종사자를 대상으로 새로운 콘퍼런스를 개최할 예정이었는데, 우리에게는 큰 규모의 일이었다. 준비 기간으로 몇 달의 시간이 있었지만 직원들을 총동원해야 했다. 특히, 나의 비서인 셰이나도 투입시켜야 했다. 사람들과 소통할 때에 나는 훈련 교관식으로 무뚝뚝하게 명령하는 편이다. 나는 사람들이 어떻게 받아들일지를 고려하지 않은 채 생각을 내뱉는 경향이 있다. 사람들은 나를 강압적이고 자신만만하고 직설적인 사람이라고 했다. 그것도 잘보아준 것이었다. "독불장군"이라는 단어를 들은 적도 있다. 평소 같으면 나는 셰이나의 책상에 가서 이렇게 말했을 것이다. "셰이나, 이번 콘퍼런스는 꼭 성공해야 하니까 당신도 남들처럼 발 벗고 나서야 할 거예요. 필요하다면 야근과 주말 근무도 해야 해요. 그렇게 해요, 알겠죠? 날 실망시키지 말아요!"

이런 식으로 부탁해서는 대다수 직원들에게 의욕을 불러일으키기 힘들 것이다. 오히려 반감만 살 것이다. 다행히 나는 셰이나에게 이런 식으로 말하지 않았다. 10년쯤 전에 나 자신의 성격과 의사소통 방식, 좋은 점, 나쁜 점, 추악한 점을 절실히 자각하게 된 계기가 있었던 덕분이다. 사회공학을 주제로 사상 처음으로 1주일 일정의 훈련을 진행했는데, 아니나 다를까 나는 훈련 교관처럼 수업을 이끌었다. 사람들에게 고함지르고 명령하고 권위를 내세웠다. 그런 방식은 나에게도 피곤한 일이었고 수강생들에게도 짜증스러웠을 것이다.

베스트셀러 저자이자 전前 FBI 행동 전문가였던 나의 친구 로빈 드리크가 수업을 함께 진행했는데, 그가 나중에 나를 불러내어 말했다. "이봐, 자네 훈련법을 바꿔야겠어. 앞뒤 안 가리고 고함만 질러대고 있잖아." 처음에는 그의 말에 동의하지 않았지만 그를 존중했기 때문에 조언을 받아들여서 명령조로 외쳐대는 일을 그만두었다. 그후로 어마어마한 변화가 일어났다. 수강생들이 수업 중에 미소를 지었다. 참여도 더 활발해졌으며 수업 내용을 이해하려고 더 열의를 보였다. 와, 이거 대단한걸, 하는 생각이 들었다.

시간이 지나면서 나는 의사소통 방식을 바꾸어서 교관 노릇을 그만두고 훨씬 사근사근하고 유쾌하고 수더분한 사람이 되었다. 또한 내가 무슨 말을 하는지, 어떻게 말하는지, 나의 말이 어떻게 받아들여지는지 시시각각 훨씬 더 유심히 눈여겨보았다. 나는 다른 사람들의 성격을 파악하고 거기에 나의 의사소통 방식을 맞추는 데에 더 집중하기 시작했다. 이것이 휴먼 해킹에도 훨씬 효과적이었을까? 물론이다!

나는 셰이나에게 최선을 다하라고 명령하지 않고, 오타와의 스캐머가 자신의 표적에 대해서 그랬던 것처럼 셰이나의 성격과 그녀에게 통할 만한 의사소통 방식을 궁리했다. 나에게는 셰이나를 매우 잘 안다는 강점이 있었다. 그래서 넘겨짚을 필요가 거의 없었다. 나는 스캐머가 자신의 표적에 대해서 가정한 것과 마찬가지로, 그녀 또한 신중하고 매우 체계적이고 내성적이라는 것을 알고 있었다. 그녀는 업무의 경계가 명확한 것을 좋아했으며 무대 뒤편에 머물러 있는 것을 선호했다. 따라서 내쪽에서는 매우 비밀스럽게 개인적으로 접근하는 것이 가장 효과적일 터였다. 공개적으로 그녀에게 칭찬을 퍼부은 다음에 부디 최선을 다해달라고 당부하면 오히려 역효과가 날 수도 있었다.

나는 셰이나가 좋아하는 가게에서 상품권을 구입한 후에, 그녀가 전문성을 발휘하여 우리 회사에 이바지한 것에 감사하고 그녀가 일으킨 변화를 언급하는 쪽지를 상품권에 붙여서 그녀에게 개인적으로 선물했다. 콘퍼런스가 얼마 남지 않았으니 그녀가 지금껏 해온 것처럼 훌륭히 일해주기를 간절히 바란다는 말도 덧붙였다.

셰이나는 선물에 **감동했다**. 이 방법은 그녀의 마음을 움직였고 그녀에게 열심히 일할 동기를 부여했다. 어느 모로 보나 백만 달러짜리 수표를 건넸더라도 이만큼 동기를 불어넣지는 못했을 것이다. 이는 오로지 내가 나 자신의 몹쓸 충동을 자각했고 그 충동을 억누르기로 마음먹었고 "대상"의 성격을 고려했고 그에 따라서 나의 의사소통 방식을 바꾼 덕분이었다.

유능한 휴먼 해커가 되려면 자신의 의사소통 성향(강점과 약점)을 적어도 어느 정도는 자각하고 당신이 변화시키고 싶은 사람들의 성격 특질을 파악하는 습관을 길러야 한다. 내가 대기업 본사에 침투를 시도할 때에 원래의 단도직입적인 훈련 교관 방식을 구사한다면(이를테면 다른 지사의 고위 임원 행세를 하면서 출입증이 없으면서도 들어가겠다고 경비원에게 우겼다면) 그런 방식에 잘 반응하는 보안 요원에게는 통할지도 모른다. 그러나 그렇지 않은 사람들에게는 틀림없이 역풍을 맞을 것이다. 따라서 이 방식을 쓰는 것만으로도 성공 확률이 50퍼센트(또는 그 미만)로 낮아지는 셈이다. 게다가 다짜고짜 나의 방식대로만 소통하다 보면, 이 책에서 나중에 배우게 될 도구들을 이용하여 소통 방식을 나에게 유리하도록 짜맞추려고 굳이 궁리하지도 않게 된다. 멍청한 실수를 저지를 가능성이 더 높아지는 것이다.

일상생활에서도 자신의 평상시 소통 방식을 잘 모르면 이루 말할 수 없는 문제들이 발생한다. 우리 회사의 전직 직원(커밀라라고 부르겠다)과 나는 오랫동안 가까이 일했다. 그러는 내내 서로 잘 지내기가 힘들었는데, 나는 이유를 잘 몰랐다. 알고 보니 우리는 의사소통 방식이 전혀 달랐다. 내가 사람들에게 단도직입적으로 대하는 것을 보고서 커밀라는 나를 구제불능 독불장군으로 치부했다. 나와는 대조적으로 그녀는 생각하고 나서 말하는 신중한 소통 방식을 선호했는데, 그녀가 나의 말에 재깍재깍 확실하게 반응하지 않는 것을 보고서 나는 그녀가 업무와 우리 사업에 도통 관심이 없는 줄 알았다.

그렇게 우리는 하루하루 동문서답만 주고받았다. 한번은 우리 회사의 직장 건강보험을 골라야 할 때가 되었는데, 나는 이것저것 조사하고서 우리에게 딱 맞을 것 같은 상품을 찾았다. 그래서 그녀에게 나의 논리를 설명하고 그녀의 의견을 묻는 짧은 이메일을 보냈다. 그러고는 몇 분 후에 그녀에게 전화를 걸어 이메일을 받았느냐고 물었다. 그녀가 말했다. "네, 지금 읽고 있어요."

"그래서 어떻게 생각해요?"

침묵.

내가 말했다. "오케이. 이걸로 할게요, 괜찮죠?"

"그러셔도 돼요. ……[침묵]……독불장군이 되고 싶으시다면요."

"그래요, 고마워요. 그 대답이면 충분해요."

딸깍.

나중에야 그녀가 나 때문에 속상했음을 알게 되었다. 이유를 알 수가 없었다. 나는 그녀에게 의견을 물었고 그녀는 긍정적으로 답하지 않았던 가. 내가 자초지종을 묻자 그녀는 내가 자신에게 이메일을 찬찬히 읽고 신중하게 결정할 시간을 주지 않았다고 해명했다. "그러셔도 된다고 말 씀드리기는 했지만, '독불장군이 되고 싶으시다면요'라고 덧붙였잖아요."

내가 말했다. "'독불장군이 되고 싶으시다면요'는 못 들었어요."

"사장님은 그 부분을 언제나 못 들으세요."

그녀 말이 맞았다. 나는 말을 끝까지 듣지 않았다. 그녀가 우리 회사 를 정말로 아끼고 옳은 결정을 하고 싶어한다는 것도 알아차리지 못했 다. 그녀는 말하기 전에 생각할 시간이 좀더 필요했을 뿐이었다.

당신은 배우자, 동료, 친구 등과 교류할 때에 최선의 선의를 품을 것 이다. 효과적으로 소통하고 근사한 대화를 나누려고 열심히 노력할지 도 모른다. 그럼에도 대화가 엇나가거나 상대가 나의 말을 통 알아듣지 못하거나 부아를 낼 때가 있다. 어쩌면 때마침 기분이 좋지 않아서 당신 의 말이 고깝게 들렸을 수도 있다. 어쩌면 당신이 상대 또는 그의 경험 에 대해서 무엇인가를 간과한 탓에 무심결에 결례를 범했을 수도 있다. 그러나 어쩌면 당신의 의사소통 **방식**이 그들이 원하는 의사소통 방식과 잘 맞지 않았을 수도 있다. 이렇게 소통이 어긋난 탓에 관계가 힘겨워지 고 이루 말할 수 없는 분노와 고통을 겪는 경우가 비일비재하다.

자신의 의사소통 성향을 파악하지 못하면 남들이 나에게 끼치는 악영향에도 취약해진다. 내가 열다섯 살 때에 나의 가족은 뉴욕 북부에서 펜실베이니아 주로 갔다가, 다시 플로리다 주로 이사했다. 나는 백열등처럼 희멀건 아이였지만 여느 10대 소년처럼 여자아이들에게 잘 보이려고 안달이 나 있었다. 1월 어느 추운 날 한 무리의 여자아이들과 모닥불 주변에 누워 있는 나의 모습을 상상해보라. 남자아이들은 전부 서핑하러 물에 들어가 있다. 나는 혼자 생각한다. '아아, 여기가 낙원이로구나. 이 여자아이들을 독차지하다니.' 그때 남자아이 하나가 다가와서 나에게 말한다. "이봐, 크리스. 거기 졸보처럼 앉아 있을래, 아니면 우리랑 서핑할래?"

 수온이 얼어 죽을 정도는 아니지만, 대신 파도가 2−2.5미터로 사납다. 나는 서핑을 해본 적이 단 한 번도 없었다. 그냥 여기에 있겠다고 말하면 두고두고 놀림받을 것이 뻔하다. 내가 말한다. "다음에. 수영복 안 가져왔어."

 녀석이 말한다. "속옷 입었어?"

 "그럼, 입었지."

 "속옷 차림으로 들어와."

 나는 여자아이들에게 등을 돌린 채 바지를 벗고 물을 향해서 걸어간다. 서프보드를 붙잡아서 발목에 끈을 묶고 물에 띄운다. 바다는 얼음장같이 차가운 것으로도 모자라 지독히 사납다. 파도가 나를 후려쳐서 내동댕이친다. 10미터도 못 갔는데, 이 얕은 물에서 빠져 죽는구나 싶다. 내가 꼴사나운 모습으로 여자아이들 앞에서 망신을 자초하고 있음을 실감한다. 마침내 남자아이 하나가 헤엄쳐 다가와서 나를 끌어낸다. 나의 꼴이 더더욱 우스워진다.

저 멀리서 집채만 한 파도가 밀려온다. 내가 그곳으로 가야 할 이유는 전혀 없다. 그러나 아이들의 꼬드김에 넘어가 파도를 향해서 팔을 저어 나아간다. 어찌어찌 일어서지만 1초도 지나지 않아서 균형을 잃는다. 물이 휘돌면서 나를 강타하여 모래톱에 패대기친다. 간신히 떠올라서 숨을 헐떡이는데, 속옷이 없다. 파도와 모래톱이 합작하여 벗겨버린 것이다. 주위를 둘러보니 서프보드는 산산조각 나 있다. 홀딱 발가벗고 새하얗게 질려서는 오들오들 떨며 여자아이들 앞으로 치욕의 행진을 하는 나의 모습을 상상해보라.

대참변이었다. 나는 망신을 당했을 뿐만 아니라 찬물 때문에 폐렴까지 걸리고 말았다. 내가 이 불쾌한 상황을 자초하게 된 데에는 두 가지 이유가 있다. 첫째, 나는 친구가 없고 사귈 생각도 없는 테스토스테론 과잉의 10대였다. 그러나 이 이유에 못지않게 결정적이었던 둘째 이유는 나 자신의 의사소통 성향을 전혀 몰랐다는 점이다. 나는 지배적이고 공격적인 의사소통 방식을 선호하는 편이어서 도전에 선뜻 응하는 편이다. 누군가가 나에게 무엇인가를 해보라고 부추기면 나는 미끼를 덥석 물고는 도전을 받아들인다. 나를 물에 뛰어들게 한 녀석은 나를 도발하여 그렇게 하도록 만들었다. 내가 "터프"한지 졸보인지 떠보는 수법을 쓴 것이다. 녀석이 더 조심스럽게 물어보았다면 나는 아마도 넘어가지 않았을 것이다. 또한 녀석이 도발했을 때에 내가 그런 방식의 도전에 약하다는 것을 알 만큼 스스로를 파악하고 있었다면 나는 아마도 넘어가지 않았을 것이다. 더 현명한 판단을 내려서 도전을 거절할 방법을 찾았을 것이다. 그런 자의식이 전무했던 탓에 녀석은 나에게서 긍정적 반응을 이끌어낼 수 있었다. 그리고 나는 대가를 톡톡히 치렀다.

의사소통의 4가지 유형

나는 보안 전문가가 되려는 사람들을 훈련할 때에 디스크[DISC]라는 고전적인 심리 유형 분석 도구를 소개한다. 이 방법을 이용하면 자신의 의사소통 행위를 파악할 수 있고 상대방이 어떤 소통 방식을 선호하는지를 대화 이전과 중간에 재빨리 가늠할 수 있다. 디스크를 좋아하는 사람도 있고 비판하는 사람도 있지만, 많은 회사들이 직원을 채용하고 팀을 꾸릴 때에 이를 활용하며 치과와 같은 전문 분야의 전문가들도 디스크 활용을 추천한다.[3] 여기에는 그럴 만한 이유가 있다. 연구에 따르면 디스크는 신뢰할 수 있고 요긴하며 성과를 증진하고 직장 내 상호작용을 개선한다.[4] 이것은 수강생들과 나도 동의하는 바이다. 설령 결점이나 한계가 있을지라도 디스크는 전문 분야나 일상생활에서의 휴먼 해킹과 관련하여 귀중하고 심지어는 결정적인 수단이다.

디스크는 심리학자 윌리엄 몰턴 마스턴의 선구적인 업적에 기반을 둔다. 그는 1920년대에 감정을 드러내는 방식에 따라서 사람들을 4가지의 서로 다른 "유형"으로 구분할 수 있다는 아이디어를 제시했다.[5] 그후로 여러 세대에 걸쳐서 심리학자들은 마스턴의 모형을 토대로 하여 사람들이 자신의 유형을 파악할 수 있는 검사법을 개발하고 상업화했다. 우리 팀은 그런 검사법 하나를 구입하여 사회공학 강좌에 활용하는데, 덕분에 수강생들은 자신의 의사소통 방식을 과학적으로 평가할 수 있다. 내가 수강생들에게 누누이 말하듯, 디스크는 널리 알려진 마이어스-브리그스 검사법 같은 성격 검사가 아니다. 디스크 검사는 성격보다는 자신의 의사소통 성향을 파악하는 데에 유익하다. 물론 여기에 성격 요소가 반영될 수도 있다(어쨌거나 성격을 규정하는 것은 자기표현만이 아니다. 우리가 어떻게 행동하는지, 세상을 어떻게 지각하는지도 성격에 영향을 미친다).

우리가 쓰는 검사법을 이 책에 수록할 수는 없지만(그랬다가는 고소당할 것이다!) 내가 아는 것을 그러모아서 디스크의 핵심을 알려줄 수는 있다. 당신이 어떻게 소통하는지, 그리고 어떻게 하면 남들과 더 효과적으로 소통할 수 있는지를 이해하는 데에는 이것으로도 충분할 것이다. 특히, 이 4가지 유형을 꼼꼼히 들여다보기를 바란다. 그러면 당신과 주위 사람들이 어떤 유형에 속하는지 보이기 시작할 것이다. 분석을 시작하기 전에 우선 디스크 모형이 가치 중립적이라는 점을 강조하고자 한다. 4가지 유형 중에 어느 것도 다른 것보다 낫거나 못하지 않다. 의사소통 방식이 어떤 유형에 해당한다는 이유만으로 남보다 똑똑하거나 유능하거나 어떤 가치를 지니는 것은 아니다. 사회적 맥락과 대화 상대에 따라서 강점과 약점이 있는 특정한 방법으로 소통한다는 뜻일 뿐이다.

주도형(D : Dominant)은 자신만만하며 최종 결과에 집중한다. 사교형(I : Influencing)은 사람들에게 영향을 미치고 싶어하며 열성적이고 낙천적으로 남들과 협력한다. 안정형(S : Steadiness)은 꾸준한 성격으로, 진실하고 차분하고 남에게 보탬이 되려고 한다. 마지막으로, 신중형(C : Conscientious)은 나의 비서 셰이나처럼 체계적이고 사실관계를 매우 중시한다. 주도형과 사교형은 직접적인 소통을 선호하는 반면에 신중형과 안정형은 간접적인 소통을 선호한다. 사교형이나 안정형인 사람은 사람들과의 관계에 집중하는 반면에 주도형과 신중형은 의사소통을 통해서 목적을 달성하는 데에 더 초점을 맞춘다.

이 4가지 유형을 유명인에 빗대면 이해하기 쉽다. 당신이 미식가라면 유명 요리사이자 텔레비전 진행자인 고든 램지를 잘 알 것이다. 그는 **두 말할 것 없이** 주도형이다. 그는 직설적이고 날카롭고 강압적이고 과제 중심적이다. 이것도 점잖게 표현한 것이다. (오, 나는 이 사람이 얼마나 좋은지 모른다!) 주도형은 이따금 타인의 형편이나 감정에 무관심한 것처럼 보이기도 한다. 그러나 반드시 그런 것은 아니다. 관심이 많더라도 결과에 집중하는 탓에 남들과 소통할 때에 나머지 고려 사항들은 뒷전으로 물러나는 것이다. 그들은 과도하게 냉혹하고 엄격하고 퉁명스럽고 강압적이고 지배적이라는 인상을 주는데, 급박한 상황에서는 더더욱 그렇다. 영락없는 주도형인 또다른 유명인으로는 텔레비전 쇼 「아메리칸 아이돌」의 사이먼 코월, 경제금융 전문 채널 CNBC의 유명인사 짐 크레이머, 제너럴 일렉트릭의 전前 최고경영자 잭 웰치가 있다. 직장에서 주도형은 남을 좌지우지할 수 있는 수뇌부와 관리직을 선망한다.

전형적인 사교형으로는 미국 대통령 빌 클린턴을 들 수 있다. 그는 사교형답게 표현이 풍부하고 성격이 활달하며 천성적으로 사람들과 잘 어울린다. 이 유형은 사람들에게 주목받고 싶어한다. 상대방이 자신의 농담에 웃음을 터뜨리거나 즐거워하지 않으면 무엇인가가 잘못되었다고 생각한다. 사교형은 자신에 대해서 이야기하는 것도 좋아하며, 큰 소리로 말하거나 과장된 동작을 취해서 자신에게 관심이 쏠리게 한다. 또다른 사교형 유명인으로는 지미 팰런(을 비롯한 수많은 텔레비전 쇼 진행자들), 티나 페이(를 비롯한 여러 코미디언들), 그리고 내가 그동안 만난 숱한 영업 사원들이 있다. 동기 부여 강사, 교사, 법정 변호사 중의 상당수가 타고난 사교형이다. 그러나 사교형도 특정 유형의 사람들과는 어울리는 데에 어려움을 겪는다. 사교형은 하도 열성적이고 외향적이어서, 자칫하면 허세나 겉치레를 부리거나 남을 조종하려 드는 것처럼 보일 수 있다. 자기중심적인 것은 말할 것도 없다. 사교형이 아닌 사람들이 보기에 그들은 강박적이거나 극단적이며 아무 말이나 마구 내뱉고 너무 많은 정보나 감정을 쏟아내는 것처럼 비칠 수도 있다. 사교형은 무척 쾌활하기 때문에 종종 대책 없이 낙천적인 것으로 보이기도 한다.

톰 행크스나 휴 잭맨 같은 배우는 안정형이다. 그들은 사교형과 마찬가지로 관계 지향적이지만 더 수수한 분위기를 풍기며 무대 뒤편에서 뒷받침이나 보조의 역할에 머무는 쪽을 선호한다. 그들은 남을 빛나게 하는 것에서 만족감을 느끼며, 자신보다는 남에 대해서 이야기하는 경향이 있다. 간호사, 치료사, 교사, 상담가 등 남을 돕는 일을 하는 사람 중의 상당수가 안정형이다. 그들은 순응적이고 믿음직하고 사근사근하며 팀에서 당신을 위해서 기꺼이 희생할 사람이다. 그들의 목표는 **모두**가 성공하는 것이며 그들은 팀이 명예를 얻는 것에서 만족감을 느끼고, 자신에 대해서만이 아니라 자신들이 한 일에 대해서도 뿌듯해한다. 그러나 뒷전에 물러나 있으려는 통에 무관심하고 굼뜬 것처럼 보일 수도 있다. 분란을 일으키고 싶어하지 않기 때문에 가끔은 완고하고 변화를 거부하는 것처럼 보이기도 한다. 지나치게 수동공격적(소극적이고 수동적인 방법으로 상대를 불편하게 하는 것/옮긴이)으로 비칠 수도 있다. 어떤 감정을 느끼고 있는 것이 분명한데도 그것을 드러내어 **말로** 표현하지 않는다.

마지막 디스크 유형인 신중형은 내성적이면서도 세부 사항에 집중한다. 멕 라이언처럼 매우 내성적이며 사람들의 관심을 싫어한다고 공언한 배우는 신중형일 가능성이 있으며 J. D. 샐린저나 하퍼 리 같은 유명 은둔 작가도 그럴 수 있다. 신중형은 조심스러우며 소통에서도 반듯하고 체계적인 경향이 있다. 신중형은 회계사, 연구자, 의사, 조종사 같은 직종에 자연스럽게 끌린다. 이 직종은 세부 사항을 중시하고 당면 임무를 완수하는 데에 치중하는 사람들을 높이 평가하기 때문이다. 신중형의 문제는 꺼벙하거나 거만하거나 어설프거나 딴생각을 하거나 속을 알기 힘들다는 인상을 줄 수 있다는 것이다. 그들은 질문을 받으면 장황한 답변으로 불필요한 정보를 늘어놓아서 상대방을 질리게 할지도 모른다. 그들은 세부적인 정보에서 쾌감을 느끼는 부류이기 때문이다. 그렇기 때문에 정보를 자발적으로 공개해야 하는 긴박한 상황이나 개방성과 자발성이 중시되는 상황에서는 고전할 수도 있다.

이 유형들을 묘사하면서 나는 사람들의 성향과 그들이 남과 소통하는 방식을 뭉뚱그려서 일반화했다. 사실 누구에게서나 정도는 다르지만 이 4가지 의사소통 행위를 골고루 관찰할 수 있다. 내가 나를 주도형으로 규정하는 것은 주도형의 성질이 나에게서 가장 두드러지게 나타나기 때문이다. 주도형만큼은 아니지만 나에게는 사교형 성질도 있고 신중형 성질도 있다. 무척 약하기는 하지만 안정형 성질도 찾아볼 수 있다. 또한 어떤 상황에 처했느냐에 따라서 저마다 다른 성질이 발휘되기도 한다. 외향적인 사교형으로 분류되는 사람은 칵테일파티와 같은 공적 상황에서는 그런 성질을 표출할 테지만, 가족과 함께 있을 때에는 전반적인 의사소통 방식이 여전히 사교형 범주에 속하더라도 다르게 행동할지도 모른다.

네 디스크 유형을 알라

수강생들은 디스크를 익히고 나면 앞다투어 배우자, 상사 같은 주변 사람들에게 이 유형을 적용한다. 그럴 때에 나는 이렇게 말한다. "워워, 진정하세요. 우선 디스크를 이용하여 **여러분**을 파악해봅시다. 디스크는 여러분이 매일 맞닥뜨리는 소통 상황에서 **여러분**을 훨씬 위력적으로 만들어주는 도구이니까요."

이제 다음 연습을 직접 해보라.

> 책 뒤쪽의 부록에 있는 디스크 일람표를 이용하여 자신의 의사소통 성향을 파악해보라. 당신은 관계를 지향하는가, 아니면 과제와 구체적인 성과 달성에 집중하는가? 직접적인 의사소통 방식을 선호하는가, 아니면 간접적인 방식을 선호하는가? 이 두 가지 질문에 답하면 당신이 대략 어느 유형에 속하는지 감을 잡을 수 있다. 자신의 대표적인 유형을 파악했다면 그 유형의 강점과 약점을 생각해보라. 당신의 행동은 구체적인 상황에서 그리고 구체적인 사람에 대해서(집에서 가족에 대해서, 직장에서 동료에 대해서, 주말에 친구에 대해서) 어떤 식으로 유리하게 또는 불리하게 작용하는가?

자신의 주된 의사소통 방식의 강점과 약점을 파악했다면 약점에 특별히 주목하라. 가까워지고 싶거나 친하다고 생각하는 사람이 당신의 의사소통 방식 때문에 멀어질 우려가 있다면 언제인가? 그럴 때에는 이 연습을 해보라.

지난 며칠간 당신이 남들과 힘을 합쳐서 성과를 거둔 때와 남들과 갈등을 겪은 때를 떠올려보라. 그 순간에(즉, 그런 일을 겪은 직후에) 당신의 의사소통 성향이 성과나 갈등에 어떻게 작용했는지 생각해보라. 당신이 나의 수강생들과 같다면 작은 깨달음을 얻어서 이렇게 혼잣말을 할 것이다. "아, 그래서 그 대화가 언쟁으로 끝났구나." 또는 "그래서 그 이메일이 내가 기대한 반응을 얻지 못했구나."

자신이 남들과 어떻게 소통하는지 파악했다면, 다음 단계는 자신의 행동에 더 큰 통제력을 행사하는 것이다. 자신에게 남들을 짜증 나게 하는 성향이 있음을 알았다면 그런 "까끌까끌한 모서리"를 매끈하게 다듬을 수 있다. 나는 주도형이어서 사람들에게 너무 직설적이고 퉁명스러울 때가 많다는 것을 안다. 예전에는 기분 나쁜 이메일을 받으면 나의 **솔직한** 생각이 담긴 답장으로 맞받아쳤는데, 그런 행동에 반감을 느낀 상대방은 나의 부탁을 들어주고 싶은 마음이 싹 사라졌으며 나에게서 정서적 거리감을 느꼈다. 그래서 나는 부아를 돋우는 이메일을 받을 때마다 한 박자 쉬어가는 방법을 시도했다. 이렇게 혼잣말을 했다. "크리스, 일어나서 좀 걷자." 그러나 이 기법은 나에게 통하지 않았다. 걸으면서 이메일에 대해서 곱씹었기 때문이다. 그래서 다른 방법을 써보기로 했다. 기분 나쁜 이메일을 받으면 분노한 그 순간에 내가 쓰고 싶은 대로 답장을 쓰되, 보내기 버튼을 클릭하기 전에 좀 걷고 오자고 스스로에게 말했다. 이 방법은 효과가 있었다. 나는 감정을 발산하면서도 전형적인 주도형 방식으로 대응하지는 않을 수 있었다. 휴식을 취한 후에는 아까 보내려던 이메일을 다시 열어 90퍼센트를 고쳐서 보냈다.

다른 의사소통 유형에 속하는 사람들에게도 나는 비슷한 조언을 제시한다. 즉, 내면에서 촉발된 정서적 반응에서 벗어날 방법을 찾고, 자신의 기본적인 의사소통 행동을 피하라는 것이다. 당신이 사교형이라면 대화 중에 자기 이야기(당신이 어떻게 느끼는지, 무슨 생각을 하는지, 어떻게 반응했는지)만 늘어놓으며 사람들을 대화에서 배제할지도 모른다. 이 "까끌까끌한 모서리"를 다듬으려면 한발 물러서서 남들에게 발언권을 주고 능동적으로 경청하는 법을 연습하라. 다음에 무슨 말을 할지 생각하려는 충동을 억누르고 남들이 말하는 것에 (필요하다면 몇 번이라도) 다시 집중하라. 문자 메시지나 이메일이 아니라 상대방과 직접 만나서 또는 전화로 이야기하고 있다면 무턱대고 밖에 나갈 수는 없을 것이다. 그럴 때에는 마음을 가라앉히거나 숨 돌릴 시간이 좀 필요하며 그런 다음에 대화를 재개하고 싶다고 상대방에게 설명하라.

당신이 안정형의 노선을 따라서 행동하는 경향이 있다면 수동공격적인 반응이 문제를 일으킬 수 있다. 다음번에 누군가와 갈등이 생기면 사교형처럼 한발 물러나서 능동적으로 경청하기를 실천하되, 논쟁에서 이기는 것보다는 상대방의 관점을 이해하는 데에 집중하라. 안정형은 관계를 극단적으로 지향하므로 남에게 지적을 받으면 노심초사한다. 방어적으로 반응하려는 충동을 억누르기 힘들기 때문에 상대방의 관점에서 생각하지 못할 때가 많다. 감정적인 반응을 배제하고 상대방의 처지가 되어서 그들의 말을 정말로 "알아듣는" 데에 초점을 맞추라.

당신이 신중형인데 누군가와 대립하게 되었다면 상대방의 결과물이 형편없는 백만 가지 이유를 들어서 그를 묵사발 내고 싶은 유혹을 느낄 것이다. 그 이유들을 읊기만 하면 순수한 논리의 힘으로 논쟁에서 이

길 것이라고 생각할 것이다. 그러나 상대방을 직접 만나고 있거나 전화로 실시간 대화를 하고 있다면 몇 분간 숨을 고르면서 그런 감정에서 벗어나려고 시도해보라. 대화에 복귀한 후에는 말하기보다는 능동적으로 듣는 데에 집중하라. 자신이 장황한 사실관계들에 의존하고 있음을 깨달았다면 잠깐 숨을 고르고 다시 한번 듣는 데에 주력하라. 이메일이나 문자 메시지에 사실들을 줄줄이 쏟아낼 때에도 마찬가지이다.

> 당신의 대표적인 행동 유형 때문에 번번이 남들이 싫어하는 행동을 하게 되는 구체적인 소통 상황(대화를 나누는 상황이나 특정한 이메일이나 문자 메시지를 받은 경우)을 세 가지만 생각해보라. 각 상황에서 당신의 의사소통 유형에서 도움이 안 되는 요소를 상쇄할 구체적인 전략을 떠올려보라. 며칠간 이 전략을 구사하면서 어떤 일이 일어나는지를 관찰하라.

요점은 자신의 대표적인 의사소통 방식의 약점에 대해 생각하는 습관을 들여서 이 약점을 일관되게 또한 적시에 바로잡을 수 있어야 한다는 것이다. 당신은 소통 상황에서 더 **사려 깊게** 행동하고 싶을 것이며 이런 행동이 몸에 배기를 바랄 것이다. 그러려면 시간과 연습이 필요하다. 외국어를 배우려면 몇 주일 동안, 어쩌면 그 이상을 매일매일 집중해야 한다. 휴먼 해킹을 숙달하는 데에 드는 노력도 결코 그보다 덜하지 않다.

디스크를 다음 단계로 끌어올리기

자신의 의사소통 성향을 능숙하게 다룰 수 있다면 이제 디스크를 타인에게 적용하고 상대방의 디스크 유형에 맞추어서 소통 방식을 조율함으로써 더 큰 효과를 거둘 수 있다. 중요한 대화를 앞두고 있거나 중요한 이메일이나 편지를 써야 한다면 우선 상대방의 디스크 유형을 파악하여 대비하라. 우리 회사의 모든 직원들은 입사할 때에 공식 디스크 검사를 받아야 하며 검사 결과는 누구나 볼 수 있도록 공개된다. 나는 직원과 중요한 대화를 나누기 전에 그들의 유형을 확인하고 이를 바탕으로 대화 전략을 짠다. 당신도 자신의 삶에 핵심적인 사람들에 대해서 비슷한 방법을 쓸 수 있다. 대화를 시작하기 전에, 앞에서 제시한 디스크 개요와 책 뒤쪽의 디스크 일람표를 참고하여 상대방(배우자, 10대 아들, 팀원, 집주인)이 어떻게 의사소통하는 경향이 있는지를 생각하라. 4가지 유형을 대응시키며 상대방의 대표적인 유형이 무엇인지 파악하라.

그다음에는 디스크 일람표를 이용하여 상대방의 성향과 욕구를 더욱 면밀히 숙고하라. 당신은 안정형에게 이야기하듯이 주도형에게 이야기하고 싶지는 않을 것이다. 주도형은 단도직입적으로 말하고 결과에 주목하는 반면, 안정형은 당신이 자신과 잘 지내려고 노력하면서 더 여유롭고 홀가분하게 자신을 인정해주기를 바란다. 이제 당신은 대화를 미리 준비할 것이기 때문에, 이런 차이를 염두에 두고서 어떻게 말할지를 구상할 수 있다. 안정형과의 대화를 계획하고 있다면 당신이 왜 상대방을 중요하게 생각하는지에 대해서 몇 가지 이유(물론 진실이어야 한다)를 언급하라. 대화에 시간을 충분히 할애하라. 요점으로 직행하지 말라. 자신의 주장을 하면서 너무 흥분하거나 열 내지 말라. 상대방의 말을 신중하게 경청하고 인정하라. 디스크 일람표에는 각 유형에 속하는 사람들이 대인 상호작용에서 무엇을 원하는지, 그들이 어떻게 소통하는 경향이 있는지, 어떻게 하면 그들과 최선의 의사소통을 할 수 있는지, 어떻게 하면 그들과 당신이 효과적으로 소통할 수 있는지에 대한 조언이 실려 있다.

중요한 대화를 준비할 때에만 디스크 분석을 해야 하는 것은 아니다. 나의 수강생 브래넌은 2013년에 강좌에 등록했을 때만 해도 디스크에 대해서 들어본 적이 한 번도 없었다. 그의 회상에 따르면 그는 자신의 유형에 대해서 읽으면서 소름이 돋았으며 "스스로에 대해서 인정할 준비가 되어 있지 않은 특징들이 나열되어 있는 것에 충격을 받았다." 그가 강의실을 둘러보자 "줄마다, 자리마다 수강생들이 각자의 검사 결과에 대해서 똑같은 반응을 보이고 있었으며, 이것은 정말로 놀랍고 거의 초현실적인 경험이었다." 그는 자신에게 주도형과 사교형이 두드러지는 것을 알고는 자신이 평생 "고삐 풀린 망아지"처럼 좌충우돌했음을 깨달았다.

당시에 브래넌은 결혼 생활에 어려움을 겪고 있었다. 그와 아내는 끊임없이 다투고 서로에게 화를 냈다. 디스크에 대해서 배우고서 그는 아내와 자신의 디스크 유형이 다르다는 것을 알게 되었다. 그녀는 매우 강한 안정형이었다. 두 사람은 의사소통 방식에 대해서 이야기하다가 이 차이가 갈등의 상당 부분을 차지한다는 사실을 알게 되었다. 안정형인 그의 아내는 직접적인 충돌을 꺼리는 반면에 브래넌은 오히려 이를 선호했다. 문제가 발생했을 때에 그녀는 오로지 평화를 원한 반면에 그는 해결책을 도출하고 끝장을 보고 싶어했다. 그녀의 의사소통 방식을 파악하자, 브래넌은 자신의 머릿속에서 문제가 "끝장날" 때까지 밀어붙이지 않고 아내가 중간에 대화를 그만두게 하는 것이 나을 때가 언제인지 알 수 있었다. 브래넌과 아내는 결국 갈라섰지만, 서로의 유형을 파악한 덕분에 자녀의 공동 양육자로서 예전보다 더 잘 지낼 수 있었다. 브래넌이 말한다. "이제는 제가 그녀의 신경을 긁는 문제들과 그녀가 제 신경을 긁는 문제들에 대해서 더 객관적으로 이야기할 수 있습니다. 덕분에 삶이 수월해졌죠."

디스크를 적용하면 잘 모르는 사람들이나 처음 만나는 사람을 대하는 데에도 도움이 될 수 있다. 디스크를 활용하면 상대방의 행동에서 "신중형이 할 법하다"거나 "매우 사교형스러운" 모습이 눈에 띌 것이다. 물론 당신은 지금 과학적인 분석을 하는 것이 아니다. 당신이 도달한 것은 피상적인 결론이다. 그러나 피상적인 결론은, 종종 틀릴 수 있지만 가끔은 옳을 때도 있다. 잘 모르는 사람을 대할 때에는 피상적인 결론이라도 내리는 쪽이 상대방에 대해서 감을 전혀 못 잡는 것보다 낫다. 적어도 시도해볼 거리는 있으니 말이다. 그러다가 상대방에 대해서, 또한 그들이 선호하는 의사소통 방식에 대해서 알게 되면 중간에 행동을 조율할 수도 있다. 상대방이 4가지 유형 중에 어디에 속하는지 "즉석에서" 파악하는 속성 기법에 대해서는 디스크 일람표를 참고하라.

연습을 하면 누구를 만나든 재빨리 분석하여 그에 따라서 자신의 말과 행동을 조율하는 데에 능숙해질 것이다. 이것을 제2의 천성으로 만들려면 대화가 끝나자마자 다음 사항을 기록하라. 상대방의 말이나 행동에 비추어 보면 그를 어떻게 분류하는 것이 가장 적절한가? 그는 세부적인 사항을 많이 동원했는가? 단도직입적이었는가? 자기 자신에 대해서 말을 많이 했는가? 자신을 배제하고 남들에게 관심이 쏠리게 했는가? 이런 식으로 정리해보는 것이다. 다시 말하지만(이는 아무리 강조해도 지나치지 않다) 능동적으로 경청하기는 너무나 중요하다. 디스크를 처음 시도할 때에는 대화 중에 상대방의 유형을 분류하려고 들지 말라. 최대한 주의 깊게 경청하며 모든 것을 흡수하고 상대방의 말을 귀담아들어라. 대화가 끝나면 잠시 당신이 들은 말을 떠올리면서 아직 기억이 생생할 때에 분석하라. 경험이 쌓이면 이렇게 시간을 내서 숙고할 필요도 없어진다. 대화가 끝날 무렵에 머릿속에서 자연스럽게 분석이 이루어진다. 연습량이 더 늘면 대화 중에 심지어 능동적으로 경청하면서도 즉각적이고도 무의식적으로 분석을 하게 될 것이다.

누군가에게 접근할 때에 어떤 방식이 통하고 어떤 방식이 통하지 않을지 즉석에서 알 수 있다고 상상해보라. 당신의 속성 분석이 틀릴지도 모른다. 그러나 분석 중에서 20-30퍼센트만 정확하더라도 크나큰 변화가 일어날 수 있다. 나는 사람을 만나면 몇 초 안에 상대방의 의사소통 유형을 꽤 정확하게 판단할 수 있는 수준에 도달했다. 나는 기업에 침투하려고 본사의 안내 데스크에 다가갈 때에 안내 직원이 나에게 인사하는 방식, 책상에 놓인 사진의 종류, 몸짓언어 등으로 즉석에서 유형을 파악하여 그에 따라서 나의 행동과 말을 조율한다. 이것만 해도 놀랍지만, 내가 온라인으로 사전 조사를 했거나 직원의 소셜 미디어 게시물을 미리 보았다면 더욱 정확하게 파악할 수 있을 것이다. 이것이 다음 연습의 주제이다.

당신이 좋아하는 유명인 세 명의 트위터 계정을 찾아보라. 그들의 게시물을 꼼꼼히 살펴보라. 그들의 의사소통 방식을 알 수 있겠는가? 이를테면 빌 클린턴의 게시물은 전형적인 사교형이다. 그는 자신에 대해서 말을 많이 하며,

> 1인칭으로 표현하고 자신이 좋아하는 사람들을 부각한다. 그의 게시물은 대체로 정력적이고 활기차고 "요란하다." 추가 연습으로, 4가지 디스크 유형 각각에 대해서 이 장에서 언급한 사람들 이외에 유명인 다섯 명을 더 떠올려보라.

이 연습도 시도해보기를.

> 속성 디스크 분석을 연습하려면 붐비는 공공장소에 가서 한 시간 동안 사람들을 관찰하라. 무리 지은 사람들을 뜯어보면서 각자가 어떤 범주에 속하는지 파악해보라.

요약

중국의 사상가이자 도가의 창시자인 노자는 이렇게 말했다. "남을 아는 사람은 지혜롭고 자신을 아는 사람은 명철하다."[6] 이 장에서는 명철함과 지혜를 둘 다 얻는 법을 살펴보았다. 우리는 자신과 관심인을 더 잘 알아야 한다. 차차 알게 되겠지만 의사소통 유형은 온전히 계발하기만 하면 놀라운 위력을 발휘할 수 있으며 이는 휴먼 해킹의 기반이 된다. 악당들이 디스크를 이용하는 경우는 많지 않겠지만, 그들도 나름의 약식 분석 방법으로 먹잇감과 접근법을 선택한다. 테러 조직망은 트위터나 페이스북 같은 소셜 미디어 플랫폼을 뒤지며 서구 정부에 적대감을 표출하는 사람을 물색하는 것으로 알려져 있다. 특히, 환멸과 좌절감을 느끼고 특정한 정서적 성향을 가진 사람을 노린다. 극단주의자들은 이 사람들을 꾀기 위해서 말과 행동을 조율한다. 젊은이들은 자신에게 접근하는 사람들의 공감 어린 태도 이면에 교묘한 술책이 있음을 모르기 때문에 이들에게 넘어가기 쉽다.

그러나 우리는 의사소통 분석법을 좋은 일에 써서 관계와 상호작용의 수준을 개선할 수 있다. 본질적으로, 분석법이 효과를 발휘하는 이유는 당신이 스스로를 분류하든 남을 분류하든 간에 대인 접촉에서 자신이 으레 관심을 두는 것(자신, 자신의 필요, 자신의 욕구)이 아니라 관심을 두어야 하는 것, 즉 상대방에 주목하기 때문이다. 우리는 남들에 대해서, 그리고 그들이 대화를 어떻게 대하고 경험하는지에 대해서 숙고하려고 (아마도 난생 처음으로) 노력한다. 자신의 입장에서뿐만 아니라 그들의 입장에서 사람들과 교류를 시작할 수 있도록 공감 능력을 계발하는 것이다.

공감은 참으로 휴먼 해킹의 기본이지만, 차차 보게 되듯이 분석의 영역에만 머물지 않는다. 사기꾼, 보안 전문가, 전문 휴먼 해커들은 먹잇감이 자신이 원하는 일을 하도록 만들기 위해서 처음에 대화의 틀을 짤 때부터 공감을 동원한다. 당신이 책상 앞에 앉아서 일하고 있는데 낯선 사람이 전화를 걸어 "당신은 저를 모르시겠지만, 제가 알려드리는 계좌번호에 500달러를 송금해주셨으면 합니다"라고 말하면 그 말을 따르지 않을 것이다. 그러나 전화 건 사람이 자신을 전력 회사 직원으로 소개하면서 요금이 연체되어 한 시간 안에 500달러를 납부하지 않으면 전력 공급이 차단될 것이라고 말하면 시키는 대로 할지도 모른다(발신자 번호가 전력 회사 번호와 같으면 더더욱 그럴 것이다). 이 스캠은 엄청나게 흔하며[7] 이 수법이 통하는 이유는 많은 사람들이 전기가 끊기는 상황을 두려워하기 때문이다. 스캐머는 이 사실을 알며, 공감의 도약을 이용하면서 이 통찰을 당신과 대화를 이어가기 위한 그럴듯한 "밑밥"으로 발전시켰다. 이와 반대로, 이른바 "말꼬 트기의 기술"을 숙달하지 못했다면 친구를 사귀거나 상대방을 설득하거나 원하는 것을 얻기가 여간 힘든 일이 아닐 것이다. 그러니 다음 장에서는 상대방에게서 긍정적인 정서적 반응을 끌어냄으로써 그들이 당신과 더 교류하고 **싶도록** 만드는, 대화를 더 신중하게 시작하는 법을 들여다보자.

제2장

되어야 하는 사람이 되어라

성공으로 이어지는
대인 접촉의 맥락이나 "밑밥"을 만들어라

코미디언 리처드 제니가 말했다. "정직은 관계의 열쇠이다. 위조할 수 있으면 안으로 들어갈 수 있다."[1] 이 말은 사회공학의 핵심을 꿰뚫고 있다. 영향력을 행사하여 원하는 것을 얻으려면 대화를 시작하고 부탁을 하기 위한 그럴듯한 밑밥을 만들어내고 그 핑계 안에서 정해진 "역할"을 매끄럽게 연기하는 것이 무척 중요하다. 말하자면 상대방이 당신을 위협적으로 느끼지 않고 심지어 호감을 느끼도록 처음부터 표적에 맞는 대화의 맥락을 정해두어야 한다.

웨이스트 매니지먼트 사의 친절한 영업 담당자가 방문한 덕분에, 이제는 경비가 훨씬 더 삼엄해진 대형 소매업체가 있다. 어디인지는 밝힐 수 없다. 내가 바로 그 친절한 영업 담당자였다. 참고로 말하자면 나에게는 웨이스트 매니지먼트 사의 유니폼이 있다. 이번 임무에서 나의 과제는 보안이 매우 높은 수준인 창고에 침투하여, 상대적으로 허술한 출입구를 찾아서 동영상과 사진을 찍어보는 것이었다. 그다음에는 별개의 시도를 통해서 허술한 그 출입구로 들어가 그곳에 보관된 귀중한 제품을 훔칠 수 있는지 알아보기로 되어 있었다.

이 창고들의 보안이 어마어마하게 철저하다는 말은 그곳에 들어가는 일이 최고 등급 교도소에 침투하는 것과 같다는 뜻이다. 색깔이 들어간 방탄유리로 만든 유리문에 접근하여 버저를 누르면, 비디오 화면으로 이를 지켜보던 사람이 신분증을 요구한다. 그 장애물을 통과하면 두 번째 보안 장애물이 나타나는데, 이것은 천장 높이의 맨트랩mantrap(한 번에 한 명만 출입할 수 있는 출입 통제 시스템/옮긴이)으로 지하철 개표구처럼 생겼다. 맨트랩에 들어서면 경비원이 카드로 반대편 문을 열어주어야 통과할 수 있다. 그다음에는 금속 탐지기가 있고 그다음에는 또다른 보안 안내 데스크가 나타나는데, 여기에서 정부 발급 신분증을 제시하면 방문증을 발급받는다.

그 모든 보안 장치를 어떻게 통과할 수 있을까? 정답은 쓰레기이다. 우리는 구글 지도의 거리 뷰 이미지를 검색하다가 창고 뒤편에서 거대한 쓰레기 압축기를 발견했다. 웨이스트 매니지먼트 사에서 제작한 제품이었다. 우리는 이 압축기 이미지를 웨이스트 매니지먼트 사의 웹사이트에 있는 것들과 비교하여 창고에 설치된 제품의 정확한 모델명을 알아냈다. 나는 도면을 모두 내려받아서 이 압축기의 전문가가 될 만큼 공부했다. 그다음에는 로고, 모자, 배지, 대형 클립보드에 이르기까지 웨이스트 매니지먼트의 유니폼을 완벽히 차려입었다.

창고 정문에 당도하여 나를 웨이스트 매니지먼트 직원이라고 소개하면서 쓰레기 압축기 문제로 창고 관리자와 할 이야기가 있다고 말했다. 경비원이 나를 들여보내주었다. 맨트랩에 들어가자 그곳의 다른 경비원이 정확히 무슨 이야기를 하러 왔느냐고 물었다. 나는 우리 회사의 쓰레기 압축기 중에 일부 제품의 모터가 회수 대상이라며 이곳의 제품을 회수해야 하는지 알려면 모터의 일련번호를 확인해야 한다고 했다. 경비원이 나를 들여보내도 되는지 몰라서 망설이자, 나는 그에게 당신이 일련번호를 직접 보고 와서 나에게 알려주어도 괜찮다고 말했다. 그가 압축기 어디에 모터가 있는지 모른다고 대답하자, 나는 모터 위치를 설명해줄 수도 있고 내가 직접 가서 확인할 수도 있는데 시간은 5분이 걸릴 것이라고 말했다. 그는 나를 맨트랩에서 내보내주었다.

나는 금속 탐지기를 통과하여 보안 안내 데스크로 향했다. 정부 발급 신분증이 필요하리라는 것을 알고 있었지만 나의 것을 쓰고 싶지 않았다. 나의 실명과 주소가 쓰여 있기 때문이었다. 경비원이 신분증을 요구하자

나는 아차 하는 표정을 지으며 지갑을 차에 두고 왔다고 말했다. "이만큼 커다란 조지 코스탠차의 지갑이에요(시트콤「사인필드」등장인물의 두툼한 지갑에 빗댄 표현/옮긴이). 너무 두꺼워서 허리가 나갈 지경이라고요."

경비원은 킥킥거리면서도 꿈쩍하지 않았다. "정부 발급 신분증이 없으면 들여보내드릴 수 없습니다."

나는 낭패라는 시늉을 하며 쓰레기 압축기 5분 검사하자고 저 보안 수속을 처음부터 다시 받을 수는 없다고 말했다. 그러고는 번득이는 아이디어가 떠오른 척했다. 내가 말했다. "아, 이렇게 하면 되겠네요. 마침 웨이스트 매니지먼트 회사 사원증이 여기에 있어요. 여기 사진이랑 생년월일과 제 정보가 모두 나와 있고요. 이걸로 대신해도 될까요?"

그가 고개를 끄덕이며 말했다. "네, 좋습니다. 면허증과 똑같은 형식이니 이걸 써도 되겠군요." 그후로 10분간 나는 창고를 구석구석 돌아다니며 허술한 출입구의 동영상과 사진을 찍고 어디로 침투하여 제품을 훔칠 수 있는지 파악했다. 조사가 끝나자 보안 수속을 되밟아 돌아왔다. 내가 미소 지으며 말했다. "다 되었어요. 여기 제품의 일련번호는 제 명단에 없네요. 다행이에요. 회수 안 해도 되겠어요." 이런 식으로 나는 나를 만난 것이 그들에게 잘된 일이 되도록 했다. 그들은 회사가 문젯거리에서 벗어나는 데에 자신들이 일조했다고 생각했다. 그들이 말했다. "와주셔서 고맙습니다. 덕분에 잘 해결되었네요!"

나는 이 소매업체의 창고 7곳에서 이 방법을 써먹었다. 그리고 7번 모두 성공했다. 성공의 이유는 시설에 들여보내달라고 요청할 밑밥을 확실히 마련해두었다는 데에 있다. 나에게는 창고에 들어가야 하는 완벽하게 논리적인 이유가 있었다. 나는 웨이스트 매니지먼트 직원이었고

급히 처리해야 할 임무가 있었으며 그 임무는 **그들에게** 유익한 것이었다. 내가 착용하고 소지하고 말한 모든 것이 웨이스트 매니지먼트와 딱 맞아떨어졌다. 그들이 나를 들여보내지 **않을** 이유가 어디 있었겠는가?

밑밥 깔기와 범죄

밑밥 깔기는 당신이 목표를 달성할 가능성이 커지도록 대화의 **맥락**이나 **상황**을 조성하는 기술이다. 밑밥을 만든다는 것은 어떤 종류의 대인 접촉을 시도하는 것에 대한 합리적인 정당화나 설명, 또는 "사정"을 제시한다는 것이다. 여기에는 자신이 상대방 앞에서 해야 할 역할을 정하는 것도 포함된다. 밑밥의 작동 원리는 자신이 상대하는 사람에게서 긍정적이든 부정적이든 간에 어떤 감정을 촉발시키는 것이다. 맬컴 글래드웰은 『타인의 해석*Talking to Strangers*』에서 "진실기본값 이론"을 소개한다. "우리는 우리가 상대하는 사람들이 정직하다고 가정한다."[2] 좋은 밑밥은 관심인의 불안이나 우려를 가라앉히고 심지어 사랑, 행복, 안녕감 같은 긍정적인 감정을 불러일으켜서 이 가정을 고스란히 지켜준다. 기본적인 신뢰감이 형성되면 관심인은 당신의 요구를 훨씬 기꺼이 들어주고 심지어 거기서 만족감을 느낀다. 이와 반대로 나쁜 밑밥은 두려움이나 분노 같은 부정적인 감정을 불러일으켜서 관심인의 비판적 사고력을 활성화한다. 이때 상대방은 긍정적인 감정에 "휩쓸려서" 엉겁결에 호응하는 것이 아니라 의심을 품고, 호응하면 안 되는 이유를 생각하며, 우려가 기우임을 입증할 책임을 당신에게 지운다. 글래드웰이 말하듯이, "우리는 의심과 걱정이 점점 커져서 더는 해명되지 않을 때가 되어서야 믿는 것을 **멈춘다.**"[3] 나쁜 밑밥은 타인을 신뢰하기를 꺼리는 마음의 "방아쇠"를 당긴다.

모든 스캐머, 사기꾼, 해커들은 밑밥 깔기가 사람들에게 어떻게 작용하는지를 훤히 안다. 이것이야말로 그들의 자산이다. 텍사스 주의 웨스트 유니버시티 지역에서 한 남자가 상수도 사업소 직원을 사칭하며 집집마다 초인종을 누르고 다녔다. 그가 집주인과 대화하며 라포르를 형성하는 동안(이는 다음 장에서 다룰 주제이다) 그의 한패가 몰래 들어가서 집 안을 싹쓸이했다.[4] 이것은 밑밥 깔기가 어떻게 작용하는지를 보여주는 사례이다. "도움을 주려고 찾아온 상수도 사업소 직원"이라는 역할은 집주인이 도둑이 원하는 대로 문을 열어둔 채 의심 없이 몇 분간 대화를 나누게 하기 위한 밑밥이었다.

밑밥 깔기는 디지털 수단을 통해서 실행되기도 하는데, 실은 요즘 유행하는 온라인 사기에서 기승을 부리고 있다. 홍콩에서는 해커들이 어떤 여성의 와츠앱^{WhatsApp}(모바일 메신저 애플리케이션/옮긴이) 계정을 탈취한 다음, 그녀를 사칭하여 남동생에게 온라인 게임용 "포인트"를 사라고 설득했다. 포인트를 비싸게 되팔면 손쉽게 돈을 벌 수 있다는 것이었다. 그러나 여기에서 노다지를 챙긴 것은 해커들뿐이었다. 그들은 몇 시간 만에 5만5,000달러의 순수익을 거두었다.[5] 이와 비슷하게 또다른 사기꾼들은 세인트 로런스 대학교 학생들의 부모에게 학교 당국을 사칭한 이메일을 보내서 수업료를 미리 납부하면 할인 혜택을 받을 수 있다고 꾀었다. 몇몇 부모들은 꾐에 넘어가 돈을 잃었다. 첫 번째 사건에서 범죄자들은 피해자의 호주머니 사정을 걱정하는 다정한 누나라는 밑밥을 선택했다. 두 번째 사건에서는 도움을 주려는 대학교 당국자의 솔깃한 제안이 담긴 이메일이 밑밥으로 쓰였다.⁶ 이 두 가지 밑밥은 모두 영문을 모르는 피해자가 사기꾼들이 바라는 행동을 하여 자신의 재산을 잃게 하는 데에 필요한 근거를 제시했다.

아마도 사상 최고의 밑밥 깔기 범죄자는 "미국 최고의 사기꾼"이자 "에펠탑을 두 번 판 남자" 등으로 알려진 빅토르 뤼스티히일 것이다. 실은 그의 이름이 빅토르 뤼스티히인지도 확실하지 않다. 진실은 아무도 모른다. 그가 사칭한 인물이 47명을 넘기 때문이다. 1920년대 중엽에 뤼스티히는 프랑스 정부 관료를 사칭하여 고철 업계의 주요 인사들에게 정부가 에펠탑을 해체할 계획이라며 경매에 입찰하라고 꼬드겼다. 정부 관료가 값나가는 고철에 대한 내부자 거래를 제안한다는 밑밥은 완벽하게 합리적이었고 솔깃했다. 고철 업계 인사들은 이 사기에 넘어가 입찰에 참여했으며 그중 한 명은 7만 달러 이상을 지급했다. 스캠이 들통났는데도 피해자는 "망신스러워서 경찰에 가지 못했다." 이 성공에 우쭐해진 뤼스티히는 스캠을 재차 시도했는데, 이번에도 잡히지 않았다.⁷

이 스캠을 자세히 들여다보면 밑밥 깔기와 관련하여 중요한 사실을 알 수 있다. 당신의 말과 행동이 밑밥 깔기의 전부가 아니라는 사실이다. 밑밥 깔기는 당신이 어떻게 처신하는가(차분해 보이는가, 초조해 보이는가, 기뻐 보이는가, 슬퍼 보이는가)와도 관계가 있다. 어디를 대화의 장소로 선택할지, 당신의 역할이나 당신이 사칭하는 신분을 진짜처럼 보이도록 하기 위해서 어떤 물건이나 "소도구"를 사용할지도 중요하다. 에펠탑 스캠에서 뤼스티히는 단순히 피해자들에게 연락하여 자신이 누구이고 무엇을 원하는지에 대한 황당한 이야기를 꾸며내지 않았다. 그는 자신의 이름이 적혀 있고 "프랑스 정부 공식 문장紋章"이 찍힌 용지를 제작했으며 근사한 프랑스 호텔에 고철 업계 총수들을 불러모았다. 이는 좋은 연줄을 가진 정부 관료를 연상시키는 장치였다. 또한 그는 밑밥을 내세울 때에 업무에 정통한 관료의 분위기를 풍기는 언어를 구사했다. "이 자리에서 구체적으로 밝힐 수는 없지만 공학적인 결함, 수리 비용, 정치적인 문제 때문에 에펠탑의 해체가 불가피해졌소."[8] "이 자리에서 구체적으로 밝힐 수는 없지만"이라는 문구에 특히 주목하라. 이것은 민감한 논의에 관여한 꼼꼼한 관료가 쓸 법한 표현이다. 앞에서 서술한 나의 이야기에 복장과 사원증, 창고 경비원들에게 제시한 그럴듯한 설명 등이 등장한 것과 마찬가지로, 뤼스티히의 밑밥에는 이 모든 요소들이 포함되었다.

밑밥은 말로 하는 설명이 전혀 없이 행동과 소도구만으로 이루어질 수도 있다. 1935년에 비밀수사국은 뤼스티히를 체포하여 맨해튼의 연방 교도소에 가두었다. 당시에 이곳은 "탈옥 불가능한" 교도소로 평판이 자자했다. 그러나 다른 수감자들에게만 탈옥 불가능한 교도소였다. 그는 침대 시트를 묶어서 긴 밧줄을 만들어 몸을 매달고서는 감방 창문을 통해서 교도소 건물 밑으로 내려왔다. 지상에서 사람들이 그를 쳐다보고 있었기 때문에 그는 가지고 있던 걸레로 창문 청소부 시늉을 했다. 걸레와 그의 위치는 구경꾼들의 머릿속에서 밑밥으로 작용했다. 이는 대화를 위한 밑밥이 아니라 그가 왜 건물 벽에 매달려 있는지에 대한 밑밥이었다. 뤼스티히는 땅에 내려오자 구경꾼들에게 인사하고는 잽싸게 내뺐다. 당국은 한 달이 지나서야 그를 다시 붙잡을 수 있었다. 이번에 그가 수감된 곳은 자신과 같은 범죄자들을 위해서 건설된 감옥, 바로 앨커트래즈였다.

밑밥 깔기의 일상적 기술

뤼스티히의 화려한 솜씨를 보면 밑밥 깔기는 법을 지키는 평범한 시민과는 별 상관이 없어 보일지도 모르겠다. 물론 가족, 동료, 이웃을 설득하여 당신이 원하는 일을 해주도록 하기 위해서라면 나처럼 완전히 새로운 가짜 신분을 만들 필요까지는 없을 것이다. 또한, 당신은 주위 사람들을 악질적으로 등쳐먹으려고 거짓 근거와 역할을 꾸미지도 않을 것이(기를 바란)다. 법학자들은 정보 수집을 위한 검찰과 경찰의 밑밥 깔기 관행에 의심의 눈초리를 던졌으며 이것을 기만적이고 비윤리적인 행위로 간주했다. "밑밥 깔기 : 꼭 필요한 목적을 위한 꼭 필요한 수단인가?"라는 기사에서 한 학자는 밑밥 깔기에 단호히 반대하며 이렇게 주장했다. "법조계는 부정직하거나 기만적인 수단을 이용하여 정보를 수집하는 행위를 용납할 수 없다."[9] 연방거래위원회도 밑밥 깔기를 본질적으로 부정직한 범죄 행위로 규정했다. "밑밥 깔기는 허위 표시로 당신의 개인 정보를 사취하는 행위이다. 밑밥을 꾸미는 자는 당신의 정보를 이용하여 당신 명의로 대출을 받거나, 당신의 자산을 훔치거나, 당신을 조사하거나 고소하려는 자들에게 정보를 판다. 밑밥 깔기는 법률에 저촉된다."[10]

법조계 일각에서는 밑밥 깔기를 정당화하기 위해서 "목적이 수단을 정당화한다"는 근거를 내세우기도 하지만, 나는 그보다는 일상적인 상황에서의 밑밥 깔기에는 거짓말이나 허위, 사칭이 반드시 동원되지는 않는다는 점을 근거로 들고자 한다. 웨이스트 매니지먼트 직원처럼 차려입은 것은 뻔뻔한 거짓말을 하는 일이었지만, 클라이언트와 나는 내가 수행하는 특수 임무에 특정한 거짓말은 무방하다고 사전에 합의했다(우리는 늘 이렇게 한다). 일상생활에서 밑밥 깔기를 할 때에는 결코 이런 식으로 남들을 속이지 않는다. 그럴 필요도 없다. 일상생활에서의 밑밥 깔기는 **진실의 일부를 선택적으로 제시하여** 대화의 맥락을 유리하게 조성함으로써 라포르를 신속하게 형성하는 기법이다. 밑밥 깔기는 마치 아이스크림 가게 주인이 근처에서 새로 성업 중인 경쟁 가게를 둘러보기 위해서 손님 행세를 하는 것처럼 단순한 수법일 수도 있다. 혹은 새로운 도시로의 이사를 고민하다가 학군에 대한 동네 사람들의 속내가 알고 싶어서 부동산에 전화해보는 것일 수도 있다. "안녕하세요, 그쪽으로 이사 갈 생각인데 여쭤보고 싶은 것이 있어요."

아이스크림 가게 주인이 인근의 새 가게를 방문하는 주목적은 아이스크림을 사기 위해서가 아니라 경쟁자에 대해서 알아보려는 것이리라. 그러나 아이스크림 값을 지불한다는 점에서는 고객이기도 하다. 당신은 다음 주에 부동산을 계약할 생각이 없을지도 모르지만, "조건"을 알아보는 초기의 단계는 주택 구입 과정의 어엿한 일부이다. 따라서 밑밥 깔기란 새빨간 거짓말이라기보다는 진실에 기반을 둔 현실의 재구성이다. 밑밥을 꾸밀 때에 어느 정도까지 해도 되는지 궁금하다면 당신을 만난 것이 그들에게 잘된 일이 되도록 해야 한다는 것만 기억하라. 당신의 밑밥이 진실과 거리가 멀어서 어떤 이유로도 그것이 사람들에게 잘된 일이 되도록 할 수 없다면 그 밑밥은 쓰지 말라.

우리는 언제나, 무의식중에 밑밥을 꾸며낸다. 특정 상황에 맞는 "역할"을 취하는 것이 바로 밑밥이다. 성격이 행동을 결정하는지, 아니면 특정한 사회적 맥락이 행동을 결정하는지는 심리학의 오래된 논쟁거리

중의 하나이다. 물론 둘 다 관계가 있다. 우리의 기본적 성격은 행동을 통해서 드러나지만, 우리는 상황에 맞추어 성격의 특정 요소를 더 두드러지게 드러내기도 하며 심지어 사교성이나 새로운 것을 추구하는 성향 같은 특정 요소를 드러낼 수 있는 상황을 스스로 조성하기도 한다.[11] 콜비 대학교의 크리스토퍼 소토는 이렇게 썼다. "어떤 경우에든지 사람의 행동은 성격과 상황 둘 다뿐만 아니라 현재의 생각, 감정, 목표 같은 그 밖의 요인으로부터 영향을 받는다."[12]

대화의 밑밥을 꾸밀 때에 우리는 자신의 성격에서 그 순간의 조건에 맞는 특정 측면을 강조한다. 우리 딸이 잘못을 저질러서 앉혀놓고 호되게 야단칠 때에 내가 선택하는 밑밥은 "엄한 아버지"이다. 반면에 직원과 문제가 있거나 아내 또는 절친한 친구와의 문제를 해소하고 싶을 때에는 아버지로서의 역할을 내세울 수 없다. 상대방이 모욕적으로 받아들일 수 있기 때문이다. 그럴 때에는 공감하는 상사의 역할을 내세울 수도 있고 불만이 있지만 다정한 배우자나 걱정하는 친구의 역할을 내세울 수도 있다. 이 모든 상황에서 나는 똑같은 사람이지만 목표를 이루기 위해서 내 안의 저마다 다른 측면이 드러나게 한다.

우리가 이렇듯이 본능적으로 여러 역할을 내세우는 이유는 어느 밑밥을 까느냐에 따라서 대인 상호작용에서 원하는 것을 얻을지의 여부가 좌우되기 때문이다. 노모가 쇠약해져서 서먹서먹한 누나와 양로원 비용 문제로 난감한 대화를 해야 한다고 가정해보자. 대화의 얼개를 "내가 누나와 이야기하고 싶은 이유는 이달 말까지 나에게 1만 달러를 보내주었으면 하기 때문이야"라는 식으로 구성하고 누나가 하루 종일 근무하느라 기진맥진했을 때에 북적거리고 소란스러운 술집에서 만난다면 대화

가 순조롭게 풀리기는 힘들 것이다. "이달 말까지 1만 달러를 보내주었
으면 해"라는 말을 듣는다면 누나는 걱정("그 많은 돈을 그렇게 금방 어
떻게 구한담?"), 분노("네가 뭔데 그렇게 거액을 내놓으라는 거야?"), 피로
("내가 해결해야 하는 일이 또 생겼어? 안 그래도 힘들단 말이야!"), 불만
("왜 사람들은 늘 나에게 손을 벌리는 거지?")을 비롯한 여러 부정적인 감
정을 느낄지도 모른다. 그러면 비판적 사고력이 발동하여, 돈을 내놓을
수 없고 내놓아서도 안 되는 온갖 이유가 떠오를 것이다. 그러나 당신이
누나에게 전화를 걸어서 "우리가 연락하지 않은 지 오래된 것은 알지만
엄마가 너무 걱정되어서 전화했어. 엄마를 어떻게 보살피는 것이 최선일
지 함께 머리를 맞대고 생각해보아야 할 것 같아"라고 말하면서 주말에
누나가 좋아하는 조용한 식당에서 점심을 먹자고 제안하면, 당신은 부
정적인 감정을 촉발하지 않을 것이고 누나의 비판적 사고력도 즉각 발
동하지는 않을 것이다. 그리고 당신이 원하는 것, 즉 누나의 1만 달러를
얻어낼 가능성도 커질 것이다.

밑밥이 감정을 불러일으키는 것은 머리말에서 살펴보았듯이 모든 사
람이 상호작용을 시작할 때에 품는 4가지 궁금증에 암묵적으로 답하기
(또는 답하지 못하기) 때문이다. 4가지 궁금증은 다음과 같다. 이 사람은
누구일까? 이 사람이 원하는 것은 무엇일까? 이 의사소통은 시간이 얼
마나 걸릴까? 이 사람은 위협적인 존재일까? 물론 상황에 따라서 이 궁
금증 중에 몇 가지는 이미 해소되었을 수도 있다. 앞의 시나리오에서 누
나는 당신이 누구인지 분명히 알며 위협적인 존재가 아니라는 것도 알
고 있(어야 한)다. 그러나 나머지 궁금증에 대한 답은 모를 수도 있다. 당
신의 밑밥이 그 궁금증들에 답하지 못하면 누나는 확신을 품지 못해서

두려움이나 의심을 느낄 수 있다. 밑밥이 내놓은 답이 심란할 경우도 마찬가지이다. 다짜고짜 누나에게 1만 달러를 달라고 말하면 당신은 누나의 삶을 위협하는 사람으로 인식될지도 모른다. 따지고 보면 돈을 내놓으라고 요구하는 셈이니 말이다. 당신이 과거에 돈 문제로 누나와 길고 힘겨운 입씨름을 벌인 적이 있다면, 이런 식으로 느닷없이 부탁을 받은 누나는 길고 힘겨운 줄다리기가 시작될까봐 불안해 할지도 모른다. 그러나 당신이 어머니를 위해서 최선의 방안을 찾고 싶어하는 가족 구성원의 입장으로서 이 상황에 접근하면 위협을 느끼지는 않을 것이다. 누나는 불안감 대신 사랑이나 감사, 공감을 느낄 것이다.

대부분의 사람들은 밑밥을 깊이 고민하지 않는다. 맥락에 따라서 자신의 여러 측면 중의 하나를 내세우더라도 자신의 필요에 맞게 전략적으로 선택하지는 않는다. 이 때문에 자신에게 유익하지 않은데도 특정한 밑밥을 습관적으로 내세우기도 한다. 집에서 엄한 부모 역할을 하는 데에 익숙해지면, 직장에서나 친구들과 있을 때에도 그런 말투가 나올 수 있다. 학교에서 웃긴 친구 역할을 하다 보면, 상사나 높은 사람에게 이야기할 때에 이 역할에서 벗어나는 것을 깜박하기도 한다. 습관적인 밑밥과 사회적인 역할 또는 정체성이 바라는 대로 작용하지 않으면, 우리는 이를 상대방의 탓으로 돌릴 때가 많다. 앞의 시나리오에서 바라던 1만 달러를 얻지 못했을 때에 우리는 누나가 "비합리적"이라거나 "말귀를 못 알아듣는다"거나 "순 고집불통"이라고 불평할지도 모른다. 물론 누나가 정말로 고약한 사람일 수도 있다. 그러나 **우리가** 유익하거나 적절한 밑밥을 근사하게 제시하지 못했던 것일 수도 있다. 우리는 부적절한 상황에서도 똑같은 밑밥을 고수하다가 자신의 수법이 통하지 않으면 체념하고 이렇게 말한다. "미안하지만 그게 나야. 이렇게 생겨먹은 것을 어떡해." 아니, 그건 당신이 아니다. 당신 성격의 일부일 뿐이다. 당신은 노력을 통해서 자신의 성격 중에 상황에 맞는 측면을 계발할 수 있다. 남들에게 영향을 미치고 원하는 결과를 얻도록 밑밥을 전략적으로 구성할 수 있다는 것이다. 해커는 못된 목적을 위해서 늘 밑밥을 꾸민다. 이것을 더 긍정적이고 선한 목적에 쓰지 말아야 할 이유가 어디에 있겠는가?

오늘 밤 잠자리에 들기 전에 어제오늘 겪은 여러 의사소통을 떠올려보라. 당신은 얼마나 많은 역할을 내세웠는가? 자녀를 걱정하는 부모, 웃긴 친구, 엄하고 냉혹한 상사였는가? 다정한 이웃, 행복하고 애정 넘치는 배우자, 호기심 많은 학생이었는가? 머릿속에서 이 역할들의 명단을 만들고 각 역할이 얼마나 효과적이었는지를 따져보라. 상황이 달라졌는데도 똑같은 역할을 무심코 적용하다가 손해를 본 적이 있는가?

누군가가 무엇인가를 요구했는데 당신이 들어준 최근의 사례를 생각해보라. 부탁을 거절한 또다른 사례도 생각해보라. 각 상황에서 상대방은 어떤 밑밥을 동원했는가? 왜 효과적이었는가? 또는 왜 효과적이지 않았는가?

당신은 밑밥을 전략적으로 꾸미는 일이 상대방과의 상호작용에 계산과 책략을 결부시키는 것이므로 새빨간 거짓말은 아닐지라도 나쁜 짓이라고 생각할지도 모르겠다. 그러나 내가 요구하는 것은 가족과 친구를 속이라는 것이 아니다. 무엇을 말할지에 대해서 더 신중을 기하는 것은 속이는 것이 아니다. 당신이 보여주는 것은 여전히 "당신" 자신이다. 자신의 어느 부분을 표현할지를 좀더 신중하게 결정하는 것일 뿐이다. 당신이 윤리를 중시하는 사람이라면 이것이 상대방을 조종하는 것이 아님을 명심하라. 나의 정의에 따르면 조종은 당신의 욕구에 부응하도록 상대방을 기만하거나 강제하는 것이다(제6장 참고). 밑밥 깔기는 오히려 그들에게 **그들이** 원하는 것을 줌으로써 그들이 당신의 욕구에 부응하는 것을 더욱 매력적인 일로 만든다. 생각 없이 내뱉은 말 때문에 모두가 속상하고 불행해진 적이 얼마나 많은가. 그보다는 더욱 유쾌하고 생산적인 상호작용이 일어나도록 약간의 전략을 구사하는 것이 더 낫고 현명하지 않겠는가?

복도에서 상사가 다가와서 무뚝뚝한 표정으로 "내일 3시에 좀 봅시다"라고 말한다고 해보자. 당신이 무슨 일이냐고 물어도 그녀는 무슨 이유로 면담을 하자는 것인지, 무엇이 그렇게 급한 일인지 답해주지 않는다. 상사의 목표가 당신에게 두려움을 불러일으켜서 당신을 조종하는 것이라면 그녀는 방금 못된 밑밥을 구사한 것이다. 면담 요청은 불길하게 느껴질 것이며 당신은 앞으로 24시간 동안 혹시 잘못을 저질러서 해고되는 것은 아닌지 전전긍긍할 것이다. 반면에 상사가 이렇게 말한다면 훨씬 홀가분(하고 편안)하게 느낄 것이다. "지난주 고객 회의에서 한두 가지 사소한 문제가 있었어요. 심각한 것은 아니지만 내일 3시에 그 문제로 이야기를 좀 하고 싶어요." 대화가 이렇게 구성되었다면 당신은 덜 불안했을 것이고 대화 준비도 더 효과적으로 할 수 있었을 것이다. 또한 상사가 하는 말에 더 긍정적으로 반응하고 그녀가 원하는 것을 줄 가능성도 더 크다.

밑밥 깔기는 대화에 착수하는 데에 더욱 공감적이고 생산적인 방법이다. 밑밥 깔기에는 놀랍고도 거의 급진적인 것, 즉 **상대방에게 정서적으로 필요한 것이 무엇인지 생각하는 일**이 결부되어 있기 때문이다. 앞 장에서 언급했듯이 대부분의 사람들은 **자신**이 무엇을 원하는지를 생각하며 불쑥 대화를 시작한다. 그러나 효과적인 밑밥을 꾸미려면 공감의 도약을 통해서 자신이 상대방의 머릿속에 들어가 있다고 상상하면서 그에 따라 밑밥을 조율해야 한다. 당신이 상사라면 "내일 3시에 좀 봅시다"처럼 알쏭달쏭한 메시지를 남기지는 않을 것이다. 당신과 직원 사이의 권력관계로 보건대 알쏭달쏭한 메시지가 부하 직원에게 두려움을 자아낼 것임을 예상할 수 있기 때문이다. 노모를 보살피기 위해서 누나의 도움이 필요하다면 당신은 가장 친절하고 덜 위협적이고 상대를 존중하는 태도로 부탁할 것이다. 누나가 1만 달러를 내놓는 것이 쉽지 않은 일임을 예상할 수 있기 때문이다. 입을 열기 전에 상대방의 감정, 필요, 욕구에 대해서 생각하는 사람들이 많아지면 좋겠다. 그러면 세상이 더욱 따스한 곳으로 바뀔 것이고 우리 모두 원하는 것을 훨씬 많이 얻을 수 있을 것이다.

전문가처럼 밑밥을 꾸미려면 미리 준비해야 한다

이제 밑밥 깔기가 무엇이고 왜 효과적인지 이해했으니 어떻게 해야 하는지에 대해서 이야기해보자. 나는 평생 동안 자연스럽게 밑밥 깔기를 구사했다(짐작건대 유능한 해커, 사기꾼, 호객꾼도 거의 다 비슷한 경험이 있을 것이다). 어릴 적에도 대화를 어떤 식으로 이어나갈지를 본능적으로 계획했으며 상대방이 어떤 사람인지, 어떤 필요와 욕구, 사고방식을 가졌는지를 파악했다. 이런 접근법이 몸에 밴 덕분에 나는 사람들을 만나는 순간 저절로 밑밥 깔기를 하고는 했다. 겉보기에는 "즉흥적으로" 상호작용을 하는 것처럼 보이고 느꼈겠지만 사실 나는 머릿속에서 대화를 구성하고 얼개를 짰다. 나의 머릿속을 더 분석적으로 들여다보기 시작한 것은 최근 들어 사람들에게 밑밥 깔기를 가르치면서였다. 이를 위해서 나의 정신적인 과정을 역설계 방식으로 파악하여, 대화를 성공으로 이끌기 위한 밑밥 깔기 7단계 공식을 도출했다.

밑밥 깔기 7단계 공식

1. 문제 : 자신이 해결하려는 문제가 무엇인지 파악한다.

2. 결과 : 원하는 결과를 구체적으로 서술한다.

3. 감정 상태 : 대상에게서 어떤 감정을 끌어내고 싶은지를 파악한다.

4. 자극 : 원하는 감정을 대상에게서 끌어내기 위해서 자신이 어떤 감정을 표출해야 할지를 예상한다.

5. 활성화 : 밑밥을 정한다(지금쯤은 방법을 확실히 숙지했을 것이다).

6. 제시 : 밑밥을 언제, 어디서, 어떻게 제시하는 것이 최선인지 구체적으로 판단한다.

7. 평가 : 밑밥이 진실에 단단히 기반을 두었는지, 당신을 만난 것이 사람들에게 잘된 일이었는지 머릿속에서 평가한다.

대화에 착수할 때에는 우선 어떤 문제를 해결해야 하고 어떤 결과를 바라는지를 머릿속에서 분명히 파악해야 한다(1단계와 2단계). 당신의 10대 딸 내털리에게 데이비드라는 대학생과 절대 연락하지 말라고 분명히 주의를 주었는데도 몰래 문자 메시지를 주고받았다는 사실을 알게 되었다고 가정해보자. 간단명료한 문제처럼 보이지만, 이것을 더욱 구체적으로 표현할 수도 있다. 공교롭게도 최근 마약 소지 혐의로 체포된 적이 있는 데이비드와 문자 메시지를 주고받은 것은 집안의 규칙을 고의로 어긴 것일 뿐만 아니라 아빠의 면전에서 거짓말을 한 것이기도 하다고 말이다(당신이 딸에게 데이비드와 연락한 적 있느냐고 물었을 때에 아이는 어떤 연락도 한 적이 없다고 대답했다고 하자).

이렇듯이 문제의 뉘앙스를 분명히 간추리면 대화에서 무엇이 관건인지 더욱 정확히 이해할 수 있다. 이런 상황에서 많은 부모들은 문제 행동의 근본 원인을 파악하지 못한 채 다짜고짜 벌을 줄 것이다. 문자 메시지 문제로 내털리와 언쟁을 벌이면서 당신은 내털리의 거짓말과 친구 데이비드가 마약에 연루되어 있을 가능성이 특히 마음에 걸릴지도 모른다. 따라서 이 정도로 심각한 문제에서 당신의 목표는 단순히 딸이 자신의 행동에 대한 책임을 지게 하는 것이 아니라 자신이 어떤 행동을 했는지 그리고 왜 그랬는지에 대해서 솔직하게 털어놓게 하는 것일 수도 있다. 그러려면 딸에게 무슨 일이 일어나고 있는지, 혹시 마약을 하고 있는지, 왜 집안 규칙을 몰래 어겨도 괜찮다고 생각했는지를 알아야 한다. 문제의 근본에 도달하여 문제를 함께 해결하려고 노력할 수 있다면, 당신과 딸이 서로를 더욱 신뢰할 토대를 놓을 수 있으며 이를 통해서 앞으로 딸이 더 정직하게 말하고 착하게 행동하게 할 수 있다.

목표를 분명히 했으면 이제 3단계에 들어갈 수 있다. 내털리에게 분노, 두려움, 부끄러움 같은 감정을 느끼게 하면 이 문제에 대해서 솔직히 털어놓고 싶어하지 않을 수도 있다. 반면에 약간의 슬픔과 더불어서 당신의 걱정과 두려움에 대한 연민을 불러일으킬 수 있다면 효과가 있을지도 모른다. 약한 정도의 슬픔을 목표로 삼는다는 전제 아래, 당신은 딸에게서 슬픔을 불러일으키려면 대화 중에 어떤 감정을 전달해야 할지를 고려해야 한다(4단계). 많은 상황들에서 타인에게 어떤 감정을 불러일으키는 방법은 같은 감정을 자신이 먼저 표현하는 것이다. 당신이 공감을 표하고 조금 슬퍼하는 것을 내털리가 알면 딸 또한 같은 감정을 느낄지도 모른다. 이를 깨달으면 밑밥의 실마리를 잡을 수 있을 것이다(5단계). "너 혼 좀 나야겠어. 아빠랑 이야기 좀 하자"라고 말하며 대화를 시작할 수는 없다. 이렇게 하면 두려움만 불러일으킬 것이다. 그보다는 "다정하고 사려 깊은 부모"의 역할을 골라서 더 차분하고 공감 어린 방식으로 대화의 얼개를 짜는 것이 낫다. 이를테면 우리 집에 관련된 중요한 문제에 대해서 의견을 듣고 싶으니 이야기를 좀 나누었으면 좋겠다고 말할 수 있다. 이 밑밥(6단계)을 제시할 때에는 이에 걸맞게 침착하고 차분하게, 공감을 담아서 표현하는 것이 좋을 것이다. 딸에게 가서 어깨를 두드리며 이렇게 말하면 어떨까? "애야, 잠깐 이야기 좀 할 수 있을까? 늦은 시각이라 피곤할지도 모르겠구나. 밤새 숙제했잖니. 그렇지만 신경 쓰이는 문제가 있어서 이야기를 나누고 싶구나."

밑밥을 구성하고 이를 어떻게 제시할지 계획했으니 이제 스스로에게 이렇게 물어야 한다. 이것은 윤리적일까? 정답은 분명히 '그렇다'일 것이다. "다정하고 사려 깊은 부모"는 당신의 중요한 일부일 테니, 당신은 거짓말을 하는 것이 아니다. 이 밑밥을 구성하여 제시하면 당신을 만난 것이 내털리에게 잘된 일이 될 것이다. 이렇게 해서 딸에 마음속에 신뢰감을 불러일으키고 당신에게 마음을 열게 한다면 장기적으로 둘의 관계도 개선될 것이다. 단기적으로도 딸은 자신이 부모에게 사랑과 존중, 관심을 받는다고 느낄 것이다. 그러나 이 밑밥을 제시하는 방법 중에 어떤 것은 윤리 검증을 통과하지 못할 것이다. 예를 들면 어릴 적에 마약을 해본 적이 없었으면서 당신이 코카인 중독자였는데 사람들이 마약을 과다 복용하여 체포되는 것을 보고서는 마약이 얼마나 나쁜지를 직접 알게 되었다는, 교묘하고 감동적인 거짓 이야기를 딸에게 들려준다고 상상해보라. 단기적으로는 그 이야기가 원하는 효과를 발휘하여 딸이 마약과 친구 데이비드를 멀리할지도 모르지만, 이 이야기가 거짓말임을 알게 되면 상처와 배신감을 느낄 것이다. 그러면 딸은 당신을 만난 것 때문에 훨씬 비참해질 것이고 부녀 관계도 영영 망가지고 말 것이다.

대화가 어떻게 전개되느냐에 따라서 도중에 새로운 밑밥을 선택해야 할 수도 있다. 내털리와 이야기하다가 딸이 데이비드와 문자 메시지를 나눈 이유가 둘이서 도주 계획을 짜고 있었기 때문임을 알게 되었다면, 당신은 "다정하고 사려 깊은 부모" 역할을 버리고 "엄한 부모"의 역할로 돌아서야 할 것이다. 딸의 문자 메시지 상대가 마약왕을 꿈꾸는 데이비드가 아니라 사회학 수업을 같이 듣는 동명이인의 착한 또래 학생이라는 사실을 알게 되었다면 당신은 "적극적으로 밀어주는 부모"의 역할로 바꾸어서 의심한 것을 사과하고 딸이 솔직하게 이야기해준 것을 칭찬하면서 딸이 자랑스럽다고 말하는 것이 좋을 것이다. 우리는 일상생활에서 복잡한 상호작용을 주고받기 때문에 대화가 뜻밖의 방향으로 흘러가면 종종 여러 밑밥을 골라야 할 수 있(거나 그래야 한)다. 그렇지만 우리가 고르는 밑밥 중에서 가장 중요한 것은 첫 번째 밑밥인데, 대화가 생산적으로 전개될 수 있는 물꼬를 트는 것이 바로 이 첫 번째 밑밥이기 때문이다. 딸이 애초에 분노나 두려움을 느꼈다면 당신의 말에 논리적으로 대응하지 못하거나 당신의 처지에 공감하지 못했을 것이며 대화는 헛수고로 끝났을 것이다.

여기에서 예로 든 가정 교육 말고도 어떤 상황에서든지 밑밥 깔기 7단계 공식을 이용하여 대화가 생산적으로 시작되도록 할 수 있다. 우리 회사가 대규모 업계 콘퍼런스에서 이벤트를 주최하게 되었을 때에 우리 팀원들은 이벤트를 성황리에 치르기 위해서 동분서주하고 있었다. 그런데 팀원 중에서 빈스라는 20대의 총명한 친구가 보이지 않았다.[13] 아무도 그가 어디에 있는지 알지 못했다. 내가 전화하고 문자도 보냈지만 소용이 없었다. 나는 부아가 났다. 이 친구는 필요할 때에 어디 간 거지?

반 시간 후에 놀랍게도 빈스가 탁자 밑에서 나타났다. 90분 동안 거기 누워서 낮잠을 잔 것이었다. 처음 든 생각은 그를 그 자리에서 해고해야겠다는 것이었다. 그러나 마음을 가라앉히고 밑밥 깔기 공식의 7단계를 머릿속에서 밟은 후에 전혀 다른 대화를 구상했다. 나는 그에게 다가가서 "동정심 많은 사장"의 밑밥을 구사했다. 나의 목표는 그가 무슨 일을 겪어서 이런 행동을 했는지 알아내고 내가 바로잡을 만한 것이 있는지 살펴보는 것이었다.

내가 말했다. "빈스, 자네를 찾느라 다들 무척 애먹었네. 우리 모두 이벤트를 준비하기 위해서 할 일을 계획했어. 각자의 역할이 얼마나 중요한지 알잖나. 자네가 없어져서 얼마나 걱정했는지 몰라. 죽었는지 살았는지도 알 수 없었으니까. 한 시간 반 동안 자취를 감춘 이유를 설명해주겠나?" 빈스는 얼굴이 벌게지더니 당혹스러워서 이야기하고 싶지 않다고 했다. 내가 말했다. "당황스럽다니 유감이군. 그렇지만 난 자네가 괜찮은지 알아야 한다네." 빈스는 자신이 허리를 삐끗했는데 통증이 너무 심해서 의사에게 처방받은 약을 먹었고, 바닥에 앉아 있다가 탁자 밑으로 기어들어가서 잠들었다고 말했다. 허리가 너무 아파서 도저히 움직일 수 없었다고 했다.

빈스가 다르게 대답했다면, 이를테면 자신이 알코올 의존증인데 어젯밤 과음해서 잠들었다고 말했다면, 나는 "동정심 많은 사장" 밑밥을 버리고 "엄한 사장"이 되어 그의 행동 때문에 업무가 지체되고 팀의 성과에도 악영향을 미치고 있으니 당장 정신 차리라고 말했을 것이다. 그러나 그의 설명을 들어보니 일리가 있다는 생각이 들어서 나는 "동정심 많은 사장"을 유지할 수 있었다. 내가 말했다. "이봐. 자네가 당혹스럽다는 거 알겠네. 나도 그런 부상을 당한 적이 있으니까. 다음번에 이런 일이 생기면 나에게 말하게. 필요하다면 한 시간 휴식을 주거나, 통증이 너무 심해서 일하지 못하겠으면 조퇴시켜줄 테니까." 빈스는 고맙다고 말하고는 남은 일을 하러 갔다. 그후로 그는 요통이 도지면 나에게 알렸으며 우리는 편의를 봐주었다. 나의 자상하고 합리적인 대응을 전해 들은 다른 팀원들도 나를 찾아와서 성과를 저해하는 신체적인 문제를 이야기했다. 내가 직원들에게 품을 뻔한 수많은 오해를 면하고 훨씬 큰 신뢰를 쌓을 수 있었던 것은 전적으로 밑밥 공식 덕분이었다. 내가 격분하여 빈스를 몰아붙이고 해고했다면 그날 실제로 무슨 일이 일어났는지 알 수 없었을 것이다. 그는 일자리를 잃었을 테고 나는 대체 인력을 찾느라 애먹었을 것이다. 결과적으로 우리 둘 다 손해를 보았을 것이다.

밑밥 깔기 7단계 공식 활용하기

밑밥 깔기 7단계 공식을 이용하여 일상생활의 중요한 대화를 준비해보라. 처음 몇 번은 각 단계를 종이에 적어서 숙지하라. 시간이 5–10분 소요되겠지만 걱정할 것 없다. 며칠이나 몇 주일만 지나면 밑밥 깔기가 제2의 천성이 되어서 아무것도 적지 않고도 즉석에서 몇 초 안에 밑밥을 꾸밀 수 있을 것이다. 포괄적으로 말하자면 대화를 시작하기 전에 자신이 그 대화에서 원하는 것이 무엇인지, 상대방의 사고방식은 어떤지, 원하는 정서적 효과를 거두려면 대화를 어떻게 구성하는 것이 최선인지 등을 생각하는 습관이 들 것이다. 또한 상호작용을 하는 동안에도 자신의 감정으로부터 거리를 두어서 평정심을 되찾고 상대방을 더 차분하게 대하는, 무척 중요한 습관이 들 것이다. 이 모든 습관 덕분에 대인 상호작용에서 훨씬 큰 자신감을 발휘하고 상대방이 당신에게 구사하는 밑밥을 더 분명히 파악할 수 있을 것이다.

당신이 상대방에게 불러일으키고자 하는 감정과 자신이 드러내려는 감정을 고려할 때에는(3단계와 4단계) 그 감정들이 부정적이지는 않은지 점검하라. 다시 말하지만 여기에서 궁극적인 목표는 원하는 것을 얻는 것과 더불어 이 소통이 상대방에게 잘된 일이 되도록 하는 것이다. 상대방에게서 두려움이나 분노 같은 부정적인 감정을 끌어내서는 그렇게 할 수 있을 리가 만무하다. 밑밥 깔기의 각 단계마다 사람들에게 좋은 일이 일어나거나 그 목표에 가까워져야 한다. 그렇지 않으면 당신은 조종이라는 어두운 영역에 들어서게 될지도 모른다. 그곳에서는 상호작용의 결과로 당신이 승리하면 상대방은 패배한다. 그쪽으로 가지 말라.

선택한 밑밥이 당신의 본질과 성격에 들어맞는지를 점검하라. 내가 아무리 노력해도 25세의 여대생을 가장하여 건물에 침투할 수는 없다. 그냥 불가능하다. 어떤 상황에서는 그 역할이 이상적인 밑밥일 수도 있지만 나는 다른 밑밥을 생각해내야 할 것이다. 나의 개인적인 삶에서 "자유분방한 노총각 친구"의 모습은 도저히 끌어낼 수 없다. 그 역할은 내가 아니며 나의 친구 중에 누구에게도 통하지 않을 것이다.

자신이 제시한 밑밥이 평상시에 사람들에게 인식되는 모습과 어긋나면 낭패를 겪을 수 있다. 당신이 누나에게 노모의 봉양을 도와달라고 부탁하면서 누나가 좋아하는 레스토랑에서 저녁을 먹자고 초대하는 것이 아니라 갑자기 주말 온천 여행을 보내준다면, 전에 이와 비슷한 수법을 쓴 적이 단 한 번도 없었더라도 누나는 당신이 노모 문제를 꺼내자마자 조종당한다는 느낌을 받을 것이다. 대화는 계산적이고 가식적인 것처럼 느껴질 것이다. 그런 행위가 당신의 성격과 어울리지 않기 때문이다. 반면에 전에 종종 주말 온천 여행을 함께 갔다면 이것이야말로 밑밥을 제시할 적절한 방법일지도 모른다.

밑밥을 꾸밀 때에 상대방의 형편에 맞게 조금 융통성을 발휘해야 한다는 생각이 들지도 모르겠다. 나는 골프를 싫어하는데, 사업 파트너가 될 사람과 순조롭게 협상하기 위해서 그를 편안하게 해주고 싶다면, 그리고 그가 골프를 좋아한다는 것을 안다면, 꼭 참고 골프장을 예약해야 할까? 결코 그렇지 않다. 나는 골프를 싫어하고 실력도 젬병이기 때문에 필드에 나가 있는 내내 불안과 긴장을 느낄 것이고 이 때문에 잠재적인 파트너에게서 바람직한 감정을 끌어내는 데에 필요한 자신의 감정을 표현하지 못할 것이다. 내가 골프를 정말로 싫어한다는 것을 잠재적인 파트너가 알아차린다면 그는 내가 게임을 주선한 것에 꿍꿍이가 있지 않을까 하고 의심하기 시작할 것이다. 상대방과 그의 감정에 집중한다고 해서 스스로의 감정을 무시해야 한다는 뜻은 아니다. 긴장을 풀고 즐길 수 있도록 자신의 성격과 기호에 들어맞는 일정을 준비하라.

단, 다음의 경우라면 예외일 것이다. 당신의 누나는 골프를 좋아하는데 당신은 싫어한다고 가정해보자. 당신이 노모의 봉양과 관련하여 도움을 청하기 위해서 대화 자리를 마련해야 할 때, 다음과 같이 얼개를 짠다면 골프를 제안할 수도 있다. "누나, 나 내년에 고객과의 미팅 때문에 골프를 좀 쳐야 할 것 같아. 다음 주에 필드에 나가서 서너 홀 돌면서 골프 치는 법 좀 알려줄 수 있어? 누나는 골프를 무척 좋아하잖아. 고객들 앞에서 꼴사나운 모습을 보이고 싶지 않거든." 당신이 내년에 정말로 고객과 골프를 쳐야 하고 망신당할까봐 걱정하고 있다면, 이는 누나와 대화를 시작하기에 아주 좋은 밑밥이 될 것이다. 누나는 좋아하는 골프를 칠 수 있고 당신은 꼭 필요한 골프 지도를 받을 테니 말이다. 한편으로는 누나는 권위자의 위치에 놓임으로써 권위와 중요성을 인정받는다는 느낌을 받을 것이다. 이 모든 긍정적인 감정을 통해서 누나는 어머니와 관련한 당신의 부탁을 더욱 흔쾌히 들어줄 것이다.

밑밥의 실행 방법을 숙고할 때에 명심할 것이 있다. 당신의 모든 말과 행동이 밑밥에 부합해야 한다. 그렇지 않으면 어설퍼 보일 것이다. 당신이 학부모 회의에 참석하는데 "책임감 있는 부모"라는 밑밥을 골랐다면, 마리화나 이파리 무늬가 새겨진 티셔츠를 입은 채 대마초 냄새를 피우지는 않을 것이다. "끈기 있고 세심한 친구"를 내세우고 있다면 3초에 한 번씩 휴대전화를 들여다보지 말라. "공감해주는 아빠"가 되려거든

발끈하면서 "넌 도대체 왜 그 모양 그 꼴이냐?"라고 말하지 말라.

처음에 실패했다고 해서 밑밥을 섣불리 저버리지는 말라. 누나에게 노모 봉양을 도와달라고 부탁했다가 거절당했다고 해서 버럭 화를 내면서 "누나가 이기적인 돼지인 줄 진작 알아봤어! 누가 누나 아니랄까봐!"라고 내뱉는다면 당신이 얼마나 가식적으로 보이겠는가? 그보다는 밑밥을 유지하면서 이렇게 말하는 것이 훨씬 낫다. "이게 힘든 부탁이고 액수가 크다는 거 알아. 그래서 나도 괴로워. 우리 둘 다 여력이 안 되면 어떻게 해야 할까?" 이렇게 답변하면 당신은 대화를 이어가면서 누나의 고충을 인정하고 도움을 요청할 수 있다. 원하는 것을 모두 얻지는 못할지도 모르지만 그래도 무엇인가를 챙길 수는 있을 것이다. 어쩌면 누나가 이렇게 대답할지도 모른다. "얼마 전에 차 수리하느라 견적이 많이 나왔어. 게다가 집을 또 담보로 잡히고 싶지는 않아. 그렇지만 당장 2,000-3,000달러는 내놓을 수 있어. 8-9개월에 걸쳐서 더 마련해볼게. 그거면 될까?" 당신이 밑밥을 깨고 고함을 질렀다면 누나는 이런 제안을 내놓지 않을 것이다.

당신이 부모라면 다음 상황을 겪어보았을 것이다. 아이도 자신의 밑밥을 깔 줄 안다. 당신이 소파에 앉아 있는데 소중하고 어여쁜 다섯 살배기 딸이 당신을 향해 기어온다. 아이가 당신을 살포시 끌어안고 볼에 뽀뽀하며 말한다. "아빠, 사랑해." 사랑과 행복으로 당신의 심장이 부풀어오를 때에 아이가 한마디 덧붙인다. "새 장난감 이거 인터넷에서 사줄 수 있어? 제에에에에발, 아빠?" 당신은 아이를 바라보며 말한다. "미안하지만, 얘야. 지금은 안 돼." 아이가 얼굴이 빨개지며 말한다. "아빠는 사람이 왜 이렇게 쪼잔해??" 아이는 방금 자신이 깔아놓았던 밑밥을 깨뜨린 것이다.

반대의 경우도 있다. 우리 딸 어마야와 함께 어떤 회의에 참석한 적이 있는데, 아이가 시끄럽게 뛰어다녀서 그러지 말라고 서너 번 주의를 주었다. "한 번만 더 그러면 뒤쪽에 가서 엉덩이를 때려줄 거야." 어떻게 되었을까? 여전히 뛰어다녔다.

나는 일어서서 딸에게 따라오라며 평상시의 무서운 아빠처럼 말했다. "아빠가 어떻게 할지 알지?" 휴게실에 들어가서 내가 말했다. "어마야, 시끄럽게 하지 말라고 아빠가 5번 말했고 넌 어떻게 될지 알고 있었어. 그러니 이제 혼날 차례야."

그러자 아이가 나를 올려다보며 나의 손을 잡고 말했다. "아빠, 미안해. 아빠가 경고했고 내가 혼나야 된다는 거 알아. 근데 혼나기 전에 1분만 여기 앉아서 아빠 안아주면서 내가 얼마나 미안한지 이야기해도 돼?"

내가 물었다. "이런다고 안 혼날 거라고 생각해?"

아이가 말했다. "아니, 아빠. 아빠가 나를 벌주어야 하는 거 알아. 나한테 경고했으니까. 하지만 정말로 미안해." 그러더니 아이는 나에게 팔을 두르고는 정말로 꼭 끌어안았다. 아이는 나의 뺨에 뽀뽀한 다음 이렇게 말했다. "좋아, 난 준비되었어."

아이는 그날 벌을 면했을 뿐만 아니라 평생 다시는 나에게 크게 혼나지 않았다. 밑밥을 지키는 것이 **이렇게나** 중요하다.

밑밥과 실행을 단순하게 유지하는 것도 꼭 필요한 일이다. 모든 것을 일일이 고민할 필요는 없다. 요통 때문에 행방불명된 우리 직원 빈스의 사례를 생각해보라. 내가 "공감하는 사장"의 입장에서 대화를 시작하고 싶더라도 공감을 표한답시고 예전에 끔찍한 부상을 입어서 업무 성과에 지장을 받은 이야기를 시시콜콜 늘어놓을 필요는 없다. 적절하게 선택한 사례 두어 개면 충분하다. 내가 말을 너무 많이 하면 빈스는 지겨워할지도 모른다. 그것으로 모자라 그와 관계를 맺고 싶어서 "안달하는" 것처럼 비칠 수도 있다. 그는 내가 꿍꿍이를 품고서 이 대화를 사전에 준비했다고 의심할 것이다. 내가 진실하지 못하다고 생각하고 나에게 속내를 털어놓지 않으려고 들 것이다.

밑밥을 실행할 때에는 앞 장에서 설명한 디스크 분석을 동원하여 효과를 배가하라. 당신이 사장인데 자기 몫을 못하는 직원에게 무엇이 문제인지 지적하고 그가 더 열심히 노력하여 성과를 개선하도록 동기를 부여해야 한다고 가정해보자. 직원이 매우 외향적이고 격정적이고 감정표현이 풍부한 사교형이라면, 밑밥을 서면으로 제시하면서 나중에 직접 만나거나 전화로 다시 대화해보자고 제안하는 것이 좋을 것이다. 당신이 처음부터 대화 형식으로 피드백을 내놓으면 직원은 방어적인 태도로 돌변하여 당신의 의견을 조목조목 반박할 것이다. 그러면 생산적인 대화라기보다는 논쟁으로 끝날 공산이 크다. 피드백을 서면으로 전달하면 그에게 감정을 추스르고 당신의 말을 알아들을 시간을 줄 수 있다.

이에 반해서 직원이 신중형이라면 전화나 직접 면담이 바람직하다. 신중형 직원은 당신의 피드백을 상세히 이해하고 싶어할 것이며 당신은 대화를 통해서 생각을 온전히 설명하고 직원의 질문에 답할 수 있을 것이다. 전화 통화나 직접 면담은 직원이 주도형인 경우에도 적당하다. 주도형은 시시콜콜 지적해주는 것을 좋아하지 않으며 단도직입적으로 핵심으로 들어가고 싶어한다. 주도형에게 장문의 이메일을 보내면 그는 내용이나 진심과는 상관없이 당신의 피드백을 불만스러워할 것이다.

여기에서 더 일반적인 요점은 숙제를 하라는 것이다. 내가 창고에 침투하기 전에 그랬듯이 관심인에 대해서 미리 정보를 수집하라. 정보가 많을수록 어느 밑밥이 효과가 있는지 그리고 어느 밑밥이 효과가 없는지를 더욱 분명히 알 수 있다. 섬뜩하게 들릴 수도 있겠지만, 나는 까다로운 대화를 준비할 때에 상대방의 최근 소셜 미디어 게시물을 살펴보면서 우리가 해결해야 하는 문제와 관계가 있을 만한 신상 변화를 시사하는 단서를 찾는다. 이따금 그런 단서를 통해서 대화의 목표를 더 분명히 규정하거나 상대방에게 적절하거나 흥미로울 법한 밑밥을 꾸밀 수 있다. 정보를 수집하면 상대방의 대화 의욕을 꺾을지도 모르는 말이나 행동을 피할 수 있다. 극단적인 예를 들어보자면, 어떤 친구에게 도움을 청해야 하는데 그의 소셜 미디어를 통해서 그가 반려동물을 잃었다는 사실을 알게 되었다면 나는 그에게 개가 어떻게 지내냐고 물으면서 대화를 시작하지는 않을 것이다. 그보다는 위로를 건넬 것이다.

준비가 중요하기는 하지만 지나치면 오히려 역효과가 난다. 당신의 이야기가 너무 완벽하거나 자질구레한 군더더기가 너무 많으면 관심인의 머릿속에서는 경보음이 울릴 것이다. 즉흥과 준비 사이에서 균형을 유지하는 것을 목표로 삼아라. 그러면 대화에서 진심이 느껴질 수 있다. 내가 수강생들에게 말하듯이, 모순되는 것처럼 들리겠지만 즉흥은 연습할 수 있다. 공공장소에 가서 생판 낯선 사람과의 즉석 대화에 도전해보라. 목표는 이름이나 생일 같은 간단한 정보 하나를 얻어내는 것이다. 밑밥을 계획하지 말고, 그저 사람들에게 다가가서 대화를 시작하라. 도입부를 바꿔가며 대화가 어떻게 진행되는지 보라. 성공할 때도 있고 실패할 때도 있을 것이다. 이런 대화를 여러 차례 시도해보면 새로운 도입부를 즉흥적으로 만들어내거나 이전의 도입부를 즉석에서 조금 수정할 수 있을 것이다. 낯선 사람을 상대하는 법에 대해서 감을 잡을 수 있을 것이고 즉흥적으로 대화를 시작하기가 훨씬 수월해질 것이다.

좋은 시작의 힘

이 장에서 보았듯이 밑밥을 까는 것은 사람들이 당신의 면전에서 문을 쾅 하고 닫을 법한 상황(이성이나 통념에 따르면 그래야 마땅한 상황)에서 그들이 대화를 이어가는 데에 동의하도록 대화의 얼개를 짜는 기술이다. 근사한 밑밥을 제시하여 상대방에게서 적절한 감정을 불러일으키고 그들의 비판적 사고 과정을 차단하면 그들의 작은 문을 잠깐 동안 열 수 있다. 그들이 당신에게 기회를 주고 **싶도록** 만들기 때문이다. 심지어 불가능해 보이는 상황에서도 희망의 실마리를 찾을 수 있다.

　머리말에서 언급했듯이 나는 요리사 경험이 전혀 없으면서도 고급 레스토랑의 주인을 설득하여 채용된 적이 있다. 그럴듯한 밑밥을 즉석에서 꾸며내는 능력 덕분이었다. 나는 건물주 대리인 일이 지겨워져서 새로운 일을 시도해보고 싶던 참이었다. "요리사 구함"이라는 팻말을 보고서 주방장과 이야기하게 해달라고 요청했다. 나는 본능적으로 "자신만만하지만 건방지지는 않은 구직자"를 밑밥으로 선택하여 그와 악수하며 이렇게 말했다. "안녕하세요. 저는 크리스라고 해요. 당신의 새 요리사예요." 나는 그가 나에게 확신을 품고 내가 그 일을 할 수 있다고 신뢰하기를 바랐다. 그 감정을 끌어내기 위해서 나 스스로 자신감을 발휘하되 쾌활함과 장난기로 분위기를 누그러뜨려야겠다고 마음먹었다.

그가 말했다. "그렇군요. 이력서는 어디에 있나요? 무슨 자격증을 가지고 있죠?"

내가 대답했다. "자격증은 하나도 없습니다. 필요가 없거든요. 제가 요리한 음식을 꼭 드셔보셔야 합니다. 제 요리가 저의 이력서이니까요."

그가 뒤에 있는 업소용 냉장고와 가스레인지를 가리키며 말했다. "좋아요. 뭐라도 요리해봐요."

나는 냉장고로 가서 고기, 채소, 코코넛밀크, 향신료를 꺼내 그에게 태국 음식을 만들어주었다(나는 태국 혈통인 아내 덕분에 근사한 카레 요리를 몇 가지 만들 줄 알았다). 내가 요리하는 모습을 보면서 그가 말했다. "지금까지 했던 구인 면접 중에서 가장 별나네요."

내가 고개를 끄덕이며 말했다. "제가 자리에 앉아서 주절주절 이야기하는 평범한 면접을 진행할 수도 있지만, 결국은 제 요리를 맛보셔야 저를 채용하실 거잖습니까. 그러니 곧장 본론으로 들어가는 것이 낫죠."

음식이 다 되자 나는 접시에 담아서 그에게 내밀었다. 그는 접시 세팅을 들여다보고 냄새를 맡고 맛을 보았다. 그의 눈이 반짝 빛났다. "채용하겠어요."

채용된 후에는 물론 요리를 해내야 했다. 경험이 일천한지라 쉬운 일은 아니었지만 나는 이번에도 해냈다. 나의 새 상사는 메뉴에 올릴 수 있는 다른 요리를 만들어보라고 나에게 말했다. 나는 따로 할 줄 아는 요리가 없었기 때문에 집에 가서 며칠 동안 조사를 하고 두어 가지 요리법을 연습했다. 그후로 몇 달간 나는 진짜 요리사 행세를 했으며 주방장과 나머지 요리사들은 내가 초보자일 것이라고는 꿈에도 생각하지 못한 채 일상적인 기초 요리 기술을 가르쳐주었다. 이를테면 나는 채소를 채 써는 법도 몰랐다. 새 상사가 채를 썰라고 하면 나는 이렇게 말했다. "아시다시피 사람마다 채 써는 법이 다르잖습니까. 주방장님께서 완벽한 방법을 보여주시고 제가 따라 하면 어떨까요?" 그는 시범을 보였고 나는 그대로 흉내 냈다. 나는 일하면서 배우겠노라는 의지가 있었고 난감한 상황을 요리조리 피해 가는 능력이 있었기 때문에 금세 인정받는 직원이 되었다. 2년간 그 레스토랑에서 일했으며, 내가 그만둔 것은 단지 지겨워져서 다른 일을 해보고 싶었기 때문이었다.

밑밥 깔기 덕분에 나는 문 안으로 들어가 경험이 전무한 채로 입만 놀려서 높은 지위를 차지할 수 있었다. 그러나 이것은 시작에 불과했다. 당신이 어떤 대화를 나누든 비슷한 일이 벌어질 수 있다. 일단 문이 열리면 그다음에 어떻게 대처해야 할지 알아야 한다. 그러지 못하면 아무 소용이 없다. 해커들은 효과적인 밑밥을 토대로 자신과 "표적" 사이에 매우 구체적인 공통분모를 형성한다. 표적이 미처 알아차리기도 전에, 몇 초 안에 거의 자동으로 이 일을 해낸다. 이 공통분모가 확립되면 목표를 달성할 준비가 끝난다. 그러나 만일 공통분모를 확립하지 못했다면 성공 가능성은 희박하다(윤리를 저버리고 상대방을 조종하기 시작한다면 모르겠지만, 나는 그러지 않는다). 전문가들은 이렇게 공통분모를 만드는 행위를 라포르 형성이라고 부른다. 당신도 경험하겠지만, 라포르 형성은 칵테일파티에서 낯선 사람에게 말을 거는 것에서부터 옛 친구와 관계를 회복하는 것, 그리고 **정말로** 신경 쓰이는 문제에 대해서 배우자에게 이야기하는 것에 이르기까지 당신이 맞닥뜨리는 사실상 모든 대인 접촉에서 중요하게 작용한다. 이제 라포르를 들여다보면서 생각보다 훌륭하게 라포르를 형성하는 방법을 알아보자.

제3장

방법을 확실히 정하라

**상대방이 당신의 부탁을 들어줄 가능성이 커지도록
누구와도 즉각적인 라포르를 형성하라**

대인 접촉의 맥락을 확립했으면 이제 당신에게 가장 유리하도록 상호작용에 착수할 시간이다. 칵테일파티, 학술 대회, 가게 등 어디에서든지 당신이 안전하고 신뢰할 만한 동류임을 즉각적으로 확신시킬 수 있는 절차를 소개하겠다. 친구, 지인, 심지어 생판 모르는 사람에게 다가가서 상대방이 당신을 좋아하게 되고 당신을 도와주고 싶어지도록 만드는 적절한 말을 할 수 있다고 상상해보라.

나는 담배를 피우지 않는다. 담배 냄새가 싫다. 그러나 내가 아는 것이 한 가지 있다. 흡연자들이 서로 뭉치는 경향이 있다는 점이다. 요즘처럼 흡연이 사회적으로 지탄받는 상황에서는 더더욱 그렇다. 얼마 전에 나는 이 사소한 지식을 활용하여 주요 건강보험 회사의 중앙 관리 본부에 침투했다.

클라이언트는 나에게 중역실에 접근하여 사무실에 놓여 있는 민감한 자료를 입수해보라고 주문했다. 우리는 회사를 조사하다가 그 지역의 건설 공사 때문에 주변 건물들에 조그만 거미들이 들끓게 되었다는 사실을 알게 되었다. 나는 해충 방제원처럼 차려입고 진짜 살충제까지 가지고서 출입문으로 걸어 들어가, 이 책에서 설명한 것처럼 보안을 회피하고 건물에 침투할 수 있을 만한 많은 수단들을 동원했다. 그런데 하나도 통하지 않았다. 보안 직원이 말했다. "이것 봐요. 당신 이름이 명단에 없잖아요. 그러니 들여보내줄 수 없어요." 두 번째 출입구에서 다시 시도했지만 이번에도 퇴짜를 맞았다. 나의 참패였다.

나는 조금 낙담했지만, 클라이언트가 나를 이토록 빨리 저지한 것에 뿌듯하기도 했다. 그러나 재도전할 계획을 세워야 했다. 그러라고 고용된 것이었으니까. 나는 밖으로 나와서, 어떻게 해야 할지 막막한 채 건물 옆으로 어슬렁어슬렁 걸어갔다. 그때 입구 근처에서 직원 대여섯 명이 앉아서 담배를 피우는 것을 보고는 아이디어가 떠올랐다. 나는 해충 방제 용품을 든 채로 그들에게 다가가서 말했다. "안녕하세요, 여기에서 잠시 신선한 공기를 마셔도 괜찮을까요?" 그러자 그들이 웃음을 터뜨렸으며 한두 명은 호기심 어린 눈빛을 보였다. 내가 말했다. "이거야, 원. 금연 시도만 이번이 10번째예요."

직원 하나가 나에게 말했다. "그 마음 알죠, 형씨. 나도 15번이나 끊어보았어요."

또 한 사람이 말했다. "나는 끊을 생각조차 안 해요. 끊는 걸 끊었다니까요!"

또다른 직원이 담뱃갑을 꺼냈다. "한 대 태우시겠어요?"

나는 손을 저었다. "아니요, 이번에는 정말 끊을 작정이에요. 그냥 여기에 서 있으면서 냄새로 흡연 충동을 억제할 수 있을까 싶어서요."

그들이 말했다. "물론이죠, 괜찮아요. 우리랑 함께 있어도 돼요."

그렇게 해서 60초도 지나지 않아 나는 그들과 한패가 되었다. 그후로도 5-6분간 그들과 노닥거렸다. 흡연 시간이 끝나고 그들이 입구 쪽으로 가자 나도 뒤따라갔다. 옆문은 사원증이 있는 직원만 통과할 수 있었지만, 그들이 문을 열고 건물에 들어갈 때에 나도 은근슬쩍 따라서 들어갔다. 빙고! 침투에 성공했다. 불과 몇 분 후에 나는 중역실에 올라가서 온갖 민감한 서류를 약탈했다.

이 사례에서 나는 금연하느라 애먹는 골초라는 그럴듯한 밑밥을 급조했지만, 이 수법으로 할 수 있는 일은 대화를 시작하는 것이 고작이었다. 목표를 달성하려면, 사람들이 낯선 인물을 처음 만났을 때에 즉각적으로 무의식중에 떠올리는 4가지 기본 궁금증(이 사람은 누구일까? 원하는 것은 무엇일까? 이 의사소통은 시간이 얼마나 걸릴까? 이 사람은 위협적인 존재일까?)이 해소되도록 대화를 끌어가야 했다. 나는 이 어수룩한 흡연자들과 금세 라포르를 형성함으로써 그들의 궁금증을 풀어주었다. 신중하게 꾸며낸 농담 하나만으로도 이 사람들에게 내가 위협적인 존재가 아니라 전혀 악의 없고 친근한 자기네 부류임을 확신시킬 수 있었다. 우리는 흡연자라는 행복한 대가족의 일원이었다. 일터로 돌아갈 시간이 되었을 때에 그들은 나를 건물에 들이는 것을 전혀 고민하지 않았다. 그들이 보기에 나는 그들과 하나였으니까.

스케이트보드족과 옥시토신

라포르 형성은 첫눈에는 그다지 복잡해 보이지 않는다. 다시 보아도 복잡하지 않기는 마찬가지이다. 우리는 스마트폰과 마천루의 세상에서 살지만, 우리의 두뇌 구조는 무리 지어 초원을 쏘다니며 먹이를 찾던 시절과 달라진 것이 없다. 우리는 자신과 공통의 애착 관계를 유지하는 사람들을 돕고 싶어한다. 이러한 유대감은 공통의 계층, 직업, 민족, 신앙, 연령대, 친족 관계, 경험 등을 바탕으로 한다.[1] 방금 만난 사람이 당신의 소망에 부응하기를 바랄 때, 우선 공통분모를 확립하여 그들이 무리의 일원과 소통하고 있는 것처럼 느끼게 하면 성공 확률이 훨씬 높아진다.

수업에서 휴먼 해커 지망생들에게 라포르 개념을 소개할 때에는 고등학교 점심 시간의 구내식당 모습을 떠올려보라고 한다. 당신의 고등학교 시절이 나와 비슷하다면, 당신과 친구들은 각자의 부류(운동부, 너드들nerds[괴짜들], 펑크족, 스케이트보드족 등)와 함께 앉았을 것이다. 다들 자신이 어느 부류에 속하는지 알았으며 은어, 태도, 옷차림으로 이를 공공연히 드러냈다(나는 스케이트보드족에 속했기 때문에 펑퍼짐한 바지를 입고 주머니에는 쇠사슬이 달린 지갑을 꽂고 다녔다). 이런 시각적인 표현은 서로 잘 모르는 학생들 사이에서 최초의 라포르가 형성되는 데에 한몫을 했다. 스케이트보드족처럼 차려입은 전학생이 너드들의 식탁에 다가가서, 이를테면 곧 있을 학교 무도회에 대해서 순진하게 물었다면 4가지 기본 궁금증이 대화의 장애물 역할을 했을 것이다. 너드들은 스케이트보드족에 대해서 알지 못하기 때문이다. 너드들은 이런 궁금증이 들 것이다. 너 **대체** 왜 여기로 왔냐? 원하는 것이 대체 뭐지? 나의 귀중한 시간을 대체 얼마만큼 잡아먹을 생각이야? 너 **혹시** 위협적인 존재 아냐? 그러나 스케이트보드족이 같은 보드족 식탁에 다가가서 따분하고 무심한 표정으로 같은 질문을 하면 그들의 머릿속에서는 이 궁금증들이 거의 모두 해소되었을 것이다. 외모만으로도 전학생이 자기네 부류라고 판단할 수 있기 때문이다.

연구자들이 밝혀냈듯이 고등학교의 이 번거로운 사회 규범은 인간의 생물학적인 특징에 뿌리를 둔다. 라포르 형성은 옥시토신이라는 강력한 호르몬의 분비를 촉발한다. 일련의 연구를 통해서 뇌의 옥시토신이 신뢰와 너그러운 행동에 연관되어 있음이 밝혀졌다. 사람들이 공감을 느끼면 옥시토신 농도가 증가하여 너그러운 행동을 하게 된다는 사실도 밝혀졌다. 한 연구에서는 절망적인 상황에 빠진 소아암 환자의 영상을 피험자들에게 보여주었더니 옥시토신 농도가 증가했고, 옥시토신 농도가 증가하자 피험자들은 "영상을 제작한 자선 단체에 더 많은 돈을 기부했다." 옥시토신은 눈을 맞추거나 상대방의 감정을 인식하는 등의 "긍정적인 사회적 행동"과도 관계가 있다.[2]

고등학교 구내식당에서든 집이나 직장에서든 간에 라포르가 형성되면 상대방은 유대감으로 인해서 옥시토신이 소량 증가하여 우리에게 신뢰, 유대감, 너그러움을 느끼게 된다. 이는 요긴한 상관관계로, 심리를 교묘히 조종하려 드는 자들은 망설이는 표적들이 자신의 부탁을 들어주도록 하려고 이 수법을 동원한다. 꾀바른 영업 사원은 자동차 판매점에 온 당신에게 무작정 다가와서 고가의 차를 사라고 막무가내로 설득하지 않는다. 당신과 잡담을 주고받고 당신에 대해서 알아내고 커피를 권하고 두 사람이 같은 고등학교를 나왔다거나 같은 축구 팀을 좋아한다는 사실에 반색하며 분위기를 조성한다. 노회한 정치인들은 무턱대고 표를 달라고 하지 않는다. 백만 불짜리 미소를 짓고 악수하고 아기를 안아주고 그곳 문화에 친숙함을 암시하는 발언을 한다. 이 모든 시도는 당신 부류의 일원으로, 더 나아가서는 가깝고 개인적인 친구로 받아들여지기 위한 것이다. 유능한 스캐머 역시 라포르를 적극적으로 활용하여 어수룩한 피해자가 돈이나 정보, 그밖의 귀중한 것들을 자발적으로 내놓게 한다.

흔한 스캠 수법 중의 하나는 마이크로소프트나 애플 같은 회사의 직원을 사칭하여 컴퓨터 소프트웨어 문제 해결을 도와주겠다고 하는 것이다. 피해자가 특정한 정보를 제공하거나 멀쩡해 보이는 링크를 클릭했다가는 은행 계좌번호와 비밀번호 같은 개인 정보를 무심결에 스캐머에게 넘기는 셈이 되며, 스캐머는 이를 이용하여 컴퓨터를 탈취한 후에 몸값을 요구할지도 모른다.[3] 스캐머들은 라포르를 형성하기 위해서 친절하고 예의 바른 태도로 피해자를 가벼운 대화에 끌어들인다. 미국에서라면 그들은 억양과 어조를 활용하여 인도 여성 행세를 한다. 사람들은 대체로 여성을 위협적이지 않은 존재라고 생각하며 미국인들은 인도인하면 고객 지원 업무를 떠올리기 때문에 피해자들은 이 스캐머들이 하는 일에 조금도 의심을 품지 않는다. 전화선 너머의 이 낯선 사람에게도 자신처럼 기본적인 품위가 있을 것이라고 생각하며 달리 판단할 이유가 전혀 없다고 생각한다. 스캐머는 이 공통분모를 교묘히 형성하여 피해자의 뇌 속에서 옥시토신이 흐르도록 한다. 라포르는 옥시토신을 낳고 옥시토신은 신뢰를 낳고 신뢰는 피해자의 은행 계좌에 침투하는 일등석 탑승권을 낳는다.

전문 휴먼 해커들은 맞춤형 의사소통을 몇 초만 실시하고도 라포르를 형성할 수 있다. 그것은 우리 인간에게 무리 짓기 성향 이외에 또다른 측면이 있기 때문이다. 우리는 사람을 만나면 고정관념을 바탕으로 즉각적인 판단을 내리는 경향이 있다. 판단의 기준은 옷차림, 헤어스타일, 피부색 등 주로 비언어적인 몇 가지 핵심 요소들이다. 라포르를 형성하려면, 재빨리 사람들을 가늠하여 그들이 어떤 사람이고 어떤 집단에 속하는지를 명확하지만 피상적으로 파악한 이후에 그들에게 개인적으로 접근할 방법을 찾아야 한다. 당신은 지금 깊고 오래가는 우정을 쌓으려는 것이 아니다. 사람들이 당신의 동기를 의심하지 않고 심리적인 방패를 들어올리지 않을 정도로만 유대감을 형성하면 충분하다.

밑밥 깔기와 마찬가지로, 공통분모를 확립할 때에는 말뿐만 아니라 몸짓언어를 동원할 수도 있다. 베스트셀러 저자이자 전직 FBI 행동 전문가 조 내버로는 다른 요원의 정보원(FBI 용어로는 "인적 자산")을 인계

받았던 인상적인 일화를 들려주었다. 이것은 신중을 기해야 하는 작업이었다. 정보원들이 FBI와 협력하여 범죄자들에 대한 증거를 제출하는 것은 목숨을 거는 일이다. 그들은 담당자와의 신뢰 관계를 무척 중시한다. 이 관계가 깨지면 정보원은 안전을 우려하여 종적을 감추거나 협력을 중단할지도 모른다. 조는 정보원과 탄탄한 협력 관계를 확립해야 했으며 이전 요원이 다져놓은 신뢰를 어떻게든 유지하고 심지어 발전시켜야 했다.

설상가상으로 정보원(임의로 보리스라고 부르겠다)은 러시아어를 쓰는 80대였으며 이전 FBI 담당자는 50대 중후반의 잔뼈 굵은 요원이었다. 반면에 조는 25세였으며 최근에 FBI에 입사한 처지였다. 할아버지뻘에다가 문화적인 배경과 언어적인 배경도 다른 사람과 어떻게 공통분모를 찾을 수 있었을까? 조가 첫 만남을 떠올리며 말했다. "나에게는 라포르를 형성할 계획이 있었어. 그러나 별실에 들어가서 그를 처음으로 만났을 때 모든 것이 달라졌지." 조는 보리스를 가늠해보고는 이런 상황에서는 요원들이 흔히 쓰는 방법(자신의 직업적인 권위를 내세우며 매우 딱딱한 어조로 안전을 보장하겠다고 말하는 것)이 통하지 않을 것임을 깨달았다. 조가 말했다. "이 정보원은 유능한 사람임이 분명했어. 평생을 옛 소련의 위성국에서 살았지. 그는 내 속을 꿰뚫어 볼 줄 알았어. 무엇이 가식이고 무엇이 진심인지 알았지. 25세인 내가 업무를 거의 모른다는 사실도 알고 있었어. 사기꾼에게 사기 치지 말라는 말이 있잖아. 나는 거짓말을 할 생각이 없었어."

조는 보리스가 연장자에 대한 존경과 순종을 중시하는 구세계적 사고방식의 소유자임을 감지했다. 조는 요원으로서의 권위를 내세우기보다는 보리스와 처음 악수할 때에 고개를 살짝 숙이고 눈을 내리깔았으며 그와 비스듬히 앉았다. 이 모든 동작은 주도권이나 통제력을 행사하려는 시도가 아니라 존경심의 표현이었다. 보리스가 차를 주문하자 조는 커피를 더 좋아하지만 자신도 차를 주문했다. 요원들은 대체로 대화 중에 개인적인 정보를 발설하는 것을 꺼리지만 조는 자기 가족의 고통스러운 과거사(친척들이 피델 카스트로가 지배하던 쿠바에서 간신히 탈출한 사연, 아버지가 체포되어 고문당한 사연)를 솔직히 털어놓았다. 조가 말했다. "그의 얼굴 근육이 이완되기 시작하는 것을 볼 수 있었어. 그때 소파로 다가가서 그와 나란히 앉았지." 그는 고작 1-2분간 대화를 나누고서 라포르를 확립했다. "나는 그의 앞에서 겸손하게 행동했고 그를 공경한다는 것을 행동으로 보여주었어." 두 사람 사이에 3년간 지속된 돈독한 관계는 이렇게 시작되었다.

라포르를 형성하려고 영혼을 팔지 말라

이런 이야기를 읽거나 내가 흡연자들과 친해진 경험을 들으면 밑밥 깔기에 대해서 이따금 느끼는 우려를 라포르에 대해서도 느낄지 모르겠다. 조가 보리스와의 만남을 그토록 전략적으로 추진한 것은 "사기" 아니었을까? 평상시였다면 그는 정보원들에게 그렇게 극단적인 존경심을 보이지는 않았을 것이다. 게다가 그는 커피를 좋아하면서도 차를 주문했다. 나의 경우, 금연을 결심한 흡연자 행세를 한 것은 명백한 거짓이었다. 두 사례를 보자면 라포르를 형성하는 과정에 속임수와 기만을 동원한 것처럼 보인다. 일상적인 소통을 이런 식으로 하고 싶은 사람은 거의 없을 것이다.

나는 직업상 이런 속임수가 허용되는 상황을 제외하면, 공통분모를 구축하려고 거짓말을 하는 행위를 옹호하지 않는다. 일상생활에서 라포르를 형성하기 위한 말이나 행동은 무엇이든지 간에 적어도 진실에 기반을 두어야 하며 당신을 만난 것이 사람들에게 잘된 일이 되도록 해야 한다. 고객 상담원 행세를 하면서 당신과 잡담을 주고받은 스캐머는 윤리적인 선을 넘은 것이다(법적인 선은 말할 것도 없다). 축구 경기를 싫어하면서도 자동차를 팔려고 당신과 같은 팀을 좋아하는 척한 비양심적인 영업 사원도 마찬가지이다. 두 경우에는 거짓말이 동원되었으며 라포르를 형성한 사람은 자신을 만난 것이 표적에게 잘된 일이 되도록 하지 않았다. 당신과 나 같은 선량한 준법 시민이라면 결코 해서는 안 되는 일이다.

이에 반해서 조 내버로는 일반적으로는 정보원에게 그런 존경심을 보이지는 않을지 모르지만, 살아오면서 다른 분야에서 연장자에게 존경심을 보인 적은 있었으며 그렇기 때문에 그의 행동이 자신의 참모습과 본질적으로 모순된 것은 아니었다. 또한 그는 차보다 커피를 더 좋아하기는 했지만 차를 극도로 혐오하지는 않았다. 그가 차를 마신 것은 작은 호의의 태도였으며, 자신이 보리스를 존중한다는 사실을 보이려는 소박한 의도에서 비롯되었다. 조가 자신의 취향을 솔직히 드러내지 않았을지는 몰라도 통상적으로 허용되는 범위를 벗어나지는 않았다. 조의 행위는 보리스에게 잘된 일이었으며 이를 통해서 보리스는 조의 소망에 부응하려는 마음을 먹게 되었다. 보리스는 뇌에서 옥시토신이 분비되어 대화 전보다 더 큰 행복감과 유대감을 느꼈다. 두 사람은 앞으로 시간이 지나면서 라포르 수준을 더 높일 수 있는 위치에 도달했다.

밑밥 깔기와 마찬가지로, 라포르 형성을 위해서는 어느 정도의 전략이나 허울이 동원된다. 그러나 역시 마찬가지로 그 전략은 첫째, 불가피하고 둘째, 좋은 것이어야 한다. 대부분의 사람들은 일상생활에서 남들과 관계를 형성하려고 자연스럽게 노력한다. 옆집 이웃과 친근한 농담을 주고받기도 하고 회의 시작 전에 직장 동료와 담소를 나누기도 하고 슈퍼마켓 직원이 고기 무게를 다는 동안 미소 지으며 요즘 어떻게 지내느냐고 묻기도 한다. 라포르 형성의 기술을 숙달한다는 것은 남들과 정서적으로 연결되는 이 작업을 더 신중하게 그리고 더 자주 한다는 것일 뿐이다. 우리의 머릿속에 들어 있는 목적은 이기적일지도 모르지만, 낯선 사람에게든 이미 알고 있는 사람에게든 간에 우리는 여전히 우리를 만난 사람들의 삶이 조금이나마 나아지도록 한다.

우리는 타인과 동떨어져서 그들에게 무엇이 필요한지를 미처 생각하지 못한 채로 살아갈 때가 많다. 엘리베이터에 들어설 때에도 휴대전화에 코를 박은 채 인사를 나누는 것조차 잊는다. 우리는 미디어의 안락한 밀실에 틀어박힌 탓에 사회적, 문화적, 정치적 차이를 해소하려고 시도할 엄두조차 내지 않는다. 그러나 라포르 형성 기술을 익히면 남들을 생각하는 습관을 들이고 간극을 넘어서 관계를 형성하거나 깊어지게 할 수 있다. 우리와 다른 신념을 가진 사람들을 무시하거나 설득하려고만 드는 것이 아니라 공통분모를 형성하는 습관을 기를 수 있다. 폭력적으로 양극화된 우리 사회에는 더 많은 라포르 형성이 필요하다. 번번이 보겠지만, 사교적인 기술을 조금만 구사하면 사람들이 우리의 바람에 부응하도록 하는 데에 큰 도움이 된다.

상대방의 환심을 사기 위해서 어느 정도까지 노력해야 하는지는 분명하지 않을 때도 있다. 직업상 해킹을 하다 보면 라포르 형성 과정에서 이따금 내가 보기에 혐오스러운 의견에 동의하라거나 나의 종교적인 신념과 어긋나게 행동하라는 요청을 표적들로부터 받을 때가 있다. 보안 업계 종사자가 겪는 업무상 재해인 셈이다. 그럴 때에는 침을 꿀꺽 삼키고서 표적이 바라는 대로 행동하는 것이 분명 유리하지만, 나는 언제나 그런 요청을 거절하고 다른 식으로 공통분모를 확립할 방법을 찾는다. 한번은 어떤 회사의 직원으로 행세하면서 직원들에게 접근하여 정보를 얻어야 했다. 나는 대화에 끼어들기 전에 그들이 여자 상사 "캐시"에 대해서 불평하며 그녀에 대해서 "멍청한 년"이나 훨씬 심한 표현을 쓰는 것을 들었다. 내가 자기소개를 하자 그들은 그 상사에 대해서 계속 험담을 늘어놓았을 뿐만 아니라 권력을 가진 여성에 대한 비난에 나 또한 동참하기를 바랐다. 그들이 말했다. "캐시가 당신 상사가 아니어서 얼마나 다행인지 몰라요. 그녀는 완전 [심한 욕설]이에요."

내가 성난 남자들의 무리에 들어가서 그들의 말에 동의하면서 여자 상사들을 함께 욕하는 것은 식은 죽 먹기였을 것이다. 그러나 우리의 윤리 규정과 나 자신의 개인적인 신념에 따라서 나는 성별, 성적 지향, 인종, 종교, 장애와 관련된 "비하 발언"을 (말이나 글, 또는 그밖의 방법으로) 해서는 안 되었다.[4] 나는 과거에도 비슷한 상황에 처한 적이 있었기 때문에 신념을 훼손하지 않으면서도 그들과 라포르를 형성하는 방법을 알고 있었다. 이번에도 그 방법을 썼다. 내가 말했다. "아, 그렇죠, 저도 그런 상사가 있었어요. 지난번 직장에서 함께 일한 작자인데, 지긋지긋했죠. 그래서 여기로 오게 된 거예요." 내가 찾은 공통분모는 여성 혐오에 기반을 둔 것이 아니라 성별과 무관하게 나쁜 상사에 대한 불만을 기반으로 둔 것이었다.

라포르를 형성하려다가 곤란해질 수도 있는 상황을 생각해보라. 이를테면 탈의실에서 남자들과 어울려야 하는데 성차별적인 농담이 오가고 있다거나 가족 모임에 참석했는데 대부분이 정치나 종교 등의 주제에 대해서 당신과 의견이 다르고 고집불통이라고 가정해보라. 당신이라면 어떤 창의적인 방법으로 라포르를 형성하겠는가?

사교 상황에서 남의 기대를 저버리는 것은 여간 힘든 일이 아니다. 특정 집단에 속한 사람들과 교류할 때에는 더더욱 그렇다. 우리는 "동조"하지 않을 경우 무리에서 배척당할까봐 두려워하며 그 때문에 신념을 저버리고 그들의 의견을 따르는 경향이 있다. 그러나 연습을 통해서 그 순간의 두려움으로부터 한발 물러나 다른 식으로 공통분모를 형성하는 방법을 재빨리 찾도록 훈련할 수 있다. 까다로운 사교 상황이 벌어질 것을 예상하여 대처 방안을 미리 계획할 수도 있다.

한번은 내가 (클라이언트의 요청에 따라서) 건물에 침투했는데, 교사가 학교에서 무장하는 것을 허용해야 하느냐를 놓고 열띤 논쟁을 벌이고 있던 직원들을 로비에서 맞닥뜨렸다. 라포르를 형성하고 그들 무리의 일원이 되려던 나에게는 난감한 상황이었다. 나는 총기 규제에 극단적으로 반대하는 입장은 아니었고, 두 진영 모두 일리가 있다고 생각했다. 문제는 내가 총기 규제에 대해서 찬성하거나 반대하는 말을 한마디라도 하면, 무리의 절반을 적으로 돌려세울 위험이 있다는 것이었다. 대화 중에 누군가가 나를 바라보며 어떻게 생각하느냐고 단도직입적으로 물었다. 몇 초간 머리를 굴리다가 마침내 입을 열었다. "제가 어떻게 생각하느냐고요? 저는 학교에서 아이들이 죽는 일이 나라에서 일어날 수 있는 최악의 비극이라고 생각해요. 아이들이 죽을까봐 걱정하면서 학교에 보내야 하다니, 학교가 어쩌다 이렇게 끔찍한 장소가 되었을까요?" 좌중은 침묵했다. 총기 문제로 아무리 치열하게 대립하더라도 그들에게는 공통분모가 하나 있었으며, 나는 그것을 찾아냈다.

친척, 이웃, 직장 동료 중에는 당신이 혐오하는 신념을 가졌거나 당신과는 공통점이 거의 없어 보이는 사람도 있을 것이다. 그럴 때에도 당신은 이 사람들을 멀리하는 것이 아니라 자신의 핵심 가치를 훼손하지 않으면서도 손을 내미는 법을 배울 수 있다. 당신은 이 사람들을 이미 알고 있기 때문에, 그들에게 특별히 부탁할 것이 있든 없든 라포르 형성 기술을 이용하여 이미 존재하는 (비교적 낮은) 라포르 수준을 끌어올릴 수 있다. 사교 상황에 대해서 수줍어하거나 두려움을 느끼는 사람도 나름의 목적이 있든 없든 간에 훨씬 자신만만하고 활달해질 수 있다. 왜 다른 누군가가 당신의 껍데기를 깨뜨려주기를 기다리는가? 당신이 그들을 껍데기 속에서 꺼내는 법을 배우는 것이 더 낫다. 라포르 형성에 숙달할수록, 불가능해 보이는 간극이 우리와 상대방을 가르고 있어도 그 사이에 대개는 다리를 놓을 수 있음을 점차 깨닫게 된다. 게다가 우리가 관계를 맺거나 발전시키지 못하는 원인이 때로는 상대방에게 있지 않고 나 자신에게 있다는 것을 알게 된다.

주변에 있는 사람들 중에서 관계를 유지하기가 힘든 사람을 떠올려보라. 당신은 그와 소원해졌을 수도 있고, 연락은 주고받지만 오랜 불만 때문에 사이가 멀어지고 있을 수도 있다. 다음번에 그를 만날 때에 당신의 신념과 가치를 훼손하지 않은 채로 그와 공통분모를 확립할 수 있는 세 가지 방법을 생각해보라.

라포르를 형성하는 6단계—그리고 "8"의 활용

여기에 도전 과제가 있다. 스타벅스에 들어가서 탁자에 앉아 있거나 줄을 서서 기다리는 낯선 사람에게 말을 걸어보라. 나이가 비슷하거나 인종이나 사회경제적인 배경이 당신과 같아 보이는 사람을 찾지 말라. 무작위로 선택하여 그들 부류의 일원이 되어보라. 머릿속이 캄캄하다고? 내가 알려준 대로 하되 스마트폰을 활용하라. 당신이 안드로이드폰을 가졌다고 가정해보자. 아이폰을 가진 사람에게 다가가서 이렇게 말하라. "실례합니다, 안드로이드폰에서 아이폰으로 바꿀까 생각 중인데, 당신 아이폰은 어떤가요?" 나의 경험상 아이폰 이용자들은 자신의 휴대전화가 안드로이드폰보다 백만 배 더 좋은 이유를 시시콜콜 늘어놓을 것이다. 당신은 그들에게 아이폰이 좋은 이유를 묻고 그들의 말에 관심을 보임으로써, 소소한 방법으로나마 그들을 한 인간으로 대우하는 셈이다. 이렇게 공통분모가 형성되었다. 이것은 두 사람 다 아이폰 이용자여서가 아니라, 두 사람 다 아이폰이 뛰어난 이유에 관심이 있는 부류이기 때문이다.

이런 과제를 내주면 수강생들은 즉흥적으로든 사전에 계획된 만남에서든 간에 사교 상황에서 라포르를 발전시킬 수 있는 간편한 규칙이나 지침을 달라고 요구할 때가 많다. 그들이 나에게서 듣고 싶은 말은 이런 것들이다. "이성에게 말을 걸 때에는 이 5가지 방법을 쓰세요." "밀레니얼 세대와 교류하려면 이렇게 말하세요." 애석하지만 내가 아는 규칙들 중에서 어느 상황에서나 보편적으로 적용되는 것은 하나도 없다. 각각의 상황은 저마다 고유하며 당신은 즉석에서 고민하여 나름의 라포르 형성 전략을 고안해야 한다. 버거워 보이지만 실은 그렇지 않다. 내가 쓰는 생각 절차는 다음과 같은 6가지의 단순한 단계로 압축된다.

라포르를 형성하는 6단계

1. 관심인을 파악하라 : 라포르를 형성하고 싶은 상대방이 어떤 사람인지 알아내라(사전에 대화를 계획했거나 미리 밑밥을 꾸몄다면 이 단계는 이미 완수했을 것이다).

2. 주목하라 : 신념, 민족, 성별과 같이 겉으로 드러나는 태도나 사회경제적인 배경에 주목하여 1–2초 안에 그 사람의 대략적인 프로필을 만들어라(당신이 그 사람을 잘 안다면 그의 프로필을 재빨리 떠올려보라).

3. 생성하라 : 그 프로필을 토대로 공통분모를 만드는 데에 이용할 수 있는 경로를 몇 가지 생성하라.

4. 결정에 도달하라 : 시도할 경로를 선택하되, 그 경로가 통하지 않으면 방향을 바꿔서 다음 경로를 시도할 수도 있음을 기억하라.

5. 시도하라 : 선택한 경로를 실행하라.

6. 평가하라 : 경로를 실행하는 동안 관심인이 어떻게 반응하는지 주시하라. 접근법이 효과가 없다면 재빨리 다른 경로로 전환하라.

이렇게 써놓으니 기억할 것이 많아 보일지도 모르겠다. 계획되지 않은 만남이 진행되는 동안 몇 초 안에 이 단계들을 밟아야 한다면 더더욱 막막할 것이다. 이 6단계를 숙달하려면 www.HumanHackingBook.com의 참고 자료Book Resources 메뉴에 들어가서 이 6단계가 적힌 작은 지갑 크기의 카드를 내려받아라. 이 카드를 가지고 다니면서 사교 상황에 돌입하기 직전에 참고하라. 라포르 형성을 네다섯 번 연습하고 나면, 이 단계들이 제2의 천성처럼 느껴지기 시작할 것이다. 6단계 규칙은 라포르 형성을 연습하는 과정에서 자연스럽게 떼어버리게 될 정신적인 보조 바퀴라고 생각해도 무방하다. 그러나 연습은 해야 한다. 지금 시작하라.

6단계 중에서 초심자가 가장 힘들어하는 것은 5번째인 "시도하라"이다. 다음번 의사소통을 계획할 때에는 베스트셀러 저자이자 전 FBI 행동 전문가인 로빈 드리크의 지혜를 빌려라. 일상적인 상황에서 남들과의 공통분모를 찾아야 한다면, 다음의 **라포르 형성을 위한 8가지 핵심 기법**을 명심하라.

기법 1 : 시간을 인위적으로 제한하기

앞에서 여러 번 언급했듯이 시간은 사교 상황에서 중요한 요소이다. 시간은 누군가가 당신을 처음으로 대할 때에 그의 머릿속에 저절로 떠오르는 4가지 궁금증 중의 하나이다. 우리는 주어진 제한 시간 안에 상대방을 도울 수 없을 것 같으면 부탁을 거절해야겠다는 생각이 커진다. 많은 대인 접촉에는 자연적인 시간 제한이 존재한다. 스타벅스에서 줄을 선 채 누군가와 대화를 시작한다면 상대방은 당신이 돈을 지불하고 커피를 받아들 때까지만 소통이 지속될 것이라고 확신할 것이다. 그렇기 때문에 낯선 사람이 말을 걸어도 1–2분은 응대해줄 가능성이 크다.

시간 제한이 자연스럽지 않거나 명백하지 않은 상황에서는 인위적으로 시간 제한을 교묘히 만들어서 라포르 형성을 촉진할 수 있다. 이렇게 말해볼 수도 있을 것이다. "저기요, 2분만 시간 내주시겠어요? 이곳에 처음 와보았는데, 음식 맛있게 하는 데를 찾고 있거든요." 시간 제한은 현실적으로 제시하라. 2분을 요청했으면 2분 동안만 이야기할 수 있도록 준비하라. 물론, 관심인 쪽에서 대화를 연장하기를 바란다면 그래도 무방하다. 상대방에게 "1초"만 시간을 내줄 수 있겠느냐고 묻지는 말라. 비현실적이다. 1초는 벌써 지나버렸다. 관심인의 불안을 암묵적으로 가라앉히려면 이렇게 말해보라. "지금 출발하려는 참인데⋯⋯" 또는 "좀 있다가 누군가를 만나야 하는데 궁금한 것이 있어서⋯⋯." 이렇게 말하면 대화가 금방 끝날 것임을 암시할 수 있다.

기법 2 : 말하는 속도를 조절하기

내가 테네시에 사는 누이를 방문하여 둘이서 저녁을 먹으러 바비큐 레스토랑에 갔을 때의 일이다. 종업원이 다가와서 주문할 준비가 되었느냐고 물었다. 내가 말했다. "아이스티에 갈비, 거기에다가 옥수수빵을 곁들여주세요."

종업원이 말했다. "워워, 진정해요, 도시 총각."

나는 다시 한번 주문 내용을 이야기했다. 이번에는 천천히 말했다. 솔직히 약간 부아가 났다. 종업원이 나를 얕잡아보고 나보다 우위에 서려고 한다는 느낌이 들었기 때문이었다. 그런데 생각해보니 내가 의사소통의 중요한 요소를 간과했음을 깨달았다. 우리는 성격, 나이, 방언, 폭

넓은 사회적인 맥락에 따라서 저마다 다른 속도로 말한다.[5] 미국 남부에 사는 사람은 북부에 사는 사람보다 말이 느리다.[6] 말하는 속도에는 좋을 것도 나쁠 것도 없다. 현실이 그럴 뿐이다.

라포르를 형성할 때에는 당신이 상대하는 사람에 대해서 생각해보고 적어도 어느 정도는 그의 말하는 속도에 맞추어주는 것이 좋다. 어린이나 외국인과 이야기할 때처럼 과도한 친절을 베풀 필요는 없다. 그러면 상대방은 모욕감을 느끼거나 어리둥절할 것이다. 그보다는 말할 때에 상대방에게 무엇이 필요한지를 고려하고 그를 더 편안하게 해줄 방법을 고민하라. 당신이 느리게 말하는 사람을 답답해하는 수다쟁이 뉴요커여도 좋고 느릿느릿 여유롭게 말하기를 좋아하는 남부 사람이어도 좋다. 언어 전문가들이 밝혀낸 바에 따르면 빨리 말하는 사람들은 권위와 설득력이 더 있어 보이고, 느리게 말하는 사람들은 친근하거나 수더분해 보인다.[7]

기법 3 : 공감이나 도움을 요청하기

인간은 이타적인 존재이다. 우리는 도움이 필요한 사람을 보면 자연스럽게 돕고 싶어진다. 사실 사회공학자들이 구사하는 가장 효과적인 문구 중의 하나는 단순하기 짝이 없는 "저를 좀 도와주실 수 있나요?"이다. 단, 관심인이 나의 요청을 (또한 나의 존재 자체를) 위협적으로 받아들이지 않도록 지나친 요구는 삼가야 한다. 일반적으로는 도움 요청의 수위를 기존의 라포르 수준에 맞추는 것이 좋다. 낯선 사람과 대화하고 있다면, 부탁은 간단하고 손쉬운 것으로 한정하라. 어떤 건물의 서버실에 침투하려고 할 때에 안내 직원에게 다짜고짜 이렇게 말해서는 안 된다. "저기요, 서버실로 안내 좀 해주실 수 있을까요?" 처음에는 소박하게 시작해야 한다. 나는 첫 문지기를 통과하여 다음 문지기에게 갈 수 있을 정도로만 도움을 요청한다. 이를테면 "실례합니다. 방문증을 잃어버렸는데 이 신분증으로 대신해도 될까요?" 또는 "아무개를 보러 왔는데, 그녀의 비서가 누구인지 모르겠어요. 저 좀 도와주시겠어요?"와 같이 간단하고 악의 없는 질문을 던진다. 안내 직원은 비서가 누구인지 알려주는 것으로 대화를 끝낼 수도 있지만, 비서가 몇 층에 있는지 나에게 알려주고 그곳까지 데려다주면서 내가 비서와 개인적으로 담소를 나누게 해줄 수도 있다.

이런 요청을 할 때에는 수작을 부리거나 성적으로 유혹하는 것처럼 보이지 않도록 주의하라. 나의 수강생 중에서 외모가 매력적인 사람들은 그런 시도를 하기도 하는데, 수작을 부리면 상대방은 그 만남이 잘된 일이라고 생각하지 않을 가능성이 크다. 당신이 이성으로서 그들에게 관심이 있는 것이 아니라 실은 다른 목적을 달성하려고 한다는 사실을 알게 되면 그들은 이용당했다거나 속았다는 느낌을 받을 것이다. 누구나 알다시피 그런 경험은 썩 즐겁지 않다.

기법 4 : 자존심 내려놓기

뭉뚱그려서 말하자면, 동양 사회가 집단주의적인 데에 반해 서구 사회는 개인주의적이다.[8] 이런 문화적인 성향 때문에 서구인은 업무와 관련된 상황에서도 자존심을 내려놓고 남을 우위에 놓기 힘들 때가 있다. 겸손함을 나약함과 연관 짓고 자신감을 유능함과 연관 짓는 사고방식으로는 자신이 모든 것을 알아야 하고 권위와 통제력을 내세워야 한다고 생각하기 쉽다. 그러나 휴먼 해킹에서는 이것이야말로 피해야 할 태도이다. 당신이 아는 사람 중에서 정말로 겸손해 보일 정도로 자존심을 내려놓는 일에 능숙한 사람을 생각해보라. 그 사람과 함께 있을 때에 당신은 어떤 느낌을 받는가? "인정"이나 "존중" 같은 단어가 머릿속에 떠오를 것이다. 겸손한 사람을 만나면 우리는 으쓱한 기분이 든다. 상대방을 설득하여 나의 바람을 들어주도록 해야 하는 상황에서, 겸손은 약점이 아니라 강점이다.

라포르를 형성하려면 자신의 의견이 옳다거나 자신이 상황을 주도해야 한다는 생각을 내려놓아야 한다. 상대방의 생각을 바꾸려고 들지 말라. 상대방이 위협을 느끼지 않은 채 자신이 원하거나 필요한 대로 세상을 보게 내버려두어라. 이렇게 하면 공통분모에 도달하기가 훨씬 수월해진다. 당신을 상대방보다 우위에 놓는 식으로 암묵적인 거리를 만들지 않기 때문이다. 로널드 레이건이 대통령일 때에 사람들은 그가 대통령을 하기에는 나이가 너무 많다고 비판했다. 그는 기분이 상해서 방어적으로 비판자들을 공격하고 싶었을 수도 있다. 그러나 그는 자존심을 내려놓고 자신의 나이를 농담거리로 삼는 쪽을 택했다. 이를테면 다른 대통령 후보와 토론하는 자리에서 그는 이런 명언으로 말문을 열었다. "저 또한 이 선거에서 나이를 문제 삼지 않을 것임을 알아주셨으면 좋겠군요. 저는 제 상대 후보가 젊지만 미숙하다는 사실을 정치적인 목적으로 부당하게 이용하지 않을 것입니다."[9] 이런 농담은 적수를 비롯하여 모든 사람들을 웃게 했으며 금세 라포르를 형성했다. 레이건이 1984년 대통령 선거에서 승리한 것은 이 답변 덕분이었다고 생각하는 사람들도 있다. 표적을 상대로 무의식적인 "자아 투쟁"을 벌이지 않으려면 암묵적으로 상대방을 편안하게 해주어야 한다.

"모르겠어요"라거나 "죄송해요"라고 말하는 것은 쉬운 일이 아니다. "나"라는 단어를 꺼내지 않는 것도 힘들기는 마찬가지이다. 당신이 오랫동안 공부해서 의사가 되었다면, 자신을 소개할 때에 "아무개 박사"라고 하지 않으면 어색할 것이다. 의견을 제시하려는 충동을 억누르고 남들의 의견과 피드백을 청하는 것이 어려워 보일 수도 있다. 그러나 당신이 이렇게 겸손히 행동할수록 남들과 관계를 맺기는 쉬워질 것이다.

기법 5 : 관심인을 인정하기

자존심을 내려놓는 것은 남들이 스스로에 대해서 뿌듯하게 느끼도록 만드는 좋은 첫걸음이며 그렇기 때문에 우리에게 대체로 유익하다. 여기에서, 상대방에게 능동적으로 귀를 기울이고 그들의 아이디어와 의견을 긍정하고 칭찬함으로써 한발 더 나아갈 수도 있다. 물론 언제나 기존 라포르 수준에 걸맞게 행동해야 한다는 것을 명심하라. 사람들이 늘 실수를 저지르는 것은 이 지점에서인데, 여자와 라포르를 형성한답시고 그들의 외모를 칭찬하는 것이 그것이다. 이렇게 하면 거들먹거리는 인상을 주거나 상대방을 소름끼치게 할 수 있다. 아직 충분한 친분이 쌓이지 않은 상황이기 때문이다. 친절하되, 관심인의 입장에서 생각하려고 노력하라. 그들은 무슨 말을 듣고 싶어할까? 그들은 잘 알지 못하는 사람에게서 무슨 말을 들었을 때에 당황하거나 기분이 나쁠까?

기법 6 : 보답을 통해서 관계를 맺기

전문 휴먼 해커로 일하다 보면 상대방으로부터 민감한 정보를 캐내야 할 때가 있다. 그럴 때면 나는 정보를 불쑥 요청하는 것이 아니라, 나 자신의 대수롭지 않은 정보를 자진해서 건넨다. 내가 안내 데스크에 다가가서 서버실 위치를 물어보고 싶어한다고 가정해보자. 직원의 책상에서 가족과 함께 해변에서 휴가를 보내는 사진이 보이면 나는 이런 식으로 말꼬를 튼다. "안녕하세요. 두 아들을 처음으로 해수욕장에 데려갈 계획인데요. 저는 해수욕장에 대해서는 하나도 몰라요. 그런데 여기는 근사해 보이네요!" 나중에 지나가는 말로 서버실에 대해서 물으면 그녀는 정보를 더 순순히 알려줄 것이다. 내가 나 자신에 대한 개인적인 정보를 먼저 말해주었기 때문이다. 거기에다가 암암리에 해수욕장에 대한 조언을 청함으로써 그녀의 권위를 인정하고 그녀를 나보다 높은 위치에 둔 셈이었다. 나는 그녀에게 무엇인가를 주었고 이제 그녀도 나에게 무엇인가를 줄 수 있다. 가는 것이 있으면 오는 것도 있는 법이니까.

기법 7 : 주고받기

교묘한 휴먼 해커는 보답을 한 차원 더 끌어올려서 남들에게 선물을 줄 기회를 엿본다. 이 개념은 "호혜적인 이타주의"라고 불린다. 인류를 비롯한 많은 동물들은 자신을 친절하게 대하는 상대방에게 자신도 친절하게 대하고 싶어한다. 심지어 쥐도 그렇다.[10] 실체가 있는 선물을 줄 수도 있지만 친절이나 배려 같은 무형의 선물도 효과가 있다.[11] 요점은 선물이 당신에게 귀중한 것이든 아니든 간에 상대방에게는 가치가 있어야 한다는 것이다.

로빈 드리크와 내가 훈련 장소에 가려고 차를 렌트할 때였다. 우리가 렌트한 모델은 크기가 터무니없이 작아서, 다리를 집어넣을 수조차 없었다. 우리는 업그레이드를 받으려고 안내 데스크로 갔다. 가보니 이미 많은 고객들이 차량 문제를 호소하고 있었다. 몇몇은 중년의 여성 상담원에게 고함을 지르고 있었다. 그녀는 침착했지만 기진맥진해 있었다.

우리는 줄을 서서 기다렸는데, 차례가 되었을 때에 로빈이 천재적인 아이디어를 떠올렸다. 그는 다짜고짜 상담원에게 업그레이드를 요구하지 않고 이렇게 말했다. "상담원님, 무척 힘든 하루를 보내고 계신 것 같군요. 저희가 1분간 여기에 그냥 서 있으면 어떨까요? 그동안이라도 쉬실 수 있게요."

그 말을 듣자 상담원의 얼굴에서 긴장이 풀렸다. 그녀가 상사를 곁눈질하며 말했다. "정말요? 그래주시겠어요?"

로빈이 말했다. "그럼요. 다들 당신에게 고함지르고 있잖아요." 그가 그녀 뒤의 탁자에 놓인 물병을 가리키며 말했다. "가서 물이나 한잔하시는 것이 어때요? 우리는 여기에서 이야기하는 척하고 있을게요."

마치 우리가 그녀에게 지구상에서 가장 큰 선물을 준 것 같았다. 짠! 단박에 라포르가 형성되었다. 잠시 후에 그녀가 마음을 추스르고는 우리에게 무엇이 필요하냐고 물었다. 우리가 업그레이드를 원한다고 말했더니 그녀는 즉석에서 근사한 차를 찾아주었을 뿐만 아니라 요청하지도 않았는데 무료로 업그레이드를 해주었다. 우리는 방금 전 그녀에게 무척이나 귀중한 선물을 주었다. 그후에 그녀가 우리에게 특별한 무엇인가를 해주고 싶어한 것은 지극히 자연스러운 수순이었다.

기법 8 : 자신의 기대를 조절하기

사회공학 업계에는 끝내주는 용어가 하나 있는데, 바로 "치명타"이다.

당신은 누군가의 마음을 얻기 위해서 관계를 맺고, 라포르를 형성하고, 이를테면 상대방에게서 정보를 얻거나 보안 시설에 들여보내주는 것과 같은 궁극적인 목표에 조금씩 다가가면서 힘겹게 노력했다. "치명타"는 정말로 원하는 것을 표적이 내어주게 하는 최후의 행동이나 말을 일컫는다. 즉, 먹잇감을 낚아채서 최후의 일격을 가하는 것이다.

그러나 "치명타"라는 말은 매우 몰인정하게 들린다. 나는 스스로를 다정하고 세심한 사람으로 생각하고 싶지, 살인 청부업자로 생각하고 싶지는 않다. 게다가 그런 접근법은 전적으로 비생산적이다. 이류 휴먼 해커는 라포르를 형성할 때에 최종 목표에 집착한다. 그들은 끊임없이 "치명타"를 노린다. 이 때문에 서두르기 십상이며 자신이 바라는 것만 챙겨서 떠나려고 안달한다. 그러다가 잘못을 범하고 말실수를 저지르고 "표적"을 소외시키고 만다. 이런 해커들은 자신의 기대를 조절하는 편이 더 나을 것이다. 최종 목표는 잊어버리고 자신을 만난 것이 상대방에게 잘된 일이 되도록 상호작용을 계획하는 것이 더 효과적이다.

상대방의 말에 귀 기울여라. 공통분모를 찾아라. 의사소통을 즐겨라. 진실하라. 그러면 상대방에게 더 사려 깊고 동정적으로 행동하여 더 빠르고 효과적으로 라포르를 형성할 수 있을 것이다. 또한 이를 통해서 궁극적인 목표를 달성할 가능성도 커질 것이다. "치명타" 사고방식을 버리기란 쉬운 일이 아니다. 상호작용이 술술 진행되면 자신감이 커지고 뇌에서 옥시토신이 분출하여 대화에서 무리수를 둘 수 있다. 기대를 조절하려면 자신의 감정 또한 조절해야 한다. 심호흡을 하라. 서두르지 말라. 상대방의 경험을 당신의 최우선순위로 삼아라. 그러면 잘못을 저지르는 일이 없을 것이다.

8가지 라포르 형성 기법들 중에 하나를 골라서 처음 보는 타인에게 연습해보라. 그 기법을 숙달했다고 생각되면 다음으로, 또 그다음으로 넘어가라. 이 기법들을 전부 또는 상당수 숙달했다면 여러 기법들을 조합하여 동시에 연습하라.

소도구에 대하여

나는 위장술과 분장을 좋아한다. 이것들은 전문 사회공학자의 절친한 친구이다. 일상생활에서는 타인과 소통할 때에 밑밥을 제시하고 라포르를 형성하는 과정에서 자신이 아닌 누군가의 행세를 하지는 않을 것이다. 그럼에도 불구하고 어떤 물리적인 소도구는 도움이 될 수 있는데, 당신이 자신에 대해서 생각하는 방식에 영향을 미치기 때문이다. 옷차림과 외모는 무척 중요하다. 한 고전적인 연구에서 연구진은 학생들에게 실험실에 걸려 있는 흰색 가운을 입고 시험을 치르도록 했다. 그러면서 한 집단에게는 미술가용 가운이라고 말했고 다른 집단에게는 교수의 실험용 가운이라고 말했다. 자신이 입은 가운이 교수의 실험용 가운이라고 믿은 학생들은 시험에서 더 뛰어난 성적을 거두었다. 반면에 자신이 입은 가운이 미술가용 가운이라고 믿은 학생들은 시험을 더 건성으로 치렀고 성적도 낮았다. 연구진은 미술가용 가운을 입은 줄로 안 학생들이 스스로에 대한 기대를 낮추었음을 발견했다. "당신이 가진 직업의 복장이 아니라 당신이 가지고 싶은 직업의 복장을 하라"라는 옛 격언을 아시는지? 그 말에는 진실이 담겨 있다![12]

경험이 일천한 채로 고급 레스토랑의 요리사 자리를 얻으려고 할 때에 내가 선택한 복장은 밑밥 깔기와 라포르 형성 시도에서 두드러진 역할을 했다. 나는 찢어진 청바지와 티셔츠 차림으로 가지 않았다. 스리피스 양복을 입지도 않았다. 나는 격식을 갖추면서도 너무 딱딱하지는 않게 작은 단추로 칼라를 고정시키는 버튼다운 셔츠와 정장 바지를 입었다. 이 복장은 나에게 충분한 자신감을 선사했으며, 상사가 될 사람의 주의를 흐트리거나 의심을 사지 않은 덕분에 라포르를 형성하는 데에도 한몫했다. 회사를 경영하면서 나는 복장을 제대로 갖추지 못한 채로 탁자 반대편에 앉은 입사 지원자들을 많이 만났다. 그들이 나와 라포르를 형성하지 못한 이유는 면접 내내 "이 친구는 복장에 대한 감이 전혀 없군"이라는 생각밖에 들지 않았기 때문이다.

당연한 소리처럼 들릴지도 모르겠지만, 내가 굳이 복장을 언급하는 이유는 많은 사람들이 여기에서 실수를 저지르기 때문이다. 겉모습의 모든 측면에 대해서 꼼꼼히 생각하라. 영업을 위해서 누군가를 방문한다면 머리를 빗지 않고 피어싱을 덕지덕지 하고 잇새에 음식물이 낀 채 찾아가지는 않을 것이다. 당신이 부자인데 부유하지 않은 사람과 관계를 맺으려고 한다면 값비싼 다이아몬드나 3,000달러짜리 루이뷔통 핸드백을 주렁주렁 걸치지는 않을 것이다. 누군가와 첫 데이트를 하기로 했다면 향수를 너무 많이 뿌리지는 않았는지 점검하라. 누군가와 진지한 대화를 나누어야 하는 상황에서는 안절부절못하며 스마트폰에 한눈 팔지 말라. 어떤 상황에서든 상대방을 배려하고, 물리적인 소도구를 활용하여 상대방을 최대한 편안하게 해줄 방법을 생각하라. 그러면 당신을 만난 것이 그에게 잘된 일이 될 것이다.

해커를 해킹하는 법

라포르 형성 개념은 한마디로 압축할 수 있다. **친절하라.** 그러나 단순하다고 해서 식은 죽 먹기라고 생각하면 안 된다. 라포르의 이면에서는 복잡한 과학이 작용하며 라포르의 숙달에는 만만하지 않은 기교가 필요하다. 라포르를 숙달하면 삶에서 가장 단순한 것들이 때로는 가장 효과적이라는 사실을 알게 될 것이다. 조 내버로는 여기에서 설명하는 라포르 형성 원리들로 인디언 보호구역의 10대 소년을 설득하여 범죄를 자백하게 한 사연을 들려주었다. 소년은 운전 중에 사람을 쳤는데, 아마도 음주 운전 중이었을 것이다. 그런데 조의 동료들이 진술을 얻어내려고 여러 차례 시도해도 소년은 누구에게도 말하려고 들지 않았다. 소년이 겁에 질렸다는 것을 알아차린 조는 사고 현장에서 멀리 떨어진 곳으로 소년을 데려가서 잠시 함께 걸었다.

조는 숨을 깊이 들이마셨다가 내뱉고는 다시 깊이 들이마셨다가 내뱉었다. 그 모습을 보고서 소년도 심호흡을 했다. 이렇게 몇 초 만에 조는 스트레스에서 벗어나려고 안간힘을 쓰는 두 인간으로서 라포르를 확립했다. 조가 묻지도 않았는데 소년이 입을 열었다. "전 망했어요." 그러고서 소년은 무슨 일이 일어났는지를 모조리 털어놓았다.

라포르 형성이 얼마나 효과적인가 하면 고도로 훈련된 해커조차도 말려들 때가 있다. 우리 회사는 대형 콘퍼런스를 해마다 개최하면서 클라이언트들과 몇몇 친한 친구들만을 엄선하여 성대한 파티를 연다. 동료 해커들도 파티에 대해서 알고는 있는데, 그들은 단지 실력을 과시하고 싶어서 매번 파티에 잠입하려고 시도한다. 얼마 전에는 한 해커가 회의

장에서 나에게 다가와서 말했다. "크리스, 우리는 한 번도 만난 적이 없지만 저는 당신 책과 팟캐스트의 열렬한 팬이에요. 당신이 휴먼 해킹 커뮤니티에 기여한 모든 것에 감사하는 의미로 선물을 드리고 싶어요." 그는 나에게 글렌파클라스 25년산을 한 병 건넸는데, 내가 가장 좋아하는 스카치위스키였다.

나는 반색했다. 병을 뜯어보며 내가 말했다. "제가 이 위스키를 좋아하는 줄 어떻게 아셨나요?"

"팟캐스트에서 언급하시는 것을 들었어요." 그가 몇 화인지 이야기했는데, 그의 말이 옳았다. 나는 정말로 그 위스키를 언급한 적이 있었다.

나는 선물에 대해서 감사를 표하고는 그에게 무엇인가 보답을 해주고 싶다는 충동을 느꼈다. 내가 특별 팔찌를 건네며 말했다. "저기요, 오늘 밤 비공개 파티가 있는데, 오시겠어요? 이 팔찌를 착용하면 입장하실 수 있어요."

그가 말했다. "와우, 이런. 근사하네요. 그런데 제가 친구들과 함께 와서요. 혹시 데려가도 괜찮을까요?"

나는 선물에 보답할 수 있게 된 것이 기뻐서 외쳤다. "물론이죠! 친구 분이 몇 명인가요?"

"5명이요."

클라이언트나 친한 친구가 아닌 사람에게 여분의 초대장 5장을 주는 것은 예삿일이 아니었지만, 나는 이 사람에게서 의미 있는 선물을 받았으니 거절하기 힘들었다. 나는 별생각 없이 팔찌 5개를 더 건넸다. 그는 몇 번이고 고맙다고 말하고는 떠났다. 그날 밤 그와 5명의 친구들이 우리의 파티에 나타났다. 그들은 직장에 돌아가서 동료들에게 자랑할 이야깃거리가 생겼다.

　이 사람은 선한 해커였다. 그는 목표를 달성하려고 나를 조종하지 않았다. 그는 단 몇 초 안에 여러 작업을 수행함으로써 라포르를 형성했다. 우선 자신과 내가 보안 전문가로서 동종 업계 종사자임을 확고하게 밝혔다. 그는 은연중에 자존심을 내려놓고 나의 권위를 세워주었다. 그러고는 나에게 의미 있고 사려 깊은 선물을 해주었다. 나의 뇌에 옥시토신이 미시시피 강처럼 힘차게 솟구쳐서 그의 소원을 들어주고 **싶게 하는** 여건을 조성했다. 내가 소원을 들어주자 그는 자신을 만난 것이 나에게 잘된 일이 되도록 하고서는 제 갈 길을 갔다.

　이 사람은 잔뼈 굵은 해커를 해킹했다. 이 모든 것은 친절의 기예를 숙달한 덕분이다. 라포르 형성을 꾸준히 연습하면 나 같은 사람도 해킹할 수 있다. 그러지 못하더라도, 당신은 원하는 것을 얻고 주변 사람들은 당신을 만나서 훨씬 행복해질 것이다. 이 사소하지만 중요한 기법을 통해서 당신은 공동체를 구축하고 우리의 분열된 세상을 치유하는 데에 이바지할 것이다.

제4장

도와주고 싶은 사람이 되어라

미묘하고 부드럽게 유도하여
사람들이 당신에게 동의하고 행동하도록 하고
원하는 것을 얻어라

벤저민 프랭클린은 말했다. "설득하려면 이성보다는 이익에 호소해야 한다."[1] 영향력 행사란 남들이 바람직하게 행동하거나 생각하는 일이 쉬워지도록 만드는 과정이다. 이 장의 7가지 원칙을 숙달하면 금세 논쟁에서 이기고 친구를 사귀고 남들이 당신의 희망에 부응하도록 설득할 수 있다.

나는 어떤 기업 본사의 주차장에 서 있었다. 목표는 건물 안에 들어가 임원실에 잠입하는 것이었다. 내가 정문에 다가가는데, 번쩍거리는 신형 BMW Z3 스포츠카를 탄 남자가 나를 쌩 하고 지나쳐서 임원 주차장에 들어갔다. 그는 블루투스 헤드셋으로 통화를 하고 있었으며, 얼굴을 찌푸리고 팔을 휘젓는 것으로 보건대 심기가 무척 불편한 채로 누군가와 입씨름을 벌이는 듯했다. 나는 생각했다. '흠. 저 차 옆을 천천히 걸어가면서 저 사람이 무슨 말을 하는지 들어봐야겠군.' 그렇다고 해서 너무 천천히 걸을 수는 없었다. 그랬다가는 수상하게 보일 테니까. 그러나 나는 서류를 몇 장 가지고 있었기에(밑밥의 일환이었다) 서류를 읽는 척하면서 꽤 천천히 걸을 수 있었다. 차 앞을 지나칠 때에 내가 알아들을 수 있었던 것은 다음 문장이 전부였다. "정말이지 오늘은 하고 싶지 않아. 많은 사람들에게 상처를 줄 테니까." 무슨 일이 일어나고 있는 거지? 누군가를 해고할 작정일까? 대량 해고가 일어나는 걸까? 나쁜 소식을 발표해야 하는 걸까?

나는 계속해서 현관을 통과하여 안으로 들어가서 안내 데스크 쪽으로 다가갔다. 안내 직원 앞의 모니터가 기울어져 있었는데, 그녀가 무엇을 보고 있는지 간신히 보였다. 세상에나! 그녀는 비디오 게임을 하고 있었다. 그 찰나에 나는 휴먼 해커 모드에서 벗어나서 상대방을 걱정하는 평범한 사람처럼 행동했다. 화나고 흥분한 임원이 들어와서 그녀가 비디오 게임을 하는 모습을 본다면 어떻게 되겠는가. 그래서 나는 그녀에게 말했다. "이봐요, 제가 여기 온 용건을 말하기 전에 알려드리고 싶은 것이 있어요. 바깥 주차장에서 내가 당신 상사를 본 것 같은데 심기가 무척 불편해 보이더군요. 그가 당신 모니터를 보면 엄청 화를 낼 거예요."

그녀는 게임을 중단하고 공손하게 나를 돌아보며 말했다. "무엇을 도와드릴까요?" 바로 그때 성난 임원이 걸어 들어왔다. 그가 씩씩거리며 안내 데스크를 지나치다가 말했다. "베스, 내 방으로 와요."

그녀가 따라가려고 일어서서는 나를 돌아보며 입 모양으로 말했다. "고마워요!" 그 순간 나는 "휴먼 해킹" 모자를 다시 머리에 썼다. 일이 잘 끝나리라는 예감이 들었다.

나는 자리에 앉아서 그녀가 돌아오기를 기다렸다. 6-7분 후에 그녀가 조금 허둥거리며 다시 나타나서는 말했다. "이런, 죄송해요. 기다리실 줄 몰랐어요."

내가 말했다. "아, 괜찮아요. 당신이라면 저를 도와주실 거라고 생각했어요. 그래서 기다리는 것이 낫겠다 싶었죠."

그녀가 자리에 앉으며 물었다. "우리 어디까지 이야기했죠?"

내가 말했다. "아, 제가 인사위원회 회의에 늦어서 들여보내주시려고 했잖아요."

그녀가 나를 쳐다보면서(지그시 정면으로 응시했다) 거짓말하는 거 다 안다는 표정을 지었다.

나는 시계를 보며 한숨을 쉬었다. "이런, 정말 늦어버렸군."

그녀가 말했다. "저런, 그렇네요." 그러고는 버저를 눌러서 나를 들여보내주었다.

이 사소한 조우의 결과로 동료들과 나는 이 회사를 모조리 해킹할 수 있었다. 우리는 **모든 것**(그들의 모든 자료와 문서)에 접근할 수 있었다.

내가 쓴 방법은 라포르 형성이 아니었다. 그럴 시간도 없었거니와 확실히 정해진 밑밥을 제시할 수도 없었다. 나는 전문 휴먼 해커들이 연장통에 늘 가지고 다니는 또다른 도구로 직행했다. 바로, 영향력 행사의 원리이다. 밑밥 깔기와 라포르 형성만으로도 상대방이 우리가 바라는 대로 행동하도록 유도하는 데에 충분할 수 있지만, 그 두 가지는 영향력을 행사하기 위한 주도면밀한 시도의 전주곡인 경우가 더 많다. 노모를 돌볼 비용을 누나와 분담하려고 하거나 대형 프로젝트를 성사시키기 위해서 직원들의 의욕을 고취해야 한다면, 일단 대화를 시작한 후에는 누나 또는 직원들이 긍정적으로 답변할 가능성을 높이기 위해서 구체적이고 전략적인 방식으로 당신의 요구 사항을 표현해야 할 것이다. 전문 해커는 이 과정을 요행이나 감에 맡기지 않는다. 그들은 인간 심리의 과학에 뿌리를 둔 입증된 기법을 동원한다. 이 기법들은 어찌나 강력한지 마인드 컨트롤처럼 보일 정도이다. 사실 해커들은 필요하다면 밑밥 깔기와 라포르를 생략하고, 내가 앞의 사례에서 한 것처럼 영향력만을 행사하여 원하는 것을 얻을 수 있다.

내가 안내 직원에게 구사한 기법은 상호주의라고 부른다. 이는 앞 장에서 설명한 라포르 형성 기법들 중에 "주고받기"와 비슷하지만 둘 사이에는 중요한 차이점이 있다. "주고받기"는 일반적이다. 당신은 상대방에 대해서 잘 모르기 때문에, 누구나 좋아하는 작은 선물을 주면서 상대방도 유익한 무엇인가를 해주기를 기대한다. 목표는 그들의 호감을 얻어서 미래의 어느 순간에 그들을 특정한 방향으로 유도하는 것이다. 반면에 상호주의는 이미 영향력 행사의 순간에 도달한 상황에서 구사되며, 이때의 이타적인 행동은 상대방에게 적절하고 자연스러워 보이는 선의의 행동을 그에게서 이끌어낼 수 있도록 예리하게 조준되어 있다. 당신은 관심인에 대해서, 그가 무엇을 중시하는지에 대해서 무엇인가를 알고 있다. 당신은 임박한 요청을 의도적으로 준비하여 상대방에게 이 귀중한 선물을 줌으로써 그들이 빚진 느낌 때문에 당신의 요청에 호응하도록 한다.

이번 해킹에서 내가 염두에 둔 목표는 안내 직원이 나를 건물 안에 들여보내주도록 하는 것이었다. 나는 주차장에서 본 임원이 그녀의 상사라고 넘겨짚어서 그녀에게 귀중할 듯한 무엇인가, 즉 게임하고 있던 것을 들키지 않을 기회를 주었다. 믿기 힘들지도 모르겠지만 나는 최종 목표를 염두에 두지 않은 채 이타적으로 그 선물을 건넸다. 단지 충동적으로 그녀를 도운 것이다. 그러나 내가 우연히 그녀에게 완벽한 선물을 준 덕분에 나의 임박한 요청을 들어주는 것이 그녀에게 적절하고 자연스러워 보이리라는 생각이 문득 떠올랐다. 이제 나는 원하는 것을 요청하여 긍정적인 답변을 얻을 수 있었다. 무심결에 상호주의 작용의 방아쇠를 당긴 것이다.

당신도 상호주의를 비롯한 영향력 원리들을 이용하여 사람들의 마음을 사로잡고 그들이 당신을 위해서 행동하도록 유도할 수 있다. 어쩌면 바로 지금 일상생활에서 무의식중에 이 원리들을 실천하고 있을지도 모른다. 이 기술들을 갈고닦아서 의도적으로 구사한다면 무슨 일이 일어날지 상상해보라. 반대로 남들이 영향력을 행사하려고 할 때에 그들의 주문에서 풀려나서 정보에 입각하여 당신에게 가장 유리한 판단을 내릴 수 있다면 얼마나 근사할지도 상상해보라.

당신의 삶을 바꿀 7가지 원리

내가 활용하고 가르치는 영향력 원리들은 하나만 제외하고는 나의 독창적인 발상이 아니라 로버트 치알디니의 고전 『설득의 심리학*Influence*』에서 따왔다.[2] 나는 그 책을 접하기 전에도 이 원리들을 직관적으로 실천했지만, 그때에는 내가 하는 일을 어렴풋하게 인식했을 뿐이었다. 치알디니는 이 원리들을 명료하게 다듬었으며 그 이면의 과학을 나에게 소개했다. 그의 노고에 빚진 바 크다. 휴먼 해킹의 대가가 되려면 치알디니의 책과 더불어서 이 책 뒤쪽에 소개된 다른 저자들의 책도 읽어보기를 바란다. 자, 이제 다음의 7가지 핵심적인 영향력 원리를 일상생활의 의사소통에 접목하여 기술을 연마하고 그 결과를 확인해보라.

원리 1 : 상호주의

방금 설명한 상호주의 원리를 보충하면서, 스스로의 껍데기를 깨고 나와서 관심인에게 주의를 기울이는 일이 얼마나 중요한지 강조하고자 한다. 성경에 나오는 황금률은 자신이 대접받고 싶은 대로 남을 대접하라는 것이다. 상호주의를 적용하려면 기업인이자 저술가인 데이브 커펜이 "백금률*platinum rule*"이라고 부르는 것을 실천해야 한다. 즉, 상대방을 그들의 소망에 부합하도록 대접하는 것이다.[3] 상대방이 당신에게 빚진 느낌을 받도록 하므로 중요한 것은 상대방의 주관적인 틀이지 당신의 틀이 아니다. 어떤 선물을 주어야 상대방이 당신에게 고마운 마음이나 빚진 느낌을 가질 만큼 귀하게 생각할지 생각해보라.

선물이 비싸거나 근사하지 않아도 된다는 사실을 명심하라. 때로는 직접 만든 물건이나 사려 깊은 행동이 사람들에게 가장 귀중할 수도 있다. 그리고 선물과 부탁은 둘 다 매우 미묘한 작용을 일으킬 수 있다. 예컨대 내가 질문을 하면 상대방에게는 대답해야 할 "의무"가 생긴다. 내가 정보를 알려주면 상대방은 나름의 정보로 보답해야 할 의무감을 느낄지도 모른다. 상대방의 농담에 웃어주면 상대방도 당신의 농담에 웃어야 할 의무감을 느낄 것이다. 누군가를 위해서 문을 붙잡아주면 상대방도 당신에게 신사적인 행동을 해야 할 의무감을 느낄지도 모른다.

앞의 사례에서 내가 안내 직원에게 준 "선물"은 내가 상상도 못한 정도로 그녀에게 완벽한 것으로 드러났다. 사건이 일어나고 몇 주일 후에 그녀를 비롯한 회사 사람들에게 우리의 침투에 대해서 보고하면서, 나는 그녀에게 왜 나를 들여보내주었느냐고 물었다. 그녀가 말했다. "업무가 하도 따분해서 안내 데스크에서 컴퓨터 게임을 하다가 질책당한 일이 벌써 3번이었거든요. 당신 덕분에 다시 한번 질책당할 위기를 넘겼어요. 그날 제 상사의 심기가 불편했기 때문에 더더욱 고마웠고요. 제가 돌아왔을 때에 당신은 제가 이미 당신을 들여보내주려던 참이었다고 말했잖아요. 그때 저는 그 말이 사실이 아닌 것을 알았지만, 당신 덕분에 망신당할 위기를 넘겼다는 점을 생각했어요. '그래, 이 친절한 신사가 나쁜 사람일 리 없어.' 그래서 들여보내기로 한 거예요." 내가 우연히 준 선물은 나에게는 사소한 것이었지만(나의 시간을 몇 분 잡아먹었을 뿐이었다) 그녀에게는 회사의 중요한 보안 규정을 어길 만큼 귀중했다. 그녀는 무엇인가 미심쩍은 구석이 있음을 알았지만 나의 부탁을 들어주는 것이 자연스럽다고 느꼈다. 심지어 어떤 정도는 그래야 할 의무감을 느꼈을지도 모른다.

누군가에게 부탁할 계획이라면 상대방이 필요로 하거나 원하는 것이 무엇인지, 당신의 부탁에 알맞은 부채감이나 의무감을 불러일으킬 수 있는 선물이 무엇일지 미리 생각하라. 관심인이 무엇을 중요시하는지 잘 모르겠다면 그들을 면밀히 관찰하면서 그들이 털어놓는 "압통점^{壓痛點}(당신이 적당한 시간, 노력, 비용을 들여서 해결해줄 수 있는 문제)"에 귀를 기울여라. 단, 선물이 기존 라포르 수준보다 과하면 역효과가 일어날 것이다. 일상적인 관계에서 상호주의를 구사하면 관계의 상승 작용을 일으킬 수 있다. 선물을 주면 당신의 부탁에 대한 긍정적 반응을 끌어내어 나중에 당신이 더 귀중한 선물을 통해서 더 큰 부탁을 할 수 있는 길을 닦을 수 있다. 말하자면, 서로 선물을 주고받으면서 점차 높은 수준의 라포르를 쌓아갈 수 있는 것이다. 당신은 당신을 만난 것이 사람들에게 잘된 일이 되도록 했으며 이를 통해서 그들의 마음속에 긍정적인 인상을 남겼다. 이제 사람들이 당신을 더 좋아하게 되었기 때문에 당신은 선물과 부탁의 규모를 키울 수 있다.

우리가 휴가를 갈 때에 이웃이 우리 집을 봐주고 내가 그 보답으로 그의 집을 봐주면 우리 사이에는 일정한 수준의 선의와 신뢰가 쌓여서 더 큰 호의(이를테면 인터넷이 먹통일 때에 몇 시간을 들여서 원인을 찾아주는 짓)를 베풀고 그 대가로 비슷한 호의를 요구할 수 있게 된다. 시간이 흐르고 관계가 발전함에 따라서 우리는 귀한 선물을 주고받거나 주말에 상대방의 애완동물을 봐주는 단계에 이를지도 모른다. 반면에 우리가 처음 만났을 때에 내가 이웃에게 우리 개 랠피를 봐달라고 부탁했다면 그 부탁은 수상하고 주제넘은 것으로 여겨졌을 것이며 불신을 자초하여 미래의 협력 가능성을 오히려 낮출 것이다. 부탁을 할 작정으로 거창한 선물을 주었어도 마찬가지이다. 상대방은 선물을 미심쩍게 생각하고 무엇인가 커다란 꿍꿍이가 있을 것이라고 의심했을 것이다.

여기에서 설명하는 영향력 원리는 **모두** 상대방의 마음속에 긍정적인 감정을 불러일으켜서 기본적인 라포르 수준을 높이고 더 큰 영향력을 행사할 수 있도록 한다. 따라서 라포르와 영향력은 상승 작용을 일으킨다. 라포르를 더 많이 형성할수록 더 큰 영향력을 행사할 수 있으며, 더 큰 영향력을 행사할수록 라포르가 더 많이 형성된다.

원리 2 : 양보

수년 전 우리 가족은 동물보호 단체인 휴메인 소사이어티로부터 강아지 로건을 입양했는데, 그후로 기부를 요청하는 전화를 받았다. 전화를 건 여성이 물었다. "로건은 어때요? 여전히 건강한가요?" 내가 로건은 건강하며 안부를 물어봐주어서 고맙다고 말하자, 그녀는 자신의 단체에서 돌보는 동물들을 위한 연간 기금 마련 행사차 모금을 하고 있다고 말했다. "선생님 이웃 주민들은 대부분 오늘 200달러를 후원하셨어요."

내가 말했다. "와, 200달러면 꽤 큰 돈인데요."

그녀가 말했다. "네, 그렇죠. 요즘 경제가 어려우니 50달러만 후원하셔도 큰 도움이 될 거예요. 해주실 수 있겠어요?"

"글쎄요, 40달러까지는 낼 수 있을 것 같은데, 그래도 괜찮을까요?"

그녀가 말했다. "물론이죠. 지금 신용카드로 후원하시겠어요, 아니면 수표로 하시겠어요?"

그녀가 전화를 걸어 처음에 금액을 200달러로 제시하지 않았다면 나는 40달러를 후원하지 않았을 것이다. 우리 강아지를 키우는 것으로 이미 나의 몫을 하고 있다고 생각했을 테니까. 체면치레로 10달러쯤 기부했을지도 모르겠다. 고액을 불렀다가 적은 금액으로 양보함으로써 그녀는 내가 그녀에게서 무엇인가를 얻어내고 거래를 유리하게 이끌었다고 느끼게 했다. 덕분에 나는 그녀에게 양보하여 40달러를 기부하는 것이 더 자연스럽게 느껴졌다.

황금률이 거의 모든 경우에 적용된다는 점에서 알 수 있듯이 우리 인간은 자신이 대접받은 대로 남을 대접한다는 개념을 좋아한다(우리가 실제로 늘 그렇게 하는지는 별개 문제이지만).[4] 이 개념은 앞에서 설명한 상호적 선물 증정을 훌쩍 뛰어넘는다. 누군가가 우리에게 무엇인가를 양보하면 우리는 그들에게 무엇인가를 양보하고 싶은 생각이 더 커진다. 게다가 사회심리학 연구에서 입증되었듯이 약소한 부탁을 일단 들어주면 그와 관련된 다른 부탁도 들어줄 가능성이 커진다. 이는 "문간에 발 들여놓기" 기법으로 알려져 있다.[5] 따라서 호응을 이끌어낼 수 있는 유용한 방법은 처음에 양보 수법을 이용하여 관심인이 비교적 작은 요청을 수락하게 한 다음, 상호 신뢰와 라포르가 형성됨에 따라서 요청의 범위를 점차 넓히는 것이다. 나는 휴메인 소사이어티에 40달러를 후원하는 데에 동의했으므로 이후에 60달러나 75달러의 요청을 받더라도 수락할 가능성이 커졌다. 이것이 그들의 최종 목표라면 말이다.

또다른 수법은 관심인에게는 귀중해 보이지만 당신에게는 귀중하지 않은 무엇인가를 양보하는 것이다. 휴메인 소사이어티는 모금 목표 금액을 1인당 25달러로 정했을지도 모른다. 200달러에서 출발하여 160달러를 양보한 것은 효과적인 전략이었다. 이 기법을 구사하기 전에 당신이 할 수 있는 양보의 목록을 작성하고 당신이 얻어내려는 양보와 비교하여 최종 결과가 당신에게 이익이 되도록 하라.

자녀 양육에 양보를 활용하지 않는 것은 눈앞의 기회를 놓치는 꼴이다. 우리 아들 콜린은 여덟 살 때에 독립을 선언하며 아침 식사를 거부했다. 내가 빌고 어르고 으박질러도 꿈쩍하지 않았다. 심지어 아침 먹을 시간이 나지 않도록 일부러 늦게 일어나서 버스가 도착하기 직전에야 등교 준비를 끝내기까지 했다. 그러던 어느 날 아침 꾀가 떠올랐다. 나는 아이를 깨워서 이렇게 말했다. "콜린, 오늘 아침에는 선택권을 줄게. 달걀, 시리얼, 오트밀 중에 무엇을 먹고 싶어?"

아이는 잠시 생각하더니 이렇게 말했다. "오트밀 먹을래." 그렇게 나는 승리를 거두었다. 나는 통제권을 포기하고 아이에게 선택권을 부여하여 아이가 독립성을 표현할 기회를 줌으로써 내가 무엇인가를 양보하는 것처럼 보이게 했다. 그 보답으로 아이는 나에게 무엇인가를 양보했다. 아침으로 오트밀을 먹기로 한 것이다. 나의 관심사는 오로지 아이가 아침을 먹느냐 마느냐였다. 무엇을 먹느냐는 중요하지 않았다. 나는 휴메인 소사이어티가 나에게 써먹은 방법을 아이에게 써먹었다. 나는 아이에게 선택권을 주었지만, 실은 아이가 무엇을 선택하든 나의 승리임을 알고 있었다. 두 경우 모두 양보를 구사하는 사람은 자신이 원하는 것에 관심인이 자발적으로 동의하게 했으며 그것이 관심인에게 잘된 일이 되도록 했다.

원리 3 : 희소성

사회심리학자 티머시 C. 브록에 따르면 "모든 재화의 가치는 입수 가능성에 반비례한다."[6] 말하자면 희귀품은 귀중품이다. 휴먼 해커들은 소비자 행동 이면의 심리를 설명하는 이 간단한 원리를 동원하여 표적을 원하는 결과 쪽으로 움직인다. 당신도 할 수 있다. 제품을 팔고 싶은가? 제한된 시간 동안만 판매한다고 말하라. 상대방이 당신에게 속내를 털어놓기를 바라는가? 이 문제를 누구와도 이야기하기가 망설여진다고, 오직 상대방하고만 이야기하고 싶다고 말하라. 나는 클라이언트와의 면담을 준비할 때에 언제나 희소성을 이용한다. 나의 스케줄이 비어 있으니 원하는 날짜와 시각을 마음대로 고를 수 있다고 말하는 것이 아니라, 1주일 중에서 비교적 짧은 기간을 두어 개만 제시하여 그중에서 고르게 하는 것이다. 이렇게 하면 내가 엄청나게 바쁘고 나의 시간(따라서 우리 팀 전체의 시간)이 귀중하다는 인상을 줄 수 있다. 그러면 클라이언트는 몸이 더 달아오른다. 나는 거짓말을 하지는 않았다. **정말로** 무척 바쁘니까. 그 사실을 부각하기 위해서 스케줄을 정할 때에 제약을 두기로 했을 뿐이다.

원리 4 : 일관성

우리 인간은 일상의 현실에서 일관성을 경험하고 싶어하며, 이를 안정감, 지혜, 자신감과 연관 짓는다. 연구에 따르면, 일관성 있게 행동하면 인지적인 신뢰를 쌓는 데에 도움이 된다(정서적 신뢰와 혼동하지 말라).[7] 재계를 예로 들자면 컨설팅 회사 매킨지의 직원들은 "고객 만족의 3가지 C"를 표방하는데, 그것은 "일관성consistency, 일관성, 일관성"이다.[8] 당신에게 자녀가 있다면 이 원리가 고객 응대에만 해당하는 것은 아님을 알 것이다. 방에 들어가보니 귀한 유리 꽃병이 산산조각 난 채 바닥에 널브러져 있고 아이가 옆에 서 있다고 해보자. 당신이 "네가 꽃병을 깼니?"라고 묻자 아이는 "아니, 나 아니야"라고 말한다. 1미터 옆에 아이의 공이 놓여 있고 10분 전만 해도 공은 여기에 없었으며 집 안에서 아이가 무엇인가를 던지는 소리가 났는데도 아이는 여전히 자기가 꽃병을 안 깼다고 말한다. "방에 들어와보니 깨져 있었어." 아이들은 늘 이런 변명을 일삼으며, 오로지 자신의 원래 이야기에 일관성을 부여하려고 얼토당토않은 거짓말을 지어내기까지 한다.

일관성에 대한 욕구는 일상생활에서 쉽게 활용할 수 있다. 이를테면 사람들의 행동 중에서 당신이 좋아하는 것에 보상을 제공함으로써 그들의 일관성 유지 충동을 강화하라. 우리 아들 콜린이 아침 식사로 오트밀을 먹기로 했을 때에 나는 승리를 거두었지만 이 성공은 시작에 불과했다. 녀석이 날마다 아침을 먹도록 구슬릴 방법이 필요했다. 내가 쓴 수법은 아이의 내적 일관성 충동이 강화되도록 아이의 행동에 보상을 제공하는 방법이었다. 나는 아이에게 만족했음을 숨기지 않고 아이가 먹고 싶은 대로 오트밀을 만들어주겠다고 제안했으며 심지어 단맛을 내기 위해서 메이플 시럽까지 넣었다. 콜린은 이제 오트밀을 싫어한다. 나의 해킹 기술과 녀석의 내적 일관성 충동 때문에 당시 1년 내내 매일 오트밀을 먹었기 때문이다. (해커를 부모로 두면 삶이 편할 것 같으냐고? 콜린에게 물어보라. 결코 아니라고 답할 것이다!)

기업은 일관성 원리를 언제나 활용하는데, 가장 대표적인 것이 마일리지 서비스이다. 스타벅스는 고객이 모닝커피에 "습관"을 들이면 그후로도 그 습관을 유지한다는 것을 안다. 그들은 습관을 강화하기 위해서 고객이 커피를 살 때마다 포인트를 지급하며, 아침 식사로 샌드위치를 곁들여서 주문하는 등 다른 습관을 발전시키면 포인트를 더 많이 지급한다. 당신도 나름의 보상 체계를 만들어서 주변 사람들이 당신이 좋아하는 방식으로 일관되게 행동하도록 할 수 있다. 자녀의 미술 근육을 발달시켜주고 싶은가? 그림을 칭찬하고 벽에 걸어라. 얼마 안 가서 감당 못할 정도로 그림이 많아질 것이다. 배우자와 더 많이 소통하고 싶다면 다짜고짜 소통을 요구하지 말라. 배우자가 오늘 하루에 대해서 이야기를 꺼냈을 때에 능동적으로 경청하고 질문을 던지며 당신의 관심으로 "보상"하라. 이야기가 끝나면 포옹의 형태로 두 번째 보상을 제공하라. 이 두 가지 행동으로 꾸준한 경향을 만들어낼 수 있다.

대화 중에 상대방을 원하는 방향으로 유도하는 데에도 일관성을 이용할 수 있다. 처음에 쉬운 질문을 던져 "예"라는 답을 얻어낸다면, 상대방이 당신의 부탁을 들어줄 가능성이 커진다. 그들은 당신이 정말로 원하는 것에도 긍정적으로 답변하고 싶어하는데, 그 이유는 자신의 대답이 자신에게나 남들에게나 일관성 있게 보이기를 바라기 때문이다. 누군가가 당신의 부탁을 들어주었다면 그들이 그것을 명시적으로 표현하도록 하라. 직원에게는 이렇게 말할 수 있을 것이다. "확실히 해두고 싶어서 그러는데, 우리가 결정한 목표가 무엇인지, 그 프로젝트들을 언제까지 완수할 것인지 다시 말해줘요." 직원이 자발적으로 행동을 취하고 이를 당신에게 말로 표현한다면, 그는 일관성을 유지하려는 심리적인 욕구 때문에 이후로도 지시를 따르고 반발하지 않으려는 성향이 커진다.

원리 5 : 사회적 증명

사람들은 남들이 "좋다"거나 바람직하다고 믿는 행동이나 생각을 자신도 그렇게 받아들이는 경향이 있다. 학자들은 연구 실험을 통해서 선행, 쓰레기 투기, "심지어 자살할 것인지, 한다면 어떻게 할 것인지"를 비롯한 다양한 행동에서 사회적 증명의 위력을 입증했다.[9] 휴먼 해커들은 또래 압력을 이용하여 "표적"에게 영향을 미친다. 또한 표적과 비슷한 모습으로 꾸며서 표적이 요구를 들어주는 것을 더 편안하게 느끼도록 한다. 그러면 표적은 자신이 외부인을 돕는 것이 아니라 내부인을 돕는다고 생각한다.

나의 수강생들은 이런 기법을 이용하여 라스베이거스 쇼핑몰에서 낯선 사람들로부터 개인 정보를 얻어냈다. 4명으로 이루어진 팀의 수강생 하나는 식당가에서 아이패드를 든 채 앉아서 유능한 애플 스토어 앱 개발자 행세를 했다. 그는 아직 출시되지 않은 새 게임을 개발하고 있는 척했다(그는 쇼핑몰에 도착하기 전에 아동용의 간단한 게임 개발 앱을 잽싸게 내려받았다). 그는 쇼핑몰에 있으면서 사람들에게 앱을 시범적으로 써보고 피드백을 줄 수 있겠느냐고 물었다. 앱을 써보려면 사람들은 이름, 주소, 생년월일을 남겨야 했다. 이 수강생이 단순히 행인들에게 앱을 써보라고 홍보했다면 기껏해야 몇 명밖에 끌어들이지 못했을 것이다. 그러나 그는 팀의 나머지 수강생 3명이 앱을 써보려고 줄을 서서 기다리는 행인으로 행세하게 했다. 이것만으로도 지나가는 사람들의 호기심을 끌었는데, 이 3명은 게임을 하는 척하면서 "끝내주는군"이라며 요란하게 탄성을 질렀다. 그들은 요청을 받자 소위 앱 개발자에게 흔쾌히 개인 정보를 내어주었다. 식당가에 있던 사람들은 이 광경을 보고 자기들도 줄을 서서 개인 정보를 기꺼이 넘겼다. 남들도 하니까 "안전해" 보인 것이다. 이것은 사회적 증명 원리를 멋들어지게 보여주는 사례이다.

제대로 이용한다면 사회적 증명은 망설이는 사람들이나 냉소적인 사람들조차도 당신의 요청에 호응하도록 분위기를 조성할 수 있다. 한번은 내가 보안 시설에 들어가려는데 경비원이 서명하라며 나에게 클립보드를 건넸다. 클립보드를 훑어본 나는 그날 아침에 서명한 사람 중에 폴 스미스라는 남자가 있다는 사실을 알아냈다. 나는 신분증을 깜박한 것을 알아차린 시늉을 하면서 경비원에게 클립보드를 돌려주고는 사과한 다음에 나중에 제대로 된 신분증을 가지고 돌아오겠노라고 약속했다. 그러고는 나가는 길에 지나가는 말로 그의 이름을 물었다. 물론 나는 제대로 된 신분증을 가지고 돌아가지 않았다. 이튿날 다른 경비원에게 다가갔다. 내가 말했다. "안녕하세요, 제 이름은 폴 스미스예요. 어제 여기 왔었는데, 짐이라는 경비원에게 보안 수속을 밟았어요. 서류를 다 작성했더니 들여보내주더군요." 경비원은 나의 신분증을 확인하지 않은 채 나를 들여보냈다. 그에게는 내가 자기 동료의 이름을 언급하며 제시한 사회적 증명만으로도 충분했다.

원리 6 : 권위

우리는 대부분 권위자를 존경하도록 사회화되어 있다. 심리학자 스탠리 밀그램이 예일 대학교에서 실시한 고전적 연구에서, 피험자들은 처벌이 학습 능력에 어떤 영향을 미치는지를 전문가들이 이해하도록 돕는다는 밑밥하에 다른 사람에게 전기 충격을 가하라는 지시를 받았다. 연구자에게 부추김을 당한 피험자들은 실험이 진행될수록 점차 강한 전기 충격을 "처벌"로서 가했다. 밀그램은 권위자가 재촉할 때에 사람들이 타인에게 어느 정도까지 고통을 가할 수 있는지 알고 싶었다. 40명의 피험자들 중의 대부분(26명)이 실험 종료 시까지 충격을 가했는데, 끝에 가서는 "위험 : 극심한 충격"이라고 표시된 수준을 훌쩍 넘겼다. 밀그램은 이 실험을 통해서 "복종 성향의 순수한 위력"을 확인할 수 있다고 주장했다. "피험자들은 어린 시절부터 타인의 의사에 반해서 그에게 고통을 가하는 일은 도덕 규칙에 근본적으로 위배된다고 배웠다. 그러나 26명의 피험자들은 권위자가 지시하자 이 신조를 저버렸다. 권위자에게 명령을 강제할 특별한 권한이 없었는데도 말이다."[10]

스캐머는 사람들을 속일 때에 경찰이나 국세청 직원 등을 사칭하면서 권위 원리를 즐겨 이용한다. 연방거래위원회 조사에 따르면, 2019년 1월부터 5월 사이에 사회보장국 직원을 사칭한 스캠은 6만5,000건에 육박했으며 보건복지부 직원을 사칭한 스캠도 2만 건에 달했다.[11] 오싹하지 않은가? 일상생활에서 권위 원리를 이용하여 상대방을 속이고 싶은 사람은 없을 테지만, 이를 미묘하게 활용하면 설득력을 높일 수 있다. 사장에게 자신을 채용해달라고 설득하고 싶다면 목소리를 약간 내리깔거나 직무에 적합한 세련된 어휘를 써서 영향을 미칠 수 있다. 이 두 가지 수법을 이용하면 지식 측면에서 권위가 있음을 암시할 수 있기 때문이다. 고객 상담원과의 분쟁을 해결하고 싶을 때에는 자신이 그 회사의 제품을 오랫동안 이용했음을 언급하면서 제품에 대해서 잘 아는 듯한 뉘앙스를 풍기면 상담원은 당신의 불만을 더 진지하게 받아들일 것이다. 귀중한 고객으로서의 "권위"가 확립되었기 때문이다.

라스베이거스 쇼핑몰에서 사람들의 개인 정보를 얻어낸 나의 수강생들을 기억하는가? 나는 다음번 수업에서 새로운 수강생들에게 이것보다 더 효과적인 방법을 구사하라는 과제를 냈다. 그들은 임무에 성공했는데, 이번에는 권위 원리를 동원한 덕분이었다. 한 무리의 수강생들이 술집에 들어가서 그날 밤 공연하기로 되어 있는 밴드의 리드 싱어에게 다가갔다. 수강생 하나가 싱어에게 자신들이 연구를 수행 중인 학생이며 최대한 많은 사람들을 대상으로 조사를 진행해야 한다고 말했다. 설문의 문항은 대부분 가짜였지만 마지막 몇 가지는 수강생들이 얻어야 하는 개인 정보, 즉 이름, 주소, 생년월일을 묻는 질문들이었다. 리드 싱어는 도와주겠다고 대답했다. 그날 밤 밴드가 공연하는 중간에 수강생 한 명이 싱어의 허락하에 무대에 올라가서는 마이크를 쥐고 말했다. "리드 싱어 조가 방금 저희 대학원 과제 조사를 도와주었습니다. 조는 여기 모인 모든 분들도 저를 도와주시기를 바랍니다." 리드 싱어가 맞장구쳤다. "그래요, 이 친구를 도와주세요!" 얼마 지나지 않아서 손님 수십 명이 줄을 서서 설문을 작성했다. 이는 그 상황에서의 권위자였던 리드 싱어의 부탁 때문이었다.

원리 7 : 호감

사람들은 자신과 비슷한 사람을 좋아하지만(앞 장에서 설명한 파벌주의), 자신을 좋아해주는 사람은 그냥 좋아하는 것이 아니라 **정말로 좋아한다.**[12] 당신이 누군가를 좋아하여 둘 사이에 존재하는 라포르 수준에 걸맞은 순수한 관심, 배려, 친근함을 발휘한다면 그들도 당신을 좋아할 것이며 당신을 행복하게 해주기 위해서 노력할 것이다. 물론 당신이 관심인을 좋아한다고 해서 관심인도 당신을 좋아하리라고 보장할 수는 없다. 그들을 칭찬하고 어떻게 지내는지 묻고 그들을 좋아한다고 말함으로써 당신이 그들을 얼마나 좋아하는지 보여주더라도, 몸에서 냄새가 나거나 격식을 갖추어야 하는 자리에 후줄근한 옷차림으로 나타나거나 불쾌하고 방어적인 태도를 취하면 관심인은 당신을 좋아하지 않을 것이다. 당신의 몸짓언어와 옷차림이 그들에게 반감을 일으켰기 때문이다. 그러므로 누군가를 좋아하는 것 이외에도, 어떤 방해도 없이 상대방이 당신을 좋아하고 당신의 부탁에 긍정적으로 반응하도록 앞서 말한 요소들을 이용하여 "백지 상태"를 만들어야 한다.

그러나 당신이 좋은 향기를 풍기고 적절한 옷을 차려입고 부적절한 몸짓언어를 삼가고 호감도를 높일 그밖의 조치를 취했더라도 관심인이 당신의 호감 표현에 호응하지 않을 수도 있다. 나는 어떤 건물에 침투하려다가 보기 좋게 실패한 적이 있는데, 당시에 나는 안내 직원에게 다가가서 책상 위에 놓인 여러 사진 액자들 중에서 하나를 보면서 그녀를 칭찬했다. 한 사진에서 그녀는 비키니 차림의 10대 딸 두 명과 해수욕장에서 휴가를 보내고 있었다. 나는 이렇게 말했다. "우와, 사진 속 따님들이 근사하네요." 나의 말은 그녀에게 호감을 표시하려는 선의의 칭찬이었지만, 그녀는 사나운 눈빛으로 나를 쏘아보았다. 낯선 사람이 자기 딸의 거의 벗다시피 한 몸을 훑어보았다는 사실이 소름 끼쳤던 것이다. 들여보내달라는 부탁은 꺼내지도 못했다. 나는 퇴각한 후에 다른 팀원을 대신 보냈다. 그때 일은 내가 전문 해커로서 겪은 가장 곤혹스러운 순간 중의 하나이다.

어떤 실수도 저지르지 않으려고 꼼꼼히 노력했는데도 관심인이 **여전히** 당신을 좋아해주지 않을 수도 있다. 걱정 말라. 당신 때문이 아니라 그들 때문일지도 모르니까. 우리 아내의 지인 중에는 남자에게 끔찍한 학대를 당한 사람이 있었다. 그 남자는 나와 매우 비슷하게 생겼다. 키도, 몸집도, 머리카락 색깔도 같았다. 아내의 지인은 그 남자에게 어찌나 시달렸던지 내가 1-2미터 옆에 접근할 때마다 소스라치게 놀랐다. 내가 한껏 미소를 짓고 위협적으로 보이지 않으려고 고개를 뒤로 젖히고 좋은 향기를 풍기고 그녀에게 찬사를 퍼붓고 심지어 좋아한다고 대놓고 말했는데도 전혀 소용이 없었다. 그녀는 나를 좋아해주지 않았다. 당신이 모든 노력을 다했는데도 상대방의 호감을 얻지 못했다면 그것은 당신이 어쩔 수 있는 일이 아닐지도 모른다. 그럴 때에는 계속해서 좌절을 자초하기보다는 그 사람을 피하고 다른 사람에게서 당신이 원하거나 필요로 하는 것을 찾는 것이 상책이다.

영향력 "근육" 키우기

핵심적인 영향력 원리를 살펴보았으니 이제 실전에 적용해보자. 다음 과제를 시도해보라.

배우자나 자녀, 친구처럼 당신 곁의 중요한 사람을 선택하라. 당신의 임무는 영향력 원리들 중에 하나 이상을 활용하여 그들이 결코 먹고 싶어하지 않는 음식을 먹도록 설득하는 것이다. 단, 너무 조악하거나 해로운 음식은 안 된다. 당신을 만난 것이 그들에게 잘된 일이 되도록 하라. 그러나 쉽사리 맛보지 못할 만큼 특이한 음식이어야 한다. 어떻게 하면 관심인이 식탁에서 용기를 내도록 할 수 있겠는가?

나는 이 책을 쓰는 동안 친구(조라고 하자)에게 이 연습법을 활용하여 그가 질겁하는 일본 음식을 먹게 했다. 바로, 성게의 생식소인 '우니'였다. 우리는 일식집에서 저녁을 먹고 있었는데, 자리에 앉아서 주문하고 음식을 기다리는 10분 동안 나는 단지 재미를 위해서 그에게 온갖 영향력 기법을 퍼부었다. 우리는 서로 알고 지낸 지 오래되어서 이미 어느 정도 라포르가 쌓여 있었는데, 나는 조가 훌륭한 음식을 좋아한다는 것을 알고 있었기 때문에 일식집에 들어갈 때에 이곳이 얼마나 근사한지 이야기하여 라포르를 좀더 향상시켰다.

이를 바탕으로 나는 내가 초밥에 대해서, 무엇보다도 이 일식집에 대해서 전문가적 지식이 있다는 인상을 남기기 위해(권위 원리) 초밥 용어를 주워섬기고 이 일식집의 초밥이 신선한 이유를 조목조목 설명하고 단골 손님처럼 여종업원들과 담소를 나누었다(그들은 나를 똑똑히 알아보았는데, 이 또한 나의 권위를 높여주었다). 여기에 더해서 조가 아는 사람들 중에서 여러 명이 이 일식집에서 우니를 먹었다가 좋아하게 되었다고 언급하여 사회적 증명을 시도했다. 조가 우니를 한번 먹어보겠다고 해서 우리는 우니를 주문했다. 이제 거의 다 온 셈이었다.

차려진 음식은 내가 장담한 것처럼 속속들이 신선했으며 이는 나의 신뢰도를 뒷받침했다(일관성 원리). 내가 조에게서 우니를 먹어보겠다는 약속을 받아냈기 때문에, 그는 타고난 일관성 성향으로 인해서 그 약속을 지키고 싶어했다. 나는 일본 혈통의 다른 손님들도 우니를 맛있게 먹고 있으니(사회적 증명 원리) 모험심 강한 식도락가로 명성이 자자한 조에게도 맛있을 것이라고(호감 원리) 그에게 말했다. 조는 자기 앞에 놓인 우니를 오랫동안 뚫어져라 쳐다보다가 마침내 입에 넣어 천천히 씹고는 삼켰다. 썩 좋아하지는 않았다. 다시는 주문하지 않을 것이라고 했다. 그럼에도 새로운 것을 시도했다는 점에 뿌듯해했다. 적어도 성게 생식기를 먹어보았다고 친구와 가족에게 자랑할 수 있게 되었으니 말이다.

이 연습을 몇몇 사람들에게 시도하면서 7가지 영향력 원리를 테스트해보라. 하나만 써보기도 하고 여러 가지를 조합해보기도 하라. 실험하고 재미를 느껴보라. 효과가 **없는** 것을 표시해두어라. 이를 바탕으로 일상생활에서 영향력을 유익하게 행사할 수 있는 기회를 찾아라. 누군가와 대화를 하면서 부탁해야 할 경우가 생기면 이 원리들을 사전에 계획하라. 이용할 밑밥을 먼저 정하고 그에 맞는 영향력 전술의 목록을 짜라. 밑밥이 "신참 직장 동료"라면 권위 원리를 쓰고 싶지는 않을 것이다. "엄한 사장" 역할을 밑밥으로 정했다면 호감 원리는 삼가는 것이 좋겠다. 스스로의 감정에도 주목하라. 만남에 불안감을 느낀다면 권위 원리는 피하기 바란다. 설득력을 발휘하지 못할 수도 있기 때문이다. 슬프거나 우울하다면 호감 원리는 구사하기 힘들지도 모른다. 어느 것에도 친밀감을 느끼지 못할 수 있기 때문이다.

구사할 수 있는 영향력 원리의 목록을 추렸다고 해서 거기에 지나치게 얽매이지는 말라. 순간순간 전술을 시행하면서 필요에 따라서 즉석에서 전술을 폐기하거나 수정하라. 무엇을 하든 전술들을 과용하지는 말라. 그러면 관심인이 전술을 알아차려서 비판 능력을 발휘하기 시작할 것이다. 당신에게 의심을 품을 것이며 심지어 당신을 싫어하게 될지도 모른다. 호감 원리를 지나치게 구사하면 알랑거리는 것처럼 비칠 우려가 있다. 권위를 너무 내세우면 오만하고 독선적으로 보일 것이다. 상호주의에 치중하면 인간미가 없게 느껴질 것이다. 그러면 관심인은 당신을 도우려는 의향이 줄거나 심지어 대화를 얼른 끝내고 싶어할지도 모른다.

대화를 진행하다 보면 영향력 원리를 계획대로 구사할 필요가 없어질 수도 있다. (당신이 줄곧 시행한) 라포르 형성만으로도 충분할 수 있기 때문이다. 그렇다면 멈추어라! 전술을 중단하라. 그러지 않으면 치명적인 결과를 낳을 수도 있다. 나와 동료 라이언도 비슷한 일을 겪었다. 우리는 어떤 건물에 침투하고 있었다. 복장은 당신이 추측하듯이 해충 방제원처럼 꾸몄다. 밤 11시 30분이었고 구내는 텅 비어 있었다. 우리는 건물 주변을 서성거리다가 횡재를 했다. 직원 한 명이 건물에서 나와서 인근 주차장으로 향하기 시작한 것이다. 나는 출입문이 닫히기 전에 발을 밀어넣었다. 여자는 들떠 있어서 우리를 보지는 못했지만, 소리는 들었다. 그녀는 뒤를 돌아보고는 놀라서 우리에게 누구냐고 물었다. 내가 우리의 유니폼을 가리키며 말했다. "방제 작업을 하러 왔습니다. 거미와 전갈을 조사하고 있습니다. 금방 조사를 끝내고 오늘 밤 아무도 없을 때에 소독약을 뿌릴 겁니다."

그녀는 "아, 그렇군요"라고 말하고는 갈 길을 갔다. 그것으로 성공이었다. 나는 몇 초 안에 라포르를 형성했다. 그녀는 나의 말을 믿은 것이 분명했으며 곧 건물을 떠날 참이었다. 나는 입 닥치고 할 일을 계속했어야 했다. 그러나 그만 계속 나불거리고 말았다. 나는 그녀의 등 뒤에 대고 말했다. "그렇다마다요, 이 시기에는 거미가 극성이랍니다. 저희가 밤늦게 온 것은 소독약을 뿌리면 무시무시한 장면이 펼쳐질 수도 있기 때문입니다. 거미들이 기어나와 천천히 죽거든요." 라이언이 나를 노려보며 **이봐, 무슨 짓이야?** 하고 말하는 듯한 표정을 지었다. 나는 별생각

없이 일관성 원리를 구사하여 이 여자에게 우리의 행동이 해충 방제원이라는 밑밥과 일치한다는 것을 보여주려고 했다. 라이언이 눈치를 주었지만 나는 멈추지 않았다. 거미와 우리가 쓰는 화학 약품에 대해서 주절거리며 점점 나의 무덤을 팠다. 여자가 돌아서서 우리를 마주 보며 말했다. "그런데 말이죠, 당신들이 여기 있는 것이 불편하게 느껴져요."

내가 말했다. "아니요, 아닙니다. 저희는 일 끝나면 바로 나갈 겁니다. 걱정 마세요. 당신은 퇴근하시면 됩니다."

그녀가 고개를 저었다. "아니요, 아무래도 수상하네요. 돌아가지 않으면 경찰에 전화하겠어요." 그녀는 몸을 돌려 재빨리 자신의 차로 걸어갔다. 거의 다 왔는데, 나의 발은 여전히 문에 끼어 있었는데, 이제 꼼짝없이 떠나야만 했던 것이다. 이 모든 것이 내가 영향력 원리를 쓸데없이 구사하려다가 생긴 일이었다. 일단 관심인이 당신을 도와주도록 만들었으면 그들을 그대로 내버려두어라! 휴먼 해킹에서는 다다익선이 아니라 소소익선일 때가 많다.

다음 주에 매일 각각 다른 영향력 원리를 골라서 사소한 상호작용에 실천해보라. 하루를 시작할 때에 잠시 짬을 내어 영향력 원리를 전술로서 구현할 방법을 여러 모로 궁리하라. 권위 원리를 구사할 생각이라면 여러 사교적 맥락 가운데에 적당한 권위를 내세울 방법들을 생각해보라. 권위를 풍기는 복장을 선택할 수도 있고 전문 지식을 귀띔할 수도 있다. 호감 원리를 활용하겠다면 직장에서 종종 티격태격하는 동료에게 다가가서 칭찬 등의 방법으로 그에 대해서 더 많은 것을 알아내라. 가능성은 무한하다!

궁극의 경비원

영향력 원리에 대해서 경험이 쌓이고 이를 이 책의 다른 전략들과 함께 적용하다 보면, 사람들이 당신의 부탁을 들어주거나 당신이 원하는 대로 생각하도록 만들기가 얼마나 쉬운지에 놀랄 것이다. 그것도 의무감에서가 아니라 그러고 **싶어서** 그렇게 한다. 영향력 원리는 공짜로 무엇인가를 얻고 회사에 입사하고 자신의 결정에 동료의 지지를 얻고 자녀에게 아침을 먹이고 그밖에도 숱한 일을 달성할 수 있는 입장권이다. 사실, 영향력 원리에 능숙해진 후에는 오히려 자신의 새로운 초능력을 과신하여 자신이 원하는 것을 **무엇이든** 얻을 수 있다고 자만할 우려가 있다. 그러다가는 호된 교훈을 얻기 십상이다. 이 원리들을 제대로 구사한다고 해서 결코 성공이 보장되지는 않는다. 휴먼 해킹의 진정한 달인은 최선의 결과를 바라되 자신의 초능력에 한계가 있음을 안다. 어떤 사람들은 심리적인 수법에 빠삭하고 영향력의 작동 방식에 예민해서 무슨수를 써도 넘어가지 않는다. 그런 사람이 많지는 않아도, 있는 것은 분명하다.

나는 업무상 해킹을 시도하다가 궁극의 경비원을 만난 적이 있다. 임무에 따라서 우리는 회사 단지에 있는 건물 세 곳에 침투해야 했는데, 이번에는 빅 블루 수리회사라는 회사의 기술자 행세를 하면서 이미 이회사의 서버실 여러 곳에서 수리 작업을 진행해본 것처럼 위장했다. 건물 두 채에 침투하는 것은 식은 죽 먹기였다. 우리는 승인된 방문객 명단에 들어 있지 않은데도 보안 수속을 무사히 통과했다. 세 번째 건물을 지키는 사람은 젊은 경비원이었다. 뻣뻣한 자세, 짧게 깎은 머리, 탄탄한 체구로 보건대 군 출신 같았다. 내가 이름을 밝히자 그가 말했다. "명단에 없으시군요."

내가 말했다. "이상하네요. 방금 전에 이 회사의 다른 건물에 있다가 왔는데 그때는 보안 수속에 아무 문제가 없었거든요."

그가 고개를 저으며 말했다. "그 두 건물은 제 담당이 아닙니다. 저는 이 건물만 담당합니다. 죄송하지만, 명단에 없으면 들여보내드릴 수가 없습니다."

나는 정보를 캐내려고 질문을 던졌다. "그게 누구더라, 존이었나? 우리를 명단에 올리기로 되어 있는 사람 말이에요."

그가 말했다. "아닙니다, IT 부장 프레드 스미스입니다."

"맞다, 우리 사무실에서는 그가 우리를 명단에 넣었다고 하던데요. 전화해서 어떻게 된 건지 알아볼게요."

우리는 경비원에게 가짜 명함을 건네고는 차로 돌아와 재빨리 온라인에서 프레드 스미스라는 남자를 검색했다. 그가 누구인지 알아냈고 그의 연락처도 입수했다. 나는 그의 전화번호를 도용하여 방금 퇴짜 맞은 보안 안내 데스크에 전화를 걸었다. 나는 젊은 경비원에게 말했다. "여보세요, 프레드 스미스예요. 방금 수리 기사 두 명을 돌려보냈나요? 그 사람들은 15분까지 여기 올라와서 수리하기로 되어 있어요. 제가 그쪽 사무실에 전화해서 다시 오라고 할 테니까 이름을 명단에 올려두세요."

경비원이 말했다. "알겠습니다."

빙고! 나는 문제가 해결되었다고 생각했다. 우리의 수법이 먹혔다.

약 40분 후에 나는 다시 보안 안내 데스크로 어슬렁어슬렁 걸어갔다. 내가 말했다. "또 만났네요. 사무실에서 저희를 명단에 올렸다는 전화를 받았어요. 이제 들어가도 되겠죠?”

경비원이 얼굴을 찌푸리며 말했다. “저, 잠깐만요. 들어가시기 전에 질문 하나만 드리겠습니다. 당신 명함을 받아서 회사 이름을 찾아보았습니다만, 우리 주에서는 빅 블루 수리회사를 못 찾겠더군요. 어느 주에서 오셨습니까?”

내가 말했다. “아, 저희가 이 지역에 새로 진출해서 그래요. 여기 온 지 얼마 안 되었거든요.”

그가 말했다. “그거 이상하네요. 명함에는 20년 된 가족 회사라고 나와 있는데 말입니다.”

나는 당황하여 말을 더듬기 시작했다. “그래요, 맞아요. 하지만 다른 주에서 영업을 했어요.”

“어느 주인가요? 찾아보고 싶군요. 명단에 있다고 해서 무조건 통과시켜드릴 수는 없습니다.”

우리는 결국 이 마지막 건물에 침투하지 못했다. 이 경비원은 임무에 너무 충실하여 우리가 구사한 모든 영향력 전술들을 막아냈다. 우리는 IT 부장을 사칭해서 권위를 내세웠다. 밑밥에 꼭 들어맞는 명함과 복장으로 일관성 원리를 구사했다. 나머지 두 건물에서 그의 동료 경비원들이 우리를 들여보내주었다고 말함으로써 사회적 증명을 동원했다. 그러나 어느 것 하나 통하지 않았다. 경비원의 보이지 않는 방패는 너무나도 단단했다. 그는 타고난 문지기였다. 그래서 나중에 그에게 모든 경비원을 훈련하는 임무를 맡기라고 회사에 조언했다.

모든 경비원들이 이 친구처럼 훌륭하고 모든 회사의 직원들이 범죄자의 영향력 수법에 신경을 곤두세운다면, 우리 팀과 나는 일감이 사라져서 길거리에 나앉게 될 것이다. 회사들에는 안된 일이지만 우리에게는 다행으로 대다수 사람들의 방패는 이 경비원의 것보다 훨씬 약하다. 사람들은 자신이 생각하는 것보다 영향력 원리에 훨씬 취약하다. 이 원리들을 이해하고 사용법을 아는 우리 같은 사람들에게는 이 점이 곧 기회이다. 자신이 원하는 것을 얻고 상대방을 포섭하려면 영향력 전술을 연습하라. 실력이 향상됨에 따라서 당신은 원하는 것을 더 많이 얻으면서도 당신을 만난 것이 상대방에게 잘된 일이 된 것에 만족감을 느낄 것이다. 게다가 남들과 교류할 때에 상대방의 영향력 전술을 한눈에 포착할 수 있을 것이다. 영향력 전술을 의식할수록 덜 휘둘리고 스스로의 결정에 더 큰 통제력을 행사할 수 있다. 후원을 요청받았을 때에 **정말로** 돈을 기부하고 싶은가? 낯선 사람을 **정말로** 집에 들이고 싶은가? 겉보기에는 설득력 있게 자신을 홍보하는 사람을 **정말로** 팀에 영입하고 싶은가? 그럴 수도 있지만, 아닐 수도 있다.

한편, 어떤 경우에는 당신이 내어줄 필요가 없는 정보를 내어주게 될 수도 있다. 정보를 요청하는 사람이 해커일 수도 있으며 내어준 정보들 중에는 민감한 것이 들어 있을지도 모른다. 이 낯선 사람들은 특수한 영향력 전술을 구사하여 당신의 통제력을 차단하고 혀로 당신을 구워삶을 수 있다. 당신이 이 특수한 기법들을 숙달한다면, 이를 이용하여 사람들에게 상처를 입히는 것이 아니라 관계를 더욱 친밀하게 다지고 사랑하는 사람들을 안전하고 건강하고 성공하도록 만들 수 있을 것이다. 의사에게 당신의 진단명이 실제로 무슨 의미인지 듣고 싶은가? 상사를 설득하여 당신의 업무 성과에 대해서 정말로 어떻게 생각하는지 알아내고 싶은가? 책장을 넘겨서 알아보라.

제5장

이야기하고 싶은 사람이 되어라

사람들이 마음을 터놓고, 청하지도 않았는데 듣고 싶은 이야기를 들려주도록 하라

앞 장에서는 사람들이 당신의 부탁을 들어주게 하는 법을 설명했다. 이제는 사람들이 자신이 비밀에 부치고 싶어하는 정보를 털어놓게 하는 특수한 영향력을 집중적으로 살펴본다. 이 특수한 영향력을 이용하면 많은 것을 알아낼 수 있을 뿐만 아니라 소통 상황에서 자신감을 발휘하고 관계를 증진할 수 있다. 칵테일파티에서 스스럼없이 대화하는 것이 힘들다면 이 장을 읽어보라.

도전 과제를 내주겠다. 생판 모르는 사람에게 다가가서 대화를 시작하여 적당한 시간 내에 그가 생전 누구에게도 말하지 않은 비밀을 당신에게 털어놓게 하라. 할 수 있겠는가? 어떻게 하면 될까? 이 과제가 버거워 보인다면 상대방의 이름, 생년월일, 사는 도시만이라도 알아낼 수 있는지 시도해보라.

나는 수강생들에게 이 과제와 그밖의 비슷한 과제를 숙제로 내준다. 수강생들은 약간의 연습만으로도 보기 좋게 성공한다. 나의 수강생들 중의 상당수가 사교적이지 않음을 명심하라. 심지어 몇몇은 수줍음이 많고 내성적이기까지 하다. 그들에게는 낯선 사람에게 다가가서 대화를 시작한다는 것 **자체**가 만만하지 않다. 그러나 1주일 수업이 끝날 때쯤이면 거의 모두가 괄목할 만큼 발전하여, 어떤 종류의 소통 상황에서든 능숙하게 정보를 입수하고 자신이 상상한 것보다 더 편안하게 대처하게 된다. 몇 주일이나 몇 달간 좀더 연습한 후에는 누구를 만나든 입을 열게 할 수 있는 대화의 달인이 된다.

언론에서는 해커 하면 하루 종일 컴퓨터 화면을 들여다보며 사람들과 소통하는 법은 거의 모르는 창백한 얼굴의 괴짜로 묘사하는 경우가 많다. 미국 드라마 「미스터 로봇」을 본 사람이라면 내가 무슨 말을 하는지 잘 알 것이다. 해커들 중에는 그런 고정관념에 들어맞는 사람도 물론 있겠지만, 일반적으로 유능한 스캐머, 사기꾼, 첩보원은 당신이 만난 어떤 사람보다도 친절하고 사근사근하고 매력적이다. 그들은 밑밥을 만들고 라포르를 형성해서 대화를 시작하는 법과 대화가 시작되었을 때에 사람들에게 영향을 미쳐서 원하는 행동을 유도하는 법을 안다. 그뿐만 아니라 자신이 찾는 민감한 정보를 얻기 위해서 대화를 섬세하게 조율할 줄도 안다. 그들의 구변이 어찌나 청산유수 같은지 그들이 정보를 입수하는 동안 "표적"은 그 꿍꿍이를 전혀 알아차리지 못한다. 표적은 자신이 평범한 사람과 흥겹고 흥미롭고 "안전한" 대화를 나눈 줄로만 안다.

무선 주파수 식별기술^{RFID}이 인기를 얻고 있던 10년 전에 나는 표적 기업의 칵테일파티에 참석했다. 나의 목표는 이 회사가 최근에 도입한 보안 신기술에 대해서 알아내는 것이었다. 내가 어수선한 바^{bar} 앞에 서 있는데 회사 직원 하나가 다가왔다. 우리는 전에 안면을 튼 적이 있었지만 서로에 대해서는 거의 알지 못했다. 나는 그에게 전통적인 "안녕하슈, 형씨" 하는 식의 인사를 건네고는 술 한잔을 권했다. 우리는 담소를 나누기 시작했다. 나는 그에게 이런 종류의 행사에 참석하는 것을 좋아하는지, 아니면 상사가 시켜서 왔는지 물었다. 그는 이런 파티를 좋아한다고 말했다. 몇 분간 소소한 이야기를 주고받다가 나는 어떤 회사(제록스라고 하자)에서 근무하는데 최근에 이 신기술을 도입했다고 언급했다. "무엇인지는 모르겠지만 이 괴상한 카드로 작동해요. 발설하면 안 되는 거지만, 보시다시피 정말 괴상해서요. 저를 구식이라고 말해도 할 수 없어요. 전 호주머니에 평범한 열쇠를 넣어 다니는 것이 좋거든요."

새 술친구가 내 쪽으로 몸을 숙이고는 말했다. "이봐요, 더 근사한 이야기 들려드릴까요? 우리 회사에서도 이 프로젝트를 추진하는데, 1급 비밀이에요. 완전히 새로운 시스템인데 그 카드로 정문뿐만 아니라 금속 맨트랩도 통과할 수 있어요." 우리는 계속 수다를 떨었고 몇 분 지나지 않아 나는 이 회사에 도입된 플라스틱 열쇠카드 시스템(RFID 카드)에 대해서, 주요 취약점이 무엇인지에 대해서 모조리 알아냈다. 딩동댕!

나의 술친구는 우리가 다정하고 "안전한" 대화를 나눈 줄 알았겠지만, 사실 나는 "신뢰 확신"이라는 원리를 구사하고 있었다. 사람들은 상대방이 은밀한 정보를 털어놓으면 자신 또한 은밀한 정보를 (심지어 매우 사적인 정보까지도) 꺼내도 괜찮다고 생각하는 본성이 있다. 심리학자들은 이 현상에 대해서 여러 해석들을 내놓았다. 혹자는 누군가가 은밀한 정보를 털어놓으면 관계의 균형감을 유지하기 위해서 비슷한 정보로 보답한다고 해석한다. 한편, 이른바 사회적 매력–신뢰 가설에서는 우리가 특별한 정보를 들었을 때에 호의에 보답하는 이유가 타인과 신뢰를 쌓고 유대감을 형성하기 위해서라고 주장한다.[1] 어느 쪽이 옳든 나의 술친구가 비밀 정보를 나에게 누설하는 것을 "안전하다"고 느낀 이유는 그와 마찬가지로 나 또한 우리 회사의 보안에 대해서 자진하여 이야기하는 줄 알았기 때문이다. 내가 해커이거나 다른 꿍꿍이를 가지고 있으리라고는 상상도 못했다.

그리고 그의 판단은 여지없이 빗나갔다.

누구든지 당신에게 모든 것을 털어놓도록 하려면

우리 업계에는 정보를 명시적으로 요구하지 않고서 입수하는 행위를 일컫는 용어가 있다. 우리는 그것을 **도출**elicitation이라고 부른다. 악당들은 이 기법을 늘 활용한다. 소셜 미디어 사이트에 우글거리는 각국의 첩보원들은 가짜 프로필을 만들어서 영문을 모르는 이용자들과 친구가 된 후에 악의 없어 보이는 대화를 나눈다. 그들은 많은 위험을 감수하거나 노력을 거의 들이지 않은 채 이용자들에게서 귀한 정보를 입수하여 비밀을 캐내거나 다른 표적을 물색한다.[2] 또한 정부의 기밀 정보나 기업의 비밀 같은 민감한 정보에 접근하기 위해서 표적을 직접 만나 도출을 이용하기도 한다. 공항에서 당신이 정부가 지급한 펜을 쓰거나 어떤 기업의 사원증을 달고 있는 것을 보고서 어느 기관이나 부서에서 일하느냐고 묻는 상냥한 탑승객이 있다면 단지 담소를 나누고 싶어하는 사람일 수도 있다. 그러나 민감한 정보를 캐내려는 첩보원일지도 모른다.[3] 테러리스트들도 테러 공격을 계획할 때에 도출을 활용한다. 직원들과 별 탈 없어 보이는 대화를 나누면서 사실은 건물의 어느 문이 잠겨 있는지, 어떤 보안 조치가 시행되고 있는지, 하루 중에 언제가 가장 분주한지 등을 알아내는 것이다. 2019년에 미시간 주 경찰은 공무원들에게 "군의 작전, 능력, 인력에 대한 정보를 취득하려는 시도"를 조심하라고 경고했다.[4] 다른 법 집행 기관들도 비슷한 경고를 발동했다.

우리가 방심하지 않는 것은 중요한 일이지만 그럼에도 결코 안전을 장담할 수는 없다. 숙련된 솜씨로 구사하는 도출은 너무 강력해서 방어하기가 여간 힘들지 않다. **결코** 내어주고 싶지 않은 정보를 하나만 들라면 은행 계좌 비밀번호가 첫손가락에 꼽힐 것이다. 우리는 계좌 비밀번호를 만들 때에 다른 사람들은 알 수 없지만 우리는 기억할 수 있는 숫자를 주로 선택한다. 현금 인출기는 키패드에 특수 보호 장치가 되어 있어서, 누구에게도 비밀번호를 보여주지 말라는 메시지를 한 번 더 환기한다. 그러나 나는 친구와 함께 레스토랑에서 생판 낯선 사람들이 비밀번호를 자진해서 밝히도록 한 적이 있다. 우리는 그들을 조종하거나 강압하지 않았으며 우리와 만난 것이 그들에게 잘된 일이 되도록 했다.

그들의 돈을 훔치려던 것은 아니었다. 우리가 할 수 있는지 알아보려고 재미로 했던 일이었다. 우리는 워싱턴 D.C.의 예스러운 이탈리아 레스토랑에 있었다. 탁자들이 다닥다닥 붙어 있는 곳이었다. 우리 양쪽에서는 커플들이 식사를 하고 있었다. 사전에 짜둔 계획에 따라서 친구가 나에게 말했다. "이봐, 「USA 투데이*USA Today*」 기사 읽었어? 설문 조사를 했더니 68퍼센트가 생일을 계좌 비밀번호로 쓴대."[5]

내가 포모도로 스파게티를 한 입 먹으며 말했다. "그럼, 누구나 그럴 거야. 나의 비밀번호도 0704인걸." 물론 이 숫자는 나의 생일도 비밀번호도 아니었지만, 주위 사람들은 알지 못했다.

친구가 입가의 토마토 소스를 닦으며 말했다. "에이, 그건 너무 멍청해. 사람들이 추측할 수 있잖아. 난 그렇게 안 해. 아내 생일과 나의 생일을 조합해서 쓰지. 1204야."

옆 탁자에 앉은 남자는 우리 이야기를 엿듣지 않을 도리가 없었다. 그가 아내에게 고개를 끄덕이며 말했다. "당신 생일을 쓰는 거 바보 같은 생각이라고 말했잖아."

그녀가 말했다. "그래. 그렇지만 기억하기 쉬운 걸 어떡해. 1018이니까."

나는 음식이 목에 걸릴 뻔했다. 믿기지가 않았다. 이 여자는 우리를 비롯한 모든 손님들에게 자신의 비밀번호를 알려준 것이다. 이게 다가 아니었다. 여자가 남편에게 말했다. "당신 비밀번호는 아무도 기억 못 할 거야. 243714를 어떻게 기억해?"

남자가 말했다. "그거 아니야, 줄리아. 243794라고."

우리의 물 잔을 채우던 여종업원도 거들었다. "전 뱅크 오브 아메리카 은행을 쓰는데, 단어나 숫자를 쓰라고 하기에 우리 딸이 가장 좋아하는 봉제인형 이름으로 정했어요. '판다'랍니다."

대화가 길어지면서 우리는 비밀번호를 두세 개 더 알아냈다. 내가 옆 자리 커플에게 "실례합니다만 두 분의 비밀번호를 알려주실 수 있을까요? 궁금해서요"라고 말했다면 그들은 결코 알려주지 않았을 것이다. 그 질문은 그들의 뇌에서 비판적 사고를 활성화하여 의심을 일으켰을 것이다. 그러나 우리가 나눈 대화의 맥락에서 그들은 비밀번호 누설에 전혀 거리낌이 없었다. 우리는 원하는 정보를 얻었으며 그 과정에서 우리를 만난 것이 그들에게 소소하게나마 잘된 일이 되도록 했다. 그들은 가벼운 대화에 참여했고 흥미로운 이야기들에 대해서 알게 되었다.

제1장에서 이야기했던, 디스크 검사의 모태가 된 연구를 발표한 심리학자 윌리엄 몰턴 마스턴을 기억하는가? 알고 보니 그는 슈퍼 히어로 캐릭터인 원더우먼을 창조한 인물이기도 했다. 원더우먼이 악당을 "진실의 올가미"로 묶어서 정보를 털어놓게 하는 장면을 기억할 것이다. 도출 기술을 숙달하는 것은 뒷주머니에 마법 올가미를 넣고 다니는 것과 같다. 당신은 사람들이 거의 모든 것을 털어놓게 할 수 있다. 그뿐만이 아니다.

수강생들과 나는 혼잡한 라스베이거스 쇼핑몰에 있었는데, 나는 재미로 그들이 "표적"을 아무나 고르면 내가 그 사람의 이름, 일하는 곳, 고향을 알아내겠노라고 말했다. 그들은 식당가에서 샐러드를 기다리며 서 있는 20대 후반의 여자를 골랐다. 여자는 몸을 거의 드러낸 반바지에 카우보이 부츠, 플란넬 셔츠 차림이었다. 수강생들은 매력적인 젊은 여자라면 남자들의 수작을 물리치는 데에 이골이 났을 테니 나에게도 유난히 까다로운 표적일 것이라고 추측했다. 나는 그녀에게 낯선 남성이었으므로, 내가 접근하면 그녀는 방어적으로 대응할 가능성이 컸다. 내가 말했다. "에이, 다른 사람을 골라봐요." 그러나 그들은 고집을 부렸다.

여자에게 어떻게 접근해야 할지 감이 오지 않았다. 무슨 말을 해야 여자에게 환심을 사서 내가 원하는 것을 말하게 할 수 있을까? 나는 그녀의 외모를 뜯어보고서, 신속히 유대감을 형성하려면 부츠에 집중하는 것이 최선이라고 판단했다.

나는 그녀가 있는 곳으로 걸어가서 쟁반을 들고 그녀 뒤에 섰다. 잠시 머뭇거리다가 이렇게 말했다. "실례합니다만 잠깐 질문 하나만 해도 될까요?"

그녀가 나를 돌아보면서 말했다. "그럼요, 무엇이 궁금하신데요?" 그러나 그녀의 몸짓언어에서는 방어적인 기색이 엿보였다. 그녀는 재빨리 눈알을 굴렸는데, 마치 이렇게 말하는 듯했다. "무슨 말로 수작을 걸어보실 건가요?"

나는 그녀에게 유쾌한 놀람을 선사할 작정이었다. 내가 말했다. "사업차 시내에 왔는데, 이번 주에 결혼 기념일이 있어요. 아내가 카우보이 부츠를 좋아하지만 저는 별로더라고요. 어디서 사야 하는지도 몰라요. 그런데 당신 부츠는 정말 근사해 보이는군요. 어디서 샀는지 알려주실 수 있나요? 이 쇼핑몰에 있으면 저도 하나 사려고요."

그러자 그녀의 태도가 싹 달라졌다. 그녀는 눈을 반짝이며 환하게 미소 지었다. "물론이죠. 쇼핑몰에 있어요. 제가 거기서 일하는걸요." 그녀는 아마도 영업 사원인 듯이 부츠에 대해서 온갖 설명을 늘어놓더니 나에게 매장 가는 방향을 알려주었다. 그녀가 물었다. "어디서 오셨어요?" 플로리다 주에 산다고 말하자 그녀가 말했다. "오, 저는 애틀랜타 쪽에서 왔어요. 그리 멀지 않죠."

"와, 어쩌다가 여기 라스베이거스까지 오게 되셨어요?"

그러자 그녀는 자신의 삶에 대해서 약간 말해주었으며, 나는 매장 가는 방향이 여기 맞느냐며 그녀에게 다시 확인했다. 내가 틀리게 말하자 그녀가 이렇게 대꾸했다. "아니에요, 틀렸어요. 따라와요. 제가 데려다 드릴게요." 그녀는 나의 손을 잡고 15미터를 걸었다. 그러고는 쇼핑몰 통로를 가리키며 다시 방향을 설명했다.

나는 다정하게 감사를 표한 후에 곧장 아내 부츠를 사러 갈 것이라고 그녀에게 말했다. 나는 근처 탁자에 쟁반을 내려놓고 그쪽으로 걸어가는 척했다. 한두 걸음 내디디다가 뒤를 돌아보며 말했다. "그런데, 이건 어때요? 당신 근무 시간이 될 때까지 제가 기다리면 어떨까요?"

"아니, 아니에요. 그냥 서맨사에게 소개받았다고 말씀하세요. 그러면 할인해줄 거예요."

내가 미소 지으며 말했다. "고마워요. 그럴게요. 당신 덕분에 살았어요." 나는 수강생들을 흘긋 쳐다보고는(모두 이쪽을 바라보고 있었다) 다시 그녀에게 말했다. "제 이름은 크리스예요. 크리스 해드내기. 부츠 사게 도와준 사람 이름을 아내에게 알려주고 싶어요. 당신 이름이 서맨사라고 했죠? 성은 무엇인가요?"

"쿠퍼예요." 그녀가 말했다(본명은 아니다).

내가 말했다. "멋지네요. 도와주어서 고마워요, 서맨사."

나는 승리에 희희낙락하며 돌아섰다. 그때 그녀가 나를 불러 세웠다. "저기요, 어떤 종류를 사야 하는지 모르겠거든 제 부츠를 찍어서 아내분에게 보내서도 괜찮아요. 아내분께서 이런 분위기를 좋아하시는지 알 수는 있을 거예요. 당신은 여기 사람이 아니라서 아내분 마음에 안 들어도 반품하기 힘들 테니까요."

수강생들은 대화 내용을 알아들을 수는 없었지만, 어느덧 이 여인은 생판 낯선 타인인 나를 위해서 부츠 모델이 되어주고 있었고 나는 사진을 찍고 있었다. 이름과 성, 고향, 일하는 곳에 이르기까지 나는 모든 정보를 손에 넣었을뿐더러 덤으로 그녀의 부츠 사진까지 얻었다. 성 말고는 내가 요청하지도 않은 정보들이었다. 나는 그녀가 자연스럽게 이런 정보를 나에게 말해주고 싶어하도록 대화를 구성했을 뿐이었다.

누구에게나 마법 올가미가 필요하다

"마법 올가미"가 있으면 멋진 재주를 선보일 수 있다. 그런데 일상생활에서도 도움이 될까? 음, 물론이다. 첫 데이트 자리에서 스무고개 놀이를 한답시고 상대방에게 다음과 같은 것들을 직접 물어본다고 상상해보라. "자녀가 있나요?" "직장 다니시나요?" "취미나 관심사 중에서 저랑 같은 것이 있나요?" "제가 알아야 할 특이한 습관이나 기벽이 있나요?" 그들이 정직하게 답할 수도 있지만, 아닐 수도 있다. 게다가 대화가 딱딱해지거나 어색해질 것이 뻔하다. 그러나 도출 기법을 이용하면 상대방에 대한 이 모든 정보를 얻어낼 수 있을 뿐만 아니라 대화를 가볍고 유쾌하게 이끌 수 있다. 당신이 자녀를 한두 명만 낳고 싶어하는 사람을 결혼 상대로 찾고 있다고 가정해보자. 가족계획에 대한 상대방의 의견을 알고 싶다면 이렇게 말해보라. "있잖아요, 우리 형제자매들은 죄다 대가족이에요. 다들 자녀가 너댓 명씩 있어요. 하지만 저는 그렇게 많이 키울 수 있을지 모르겠어요. 스트레스를 받을 것 같아요." 이렇게 말하면 직접 질문하지 않으면서도 상대방에게서 정보를 끌어낼 수 있다. 물론 당신에게 대가족을 이룬 형제자매들이 없다면 거짓말이 되지 않도록 말을 살짝 바꿔야 할 것이다. 이렇게 말하면 어떨까? "제가 어릴 적에 옆집에는 아이들이 넷 있었어요. 부모가 어떻게 감당했나 몰라요. 저에게는 너무 힘들 것 같아요."

도출은 직장에서도 효과적이다. 당신이 인사 업무를 관리하는 소프트웨어를 판매하는데, 어떤 친목 행사에서 잠재 고객들을 만난다고 가정해보자. 그리고 직원이 2,000명 미만인 소기업에 소프트웨어를 파는 일에는 관심이 없다고 해보자. 만나는 사람들에게 이런 사정을 설명하고는 회사 규모가 얼마나 되느냐고 다짜고짜 물어볼 수도 있다. 그들이 대기업에서 왔다면 당신의 소프트웨어에 대해서 알아볼 생각이 있느냐고 물으며 대화를 이어갈 수 있을 것이다. 이런 식의 질문은 무례하거나 모욕적이지는 않을지 모르지만 딱히 재미있거나 흥미롭지도 않다. 원하는 답을 얻지 못하면 당신은 무의식적으로 얼굴을 찌푸리거나 대화를 서둘러 마무리하여 부정적인 인상을 남길지도 모른다.

그런가 하면 이런 방법도 있다. 일단 대화를 시작하여 상대방이 일하는 회사에 대해서 사근사근하게 질문을 던지면서 최선을 다해 공통분모를 형성하는 것이다. 상대방이 보험 회사에서 일한다고 말했는데 마침 당신이 예전에 보험을 팔아본 적이 있다면 이렇게 말해보라. "오, 멋져요. 보험을 잘은 모르지만, 대학교를 다닐 때에 6개월 동안 보험을 판 적이 있어요. 힘든 일이더군요. 당신들이 어떻게 해내는지 모르겠어요." 상대방은 자신이 실제로 보험을 파는 것은 아니고 IT 부서를 운영한다고 답할지도 모른다. 그러면 이렇게 말할 수 있겠다. "아, IT 부서가 따로 있다면 회사 규모가 꽤 크겠군요." 상대방은 회사가 급속히 커져서 직원이 5,000명이 되었다고 말할지도 모른다. 빙고! 이제 당신은 이 사람이 잠재 고객이 될 수 있음을 알아냈다. 그렇다면 대화를 이어나가서 그들이 당신의 제품을 원하거나 필요로 하는지를 살펴보라. 그들이 겪는 문제 중에서 당신의 소프트웨어로 해결할 만한 것이 있는지를 알아보라. 이렇게 말하면 어떨까? "마지막으로 다닌 회사에서는 직원 만족도를 유지하기가 여간 힘들지 않았어요. 듣자 하니 보험 회사도 이 문제로 골머리를 썩인다던데요." 거래를 새로 트든 트지 못하든 간에 당신은 유쾌한 대화를 나누었으며 친절하고 흥미롭고 매력적인 사람이라는 인상을 남겼을 것이다.

도출을 활용하면 목적의식을 가지고 대화에 접근하여 더 순조롭고 끈기 있게 소통할 수 있다. 물론 도출은 대부분의 사람들이 단도직입적인 질문에 흔쾌히 답하지 않는다는 점을 감안한 이기적인 수법이다. 그러나 더 친절한 대화법이기도 하다. 모든 사람들은 인지하든 못하든 간에 상대방과 소통할 때에 추구하는 목표가 있다. 당신은 상대방이 어떤 기분인지, 당신을 좋아하는지, 상대방이 어떤 사람인지, 향후 사업에서 좋은 파트너가 될 것인지에 대해서 정보를 얻고 싶을지도 모른다. 도출을 활용하면 자신의 목표를 뚜렷이 드러내면서도 외곬으로 무작정 밀어붙이지는 않을 수 있다. 당신은 시간을 들여서 상대방과 **이야기하고** 상대방을 알아가고 친분을 쌓고 그들의 말에 귀를 기울인다. 당신의 관점이 아니라 상대방의 관점에서 소통한다. 당신이 하는 말에 배려를 담아서 상대방이 더 편안하게 마음을 열도록 한다.

경험상 대부분의 사람들은 남들에게서 정보를 이끌어내는 법을 모른다. 정보를 얻어내려고 공격적으로 질문을 던지다가는 대화가 꼴사나워지고 상대방이 거리감을 느끼기 일쑤이다. 그 이유는 어릴 적에 부모가 정보를 얻으려고 우리를 추궁했던 기억들 때문이 아닐까 싶다. 부모는 보통 자리에 앉아서 차분하고 중립적으로 우리와 이야기를 나누지 않았다. 그래서 우리도 배울 기회가 없었다. 우리는 사람들이 본디 방어적이며 정보를 얻는 유일한 방법은 캐내는 것뿐이라고 생각하며 자랐다. 그러나 사실, 우리의 사업상 지인, 상사, 자녀, 노부모, 친구, 이웃은 생각보다 훨씬 기꺼이 정보를 내어준다. 그저 편안하게 느끼도록 하면 된다. 그들의 환심을 사려면 자신의 필요와 욕구를 잠시 내려놓아야 한다. 숨을 깊이 들이마시고 상대방의 처지를 이해해야 하며 더 풍성하고 충만한 소통을 할 수 있을 만큼 속도를 늦추어야 한다. 우리가 아니라 **그들**이 대화의 중심이 되어야 한다.

효과적인 도출의 7단계

다른 사람을 대화의 중심으로 삼아서 그들에게서 정보를 도출하고 당신을 만난 것이 그들에게 잘된 일이 되도록 하는 손쉬운 방법이 있다. 1단계, **의도한 목표에 맞게 얼개를 짜라.** 대화에서 어떤 정보를 얻고 싶은가? 머릿속에서 목표가 뚜렷할수록 대화를 더 신중하게 이끌 수 있다. 그러나 명심하라. **아무 목표나 정하면 안 된다.** 당신이 찾는 정보는 표적에 대한 밑밥과 라포르 수준에 얼추라도 부합해야 한다. 어떤 회사에 전화를 걸어 비싱(보이스 피싱) 공격을 하려는데, IT 부서를 사칭하여 주민등록번호를 요구하면 상대방은 의심스러워 하며 정보를 알려주지 않을 것이다. 그러나 인사과에서 전화하는 것이라고 말하면 더 쉽게 정보를 내줄 것이다. 인사과에서 주민등록번호를 필요로 하는 것은 납득할 수 있다. 원천 징수를 비롯하여 세금 관련 업무를 처리하는 곳이기 때문이다. IT 부서는 어떨까? 가능할 수도 있겠지만, 그럴듯한 밑밥을 만들려면 골머리를 더 썩여야 할 것이다.

2단계, 목표를 염두에 두고서 **관심인을 관찰하라.** 이 단계는 필수적이다. 관심인이 생판 낯선 사람이든 당신과 가까운 사람이든 간에, 가능하다면 20-30초간 관찰하라. 관찰 시간은 핵심적인 세부 사항을 파악할 만큼 길어야 하지만 상대방을 소름 끼치게 할 만큼 길어서는 안 된다. 상대방을 관찰하면 적절한 타이밍에 공략할 단서를 얻을 수 있다. 그가 서둘러 나가려고 하는가? 이미 다른 사람과 대화를 나누는 중인가? 헤드폰을 쓴 채 자기만의 세계에 틀어박혀 있는가? 전망이 밝지 않으면 대화를 뒤로 미루어라. 대화가 가능해 보인다면 그의 몸짓언어를 주시하여 어떻게 접근하면 좋을지 단서를 찾아라. 그가 당황한 것처럼 보인다면 당신에게 그를 도와줄 방법이 있을지도 모른다. 의기소침해 보인다면 위로할 수 있을 것이다. 그가 다른 사람들과 함께 있다면 그 "무리"가 당신 임무에 도움이 될지 걸림돌이 될지 판단하라.

관찰을 제대로 하지 못하면 "초대" 질문과 출구 전략을 짜는 3단계를 망칠지도 모른다. 낯선 사람에게 접근할 때에는 첫 질문, 즉 상대방을 대화에 "초대할" 수 있는 질문이 무엇보다 중요하다. 첫 3초 안에 라포르를 형성하지 못하면 대화를 계속할 수 없기 때문이다. 나는 이 교훈을 얻느라 대가를 톡톡히 치렀다. 한번은 호텔 바에서 수강생 몇 명이 나에게 도출 시범을 보여달라고 졸랐다. 나는 자신감에 가득 차서는 근처 로비에 앉아 있는 남자에게 다가갔다. 상대방을 관찰하거나 질문을 궁리하지도 않은 채 씩씩하게 남자에게 걸어가서 바싹 붙어 큰 소리로 말했다. "안녕하세요. 질문 하나 드려도 될까요?" 그는 나보다 나이가 많았으며 체구는 훨씬 작았다. 내가 불쑥 나타나자 그는 어찌나 놀랐던지 의자와 함께 뒤로 넘어지면서 바닥에 널브러졌다. 나는 당황하여 의자 뒤쪽으로 달려가서 의자를 세우려고 했다. 그런데 의자가 생각보다 훨씬 가벼워서 남자를 1-2미터 내동댕이치고 말았으며 남자는 근처 소파에 코를 박았다. 내가 남자를 공격하는 줄 알고 호텔 직원들이 달려왔다. 아뿔싸. 내가 그의 이름, 생일, 거주지를 알아냈느냐고? 그러지 못했다. 전문가로서 조언한다. 내가 한 대로 하지 말라.

"초대" 질문을 구성할 때에는 우선 그들의 개인적인 공간에 접근하여 들어가도 되는지 물어보라. 이렇게 말할 수도 있겠다. "안녕하세요. 1분만 시간을 내주실 수 있나요?" 그들이 잠시나마 방패를 내려놓도록 하라. 그런 다음 더 실질적인 후속 질문으로 대화의 불씨를 살려라. 사람들이 저지르는 가장 큰 실수는 아무 소득도 없는 닫힌 질문을 던지는 것이다. 대화를 시작하기 위해서 "실례합니다. 근처에서 좋은 레스토랑을 찾고 있는데요. 추천해주실 만한 데가 있나요?"라고 말하면 관심인은 이렇게 대답할지도 모른다. "아니요. 유감스럽지만 저는 여기 사람이 아니라서요." 또는 이렇게 말할 수도 있다. "네, 길 따라서 1킬로미터쯤 가면 근사한 페루 식당이 있어요." 어느 쪽이든 대화를 이어가기는 쉽지 않다. 상대방은 당신이 고맙다고 말하고 제 갈 길을 갈 거라고 기대할 것이다. 그러지 않고 또다른 질문을 던지면 의심을 사게 된다.

대화를 여는 질문에는 출구 전략이 암묵적으로 들어 있어야 한다. 가능하다면 소통이 시작될 때에 모든 사람이 궁금해하는 4가지 핵심 궁금증 중의 하나, '이 의사소통은 시간이 얼마나 걸릴까?'를 해소하라. 이렇게 말해보라. "안녕하세요. 잠시 좀 도와주시겠어요? 1분이면 돼요." 혹은 이렇게 말해도 좋겠다. "금방 떠나야 하는데, 여쭤볼 것이 하나 있어요." 이렇게 말문을 열면 대화가 짧게 끝날 것을 암시할 수 있다. 그리고 실제로도 짧게 끝내야 한다. 시간이 더 필요하면 상대방에게서 초대를 얻어내야 한다. 당신이 상대방의 머릿속에 할당된 시간을 초과하면 상대방이 거리감을 느껴서 도출 시도가 수포로 돌아갈 위험이 있다.

초대 질문을 던졌다면 더 많은 질문으로 **대화를 밀고 나가라**(4단계). 대부분의 사람들은 대화를 **자신이** 말할 기회라고 생각한다. 도출 대화에서는 대화의 방향을 이끄는 질문을 던지고 상대방이 더 많이 말하도록 하라. 중요한 것은 계속해서 열린 질문을 던져야 한다는 점이다. 그래야 원하는 정보를 얻을 수 있을 만큼 대화를 오래 끌어갈 수 있기 때문이다. 물론 관심인이 말할 수 있도록 질문을 던진다는 것은 당신이 대화 내내 **능동적으로 경청한다**는 뜻이기도 하다(5단계). 대부분의 사람들은 능동적으로 경청하는 데에 서툴다. 그들은 남이 이야기하는 동안 자신이 다음번에 제기할 논점에 대해서 생각한다. 그러나 관심인의 말을 능동적으로 경청하지 않으면 다음 후속 질문을 제대로 생각해낼 수 없다.

능동적으로 경청하는 능력을 키우기 위해서 대화 내용을 반영하는 질문을 던져보라. 관심인의 말에서 마지막 서너 단어를 반복하여 질문으로 만들면 된다. 여행에 대해서 이야기하다가 관심인이 "그래요, 페루는 제가 가본 곳 중에서 가장 멋진 나라예요"라고 말하면 당신은 다음과 같은 식으로 관심인의 말을 반영하는 후속 질문을 할 수 있다. "정말요? 페루가 당신이 가본 곳 중에서 가장 멋진 나라인가요?" 대화를 반영한 질문을 하면 관심인은 그 주제에 대해서 계속 이야기하게 되고, 당신은 이런 질문을 던짐으로써 대화에 더 깊이 참여하면서 능동적으로 경청하는 습관을 기를 수 있으며, 또한 당신이 정말로 관심을 기울이고 있다는 인상을 상대방에게 줄 수 있다.

듣기를 소홀히 하면 6단계인 **세부 사항 기억하기**에 성공할 수 없다. 당신은 대화를 근사하게 주도하면서 관심인을 은근하게 구슬려서 중요한 정보를 털어놓도록 할 수 있다. 그러나 세부 사항을 기억하는 데에 능하지 못하다면 도출 시도는 수포로 돌아갈 것이다. 나의 수강생 중에서 이 장 첫머리에서 설명한 숙제를 해내고 원하는 정보를 얻었으면서도 그 정보를 기억하지 못해서 나에게 보고하지 못한 사람이 얼마나 많은지 모른다. 당신은 기억력이 좋지 못해서 전문 해커처럼 세부 사항을 기억하지 못한다고 주장할지도 모르겠다. 나는 그 말을 믿지 않는다! 나도 기억력이 형편없는 사람이었지만, 연습을 통해서 사람들이 하는 말을 시시콜콜 기억할 뿐만 아니라 몸짓언어와 복장 같은 수많은 주변 정보까지도 기억하는 수준에 도달했다. 대화를 반영한 질문을 던지면 세부 사항을 기억하는 능력을 향상시킬 수 있다. 정보를 강제로 반복하는 연습을 하는 셈이기 때문이다. 물론 이런 질문을 남용하면 상대방이 지루해하거나 바보 같은 소리로 들을 우려가 있다. 세부 사항에 대한 기억력을 개선하기 위해서 스스로 할 수 있는 작은 놀이를 소개한다.

카페나 호텔 로비 등 공공장소에 가면 당신이 공략할 구체적인 인구 집단(백인 여성, 아프리카계 미국인 남성, 노인, 아시아계 여성 등)을 사전에 선택하라. 그 인구 집단에서 맨 처음 눈에 띄는 사람의 셔츠나 블라우스 색깔을 기억해보라. 그 집단에 속한 사람이 예컨대 회색 셔츠를 입었다면 "회색 셔츠"라고 여러 번 반복하고 당신이 그곳을 벗어난 후에도 기억하는지 확인하라. 이 방법에 익숙해지면 여러 인구 집단을 대상으로 다른 세부 사항도 기억하려고 시도해보라. 이를테면 스타벅스에 들어가 첫 백인 여성의 스웨터 색깔, 첫 아프리카계 미국인 남성의 셔츠 색깔, 카운터에 있는 직원의 이름을 기억해보라. 이 연습을 한두 달 하면 기억력이 부쩍 향상된 것에 놀랄 것이다!

정보를 도출하는 마지막 7단계는 당신을 만난 것이 사람들에게 잘된 일이 될 수 있는 방식으로, 그리고 그런 시점에 대화를 끝내는 것이다. 대부분의 경우 1단계("1분만 잠깐 이야기할 수 있을까요?")로 인해서 일정 시간이 지나면 자연스럽게 대화가 종료될 것이다. 그러나 조심하라. 당신의 도출 시도가 생각보다 효과적이어서 관심인이 더 오랫동안 이야기에 몰입할 수도 있다. 이때 원하는 정보를 얻었다고 해서 대화를 불쑥 끝내면 건방지고 자기 목적에만 신경 쓴다는 인상을 주게 된다. 상대방은 무시당하는 느낌을 받을 것이며 당신을 만난 것은 그에게 잘된 일이 아닐 것이다. 대화에서 인내심을 발휘하여 능동적으로 경청하고 원하는 것을 얻은 후에도 친절하게 응대하라. 대화의 주인공은 당신만이 아니다.

이 책에서 설명하는 다른 전략들과 마찬가지로 도출 또한 연습할수록 자연스럽게 느껴질 것이다. 주위 사람들, 생판 낯선 사람들, 친구, 가족, 동료를 상대로 매일 연습하라. 처음에는 스타벅스에서 만난 사람의 이름이나 당신의 10대 자녀의 학교 생활과 같은 비교적 사소한 정보를 얻으려고 시도하라. 그러다가 자신감이 쌓이면 도출을 이용하여 주변 사람들에게서 의미 있는 정보를 끌어내보라. 상대방은 당신과의 관계를 진전시키는 것에 대해서 내심 어떻게 생각할까? 상사는 당신의 성과에 겉보기만큼 만족할까? 최대 고객이 내년에 주문량을 늘리려고 할까, 줄이려고 할까? 지난주에 10대 자녀가 참석한 파티에서 무슨 일이 일어났을까? 이런 궁금증을 모두 해소할 수 있을 것이다!

도출을 다음 단계로 끌어올리기

목적을 가지고 대화를 진행하기가 점점 수월해졌다면 몇 가지 부가 기법을 동원하여 더 좋은 결과를 얻을 수 있다. 이 장 첫머리에서는 그런 기법의 하나인 "신뢰 확신"을 살펴보았다. 나는 FBI 행동분석 프로그램 책임자를 지낸 로빈 드리크와 협력하여 사람들의 마음을 열고 그들이 정보를 "누설"하도록 하는 5가지의 부가적인 도출 기법을 개발했다.

부가 기법 1 : 명백히 틀렸거나 비논리적인 진술을 하라

이 책에 나온 기법 중에서 딱 하나만 시도하겠다면 이 기법을 시도하기 바란다. 사람들은 상대방의 말이 틀렸다고 생각하면 그것을 바로잡고 싶어하며, 그 주제에 대해서 확고한 의견을 가진 경우라면 더더욱 그렇다.[6] 당신이 슈퍼마켓에 갔는데 누군가가 당신이 좋아하는 축구 팀에 대해서 터무니없는 거짓말을 늘어놓는다면 당신은 그 말을 반박하려는 강한 충동을 느낄 것이다. 최소한 흥분하여 이렇게 생각할 것이다. "저 사람은 자기가 무슨 말을 하는지도 모르는 채 지껄이고 있어!" 정보를 도출할 때에는 이 성향을 유리하게 활용할 수 있다. 상대방이 어떤 주제에 관심을 두는지 안다면 의도적으로 틀린 말을 하라. 그러면 그는 당신의 말을 바로잡아줄 것이며 그 과정에서 당신이 몰랐던 정보를 알려줄 것이다. 심지어 터무니없거나 말이 안 되는 발언을 내뱉어도 올바른 정보로 교정해줄 것이다. 나의 수강생 한 명은 점심 먹는 사람들에게 접근하여 이 방법으로 생일을 알아냈다. 그는 손님 중의 하나에게 말했다. "안녕하세요. 딸기를 드시고 계시는군요. 생일이 2월인가 봐요."

딸기를 먹는 것과 생일이 2월인 것 사이에는 아무 관계도 없었지만, 사람들은 그의 말을 정정했다. "아니요, 7월입니다."

"아, 4일인가요?"

"아니요, 21일이에요."

그는 "아, 그렇군요"라고 말하고는 대화를 이어갔다.

부가 기법 2 : 구간을 제시하라

상대방에게서 정확한 숫자를 알아내야 한다면 당신이 예상하는 최고치와 최저치를 제시해보라. 관심인은 수치가 그 구간 안에 있는지 확인해줄 가능성이 있으며 심지어 정확한 숫자를 알려줄지도 모른다.[7] 차를 구매하는 데에 이골이 난 사람들은 흥정의 여지가 얼마나 있는지 파악할 때에 늘 이 기법을 활용한다. 이를테면 이렇게 말하는 것이다. "이 차를 사고 싶은데 만일 할인이 가능하다면 정가에서 5,000달러에서 1만 달러 정도 깎아주실 수 있을까요?" 영업 사원이 흥정에 관심이 있다면 이렇게 대답할 것이다. "아무리 할인해도 4,500달러 정도까지가 한계입니다." 이제 당신은 흥정을 어디까지 밀어붙일 수 있을지 더 분명히 알게 되었다. 만일 당신이 다짜고짜 "정가에서 4,000달러 깎아주시면 살게요"라고 말했다면, 영업 사원은 으레 그럴 수 없다고 대답할 것이다. 그들 입장에서는 조금이라도 더 비싸게 팔고 싶기 때문이다. 그러나 당신이 현실적이면서도 당신에게 조금 더 유리한 범주를 제시하면 흥정이 진행될 수 있는 현실적인 출발점에 서든지, 합리적인 가격선에서 영업 사원과 협상할 가능성이 없음을 알게 되든지 둘 중 하나의 성과를 얻을 수 있다.

부가 기법 3 : 당신이 무엇인가나 누군가를 안다고 생각하게 하라

당신이 어떤 것이나 누군가에 대해서 빠삭하게 안다고 상대방이 생각한다면 그는 더욱 편안하게 이야기할 것이다. 나는 어떤 건물에 침투할 때에 휴대전화의 주소록에 저장된 동료의 이름을 이 회사 부사장의 이름으로 바꿔두었다. 그러고는 동료에게 차에서 좀 기다리면서 건물 창문을 들여다보며 나와 경비원의 소통을 살펴달라고 요청했다. 어느 순간, 그는 내가 말썽에 휘말린 것을 보고서는 나에게 이렇게 문자 메시지를 보냈다. "대체 어디 있는 거요? 15분째 기다리고 있잖아요."

나는 글래스도어Glassdoor(직장 평가 사이트/옮긴이)에서 이 회사를 조사하여 부사장의 평판이 고약하다는 사실을 알아냈다. 직원들은 그의 밑에서 일하는 것이 고역이라며 울분을 터뜨렸다. 이 사실을 염두에 둔 채 나는 두툼한 서류 뭉치를 가지고 대담하게 로비에 들어섰다. 나는 경비원 앞에서도 걸음을 늦추지 않은 채 마치 그냥 지나치려는 사람처럼 발을 재게 놀렸다. 경비원이 말했다. "잠깐만요. 멈추십시오. 그런 식으로 들어오실 수는 없습니다."

내가 말했다. "정말요? 제가 방금 나가서 차에 있는 서류 꺼내 오는 거 못 보았어요?"

경비원이 말했다. "무슨 말씀을 하시는지 모르겠습니다."

내가 말했다. "이봐요, 시간이 없다고요. 당신이 근무 중에 조는 거야 당신 사정이지만, 나는 몇 분 있으면 회의가 시작되니 서류 가지러 잠깐 나갔다가 온 것이라고요."

경비원이 고개를 저으며 말했다. "출입증을 봐야겠습니다."

그가 이렇게 말하던 찰나 동료의 문자 메시지가 도착했다. 주소록에서 이름을 바꿔두었기 때문에 메시지는 마치 부사장에게서 온 것처럼 보였다.

나는 휴대전화를 들어 발신인을 보여주며 말했다. "정말 이럴 거예요? 당장 통화 버튼을 눌러서 내가 왜 못 올라가고 있는지 이야기할까요?"

그가 손을 내저으며 말했다. "아닙니다, 괜찮습니다. 통과하셔도 좋습니다."

이 경우 나는 내가 모르는 어떤 것(이 경우에는 누군가)을 아는 것처럼 거짓말을 했다. 그러나 일상생활에서라면 당신은 진실만을 이야기하고 싶을 것이다. 거짓말은 비윤리적일 뿐만 아니라 당신을 난감한 상황에 빠뜨릴 수도 있다. 나는 물리학 교수에게서 정보를 얻어내려고 그의 양자물리학 논문을 좋아한다는 밑밥을 가지고 그에게 접근한 적이 있다.

그러나 나는 양자물리학에 대해서는 아무것도 몰랐다(지금도 모른다). 그가 논문의 어느 부분이 마음에 들었느냐며 궁금한 것이 무엇이냐고 묻자 나는 대답이 궁했다. 그는 내가 거짓말한 것을 알아채고는 불편한 심기를 드러냈으며 "논문을 읽은 후에 다시 찾아오시오"라며 자리를 떴다. 처참한 실패였다.

부가 기법 4 : 믿기지 않는 척하라

당신이 관심인의 말을 믿지 못하겠다는 시늉을 하면 그는 자신을 변호하려고 할 것이며 그 과정에서 정보를 누설할지도 모른다. 단 상대방의 진정성을 의심하는 뉘앙스를 풍겨서 불쾌감을 주지 않도록 주의해야 한다. 담소를 나누고 있는데 상대방이 소설을 썼다고 말하면 "당신이 소설을 썼다니 못 믿겠어요"라고 불쑥 내뱉지 말라. 그보다는 이런 식으로 누그러뜨려서 표현하라. "와, 책을 쓰셨어요? 정말요?" 이 두 번째 반응은 "못 믿겠어요"라기보다는 "당신의 말은 언뜻 듣기에도 놀라우니 더 자세히 말해주세요"라는 뜻이다. 상대방은 필시 당신에게 더 많은 이야기를 해줄 것이며, 자신의 소설이나 글쓰기에 대해서뿐만 아니라 당신에게 흥미로울 다른 것들에 대해서까지 이야기해줄 수도 있다.

부가 기법 5 : 입증된 사실을 인용하라

레스토랑에서 사람들의 행동에 대한 흥미로운 사실을 인용하자 손님들은 자신의 개인 정보를 밝히면서까지 이를 "검증하고" 싶어했다. 그 덕분에 나는 그들의 비밀번호를 알아낼 수 있었다. 단, 우리가 인용한 통계는 꾸며낸 것이 아니라 직접 찾아낸 실제 자료였다. 이 기법을 활용하려거든 사전에 공부하여 대화에 도움이 될 법한 사실들을 찾아내라. 일반적으로는 대화를 시작하기 전에 적절한 정보를 많이 모을수록 유리하다. 회사의 입지를 다지기 위해서 특정 주제의 업계 콘퍼런스에 참석할 예정이라면, 해당 주제에 대해서 자료들을 읽고 대화의 계기가 될 만한 흥미로운 이야기들을 수집하라.

> 슈퍼마켓에서 누군가와 대화를 시작하라. 당신의 목표는 앞에서 설명한 도구를 하나 이상 이용하여 상대방이 태어난 달을 알아내는 것이다. 상대방에게 접근하여 단 한 문장 만에 알아내면 보너스 점수를 얻는다. 한 가지 기법만 선택하겠다면 고의적인 거짓 진술을 선택하라. 얼마나 효과가 뛰어난지 알면 오싹할 것이다!

이 기법들을 연습하여 초반에 성공을 좀 거둔다면 도출 능력에 대한 자신감이 더욱 커질 것이다. 그러나 우쭐하지는 말라. 수강생들이 실패하는 한결같은 이유는 자신감이 넘쳐서 계획보다 더 많은 정보를 얻어내려고 하기 때문이다. 욕심을 부릴수록 무리수를 두기 쉽다. 당신이 정보를 캐내려고 한다는 것을 관심인이 알아차리는 순간 그는 이용당한다는 느낌을 받고 입을 닫아버릴 것이다. 또한 당신을 만난 것을 후회할 텐데, 이것은 당신이 원하는 결과가 아니다. 상대방의 표정과 몸짓언어를 보면 당신의 기법이 언제 통하지 않는지를 알 수 있다. 필요하다면 물러나라. 모두가 당신에게 당신이 찾는 정보를 주지는 않으며 매번 주는 것도 아니다. 관심인이 심기가 불편하거나 급한 일이 있을 수도 있고 당신이 던진 질문이 반향을 일으키지 못했을 수도 있다.

무엇보다도 상대방에게 집중하고 그들 눈높이에 맞는 말과 행동을 하라. 이것은 무엇을 말하느냐뿐만 아니라 어떻게 말하느냐에도 해당한다. 다음의 사소한 요령을 내가 어디서 터득했는지는 기억나지 않지만, 나는 수강생들에게 관심인이 하는 말의 어조, 즉 장단, 빠르기, 크기, 음높이에 주목하라고 말한다. 한편으로, 이 4가지 대화 요소의 변화는 당신이 관심인과 관계를 맺는 데에 실패하고 있으며 불신이 쌓이고 있음을 암시한다. 다른 한편으로, 상대방의 어조를 흉내 내면 더 쉽게 관계를 맺을 수 있다. 물론 상대방의 억양을 무턱대고 따라 하면 사기꾼처럼 보이거나 그를 조롱하는 것처럼 보일지도 모른다. 그러나 불쾌감을 유발하지 않고 상대방의 어조(특히, 크기와 빠르기)에 맞출 수도 있다. 이를테면 대도시 출신에게는 조금만 더 빠르고 크게 말하라. 그러면 상대방은 대화를 더 자연스럽게 느낄 것이며 무의식중에 마음을 훨씬 더 열고 싶어할 것이다.

더 깊은 연결을 위한 자기 해킹

사람들은 술을 사교의 윤활유라고 부르는데, 실제로도 그렇다. 이 장에서 설명한 기법들도 마찬가지이다. "입담"을 타고난 사람들도 있지만 그렇지 않은 사람들은 노력해서 얻어야 한다. 달인이든 초보자이든 간에 당신 역시 대화의 기술을 숙달하여 자신에게 유리하게 활용할 수 있다. 그 결과는 대화를 더 능수능란하게 주도하고 더 많은 정보들을 얻어내고 사람들이 당신과 함께 있는 것을 좋아하게 하고 당신에게 호감을 가지도록 하는 것에 그치지 않는다. 이 기법들은 사람들과 더욱 깊은 관계를 맺을 기회를 주며 당신은 이를 통해서 때로는 예기치 않은 상황에서, 심지어는 완전히 낯선 사람과도 가까워질 수 있다.

이 장 첫머리에서 소개한 연습 과제를 떠올려보라. 생판 낯선 사람이 전에는 아무에게도 말한 적 없는 비밀을 당신에게 털어놓게 하려면 어떻게 해야 할까? 나의 젊은 수강생 두 명(남성과 여성)은 라스베이거스의 한 호텔에서 이 과제에 도전했다(우리는 종종 그러듯이 라스베이거스에서 교육을 진행하고 있었다). 두 수강생은 도박 테이블과 슬롯머신 주위를 돌다가 60대 부부를 만나서 대화를 시작했다. 둘은 금세 노부부와 라포르를 형성했으며 삶, 가족, 심지어 소중한 신념들에 대해서 담소를 나누었다. 유쾌하면서도 대수롭지 않아 보이는 대화를 20분쯤 주고받은 후에 남자 수강생은 이제 라포르가 충분히 확립되었으니 무슨 질문을 던져도 진지한 대답을 얻을 수 있으리라고 판단했다. 그래서 이렇게 질문을 던졌다. "저희는 오늘 밤 낯선 사람을 만나서 친분을 쌓으려고 돌아다니고 있었어요. 그런데 그렇게 하는 가장 좋은 방법은 '누구에게도 말하지 않은 이야기를 해주시겠어요?' 같은 내밀한 질문을 던지는 것이더군요. 이 질문을 드린다면 선생님은 뭐라고 답하실 건가요?"

60대 부부는 서로를 쳐다보았는데, 둘 다 눈에 눈물이 그렁그렁했다. 아내가 흐느끼기 시작했다.

남자 수강생은 당황했다. '내가 무슨 짓을 한 거지?'

남편이 수강생들을 바라보며 말했다. "1년 전에 우리 아들이 자살을 했습니다. 끔찍한, 지독히도 끔찍한 해였죠. 2주일 전에 우리는 서로에게 맹세했습니다. 제가 아내를 죽이고 저도 총으로 자살하기로요."

두 수강생은 말문이 막혔다.

남편이 소매로 눈물을 닦는 동안 아내가 가까스로 마음을 추스렸다. "우리는 모든 계획을 세웠지만, 막판에 결행을 하지 못했어요. 그래봐야 무슨 소용이 있겠어요? 그래서 우울증과 자살 충동에 시달리는 젊은 이들을 돕는 일에 여생을 바치기로 마음먹었어요. 여기 라스베이거스에 온 것은 마지막으로 즐거운 시간을 보내기 위해서예요. 그런 다음 노후 저축을 모조리 찾아서 우리의 사명에 헌신할 거랍니다."

두 수강생은 노부부를 끌어안았으며 그후로도 30분간 이야기를 나누며 함께 웃고 울었다. 그러고 나서 저녁을 같이 먹고 전화번호를 교환했다. 두 수강생은 훈련이 끝나고 집에 돌아가서도 부부와 계속 연락을 주고받았다. 그들의 관계가 더욱 발전했는지, 지금도 연락을 주고받는지는 모르겠지만, 내가 아는 사실은 도출 기법의 적용이 매우 특별한 친밀감의 계기가 되었고 이를 통해서 의미 있는 관계를 맺을 수 있었다는 것이다.

두 수강생은 부부에게 무작정 다가가 남들에게 한 번도 말하지 않은 것을 이야기해달라고 조르지 않았다. 그들은 라포르를 쌓음으로써 그 질문을 던질 기회를 만들어냈다. 노부부에게 다정하게 다가가서 그들의 삶에 악의 없는 관심을 보이고 그들의 말에 귀 기울이고 사려 깊은 후속 질문을 던지고 노부부가 대화에 순간순간 어떻게 반응하는지에 주목하여 그에 따라서 행동을 조율했다. 두 수강생은 나름의 의도가 있었지만, 이를 추구하는 과정에서 자신들이 무슨 말을 하는지, 어떻게 말하는지에 대해서 훨씬 세심하게 생각했다. 도출은 그야말로 초능력이며, 이를 윤리적으로 구사한다면 당신은 사람들을 설득하고 정보를 얻어낼 수 있을 뿐만 아니라 그들이 자연스럽게 마음을 열고 싶어하도록 (짧게

나마) 진정한 관계를 형성할 수 있다. 도출을 비롯하여 이 책에서 설명하는 전략들은 연습할수록 실력이 향상된다. 그러면 당신의 모든 관계가 더 나은 쪽으로 바뀔 것이다.

지금까지 살펴본 주제인 밑밥 깔기, 라포르 형성하기, 도출 기법, 영향력 기법은 모두 사회공학의 긍정적이고 친사회적인 측면에 속한다. 악당들이 이를 이용하여 타인에게 피해를 입히기는 하지만, 선량한 사람들은 남을 도우면서 자신의 목표를 추구하는 일에 이 기법들을 활용할 수 있다. 그러나 해커의 연장통에는 일상생활에서 쓰면 안 되는 도구들도 있다. 이 도구들은 엄청나게 강력하지만 반드시 피해를 유발하며, 경우에 따라서는 매우 심각한 피해를 일으키기도 한다. 내가 지금 이야기하는 것은 조종이라는 어둠의 기술이다. 돈이나 귀중한 것을 뜯겨본 경험이 있다면 조종이 얼마나 해로울 수 있는지 알 것이다. 다음 장에서는 조종이 어떻게 작동하는지를 살펴볼 것이다. 이것은 조종을 구사하여 이득을 취하기 위해서가 아니라 사기꾼, 협잡꾼, 첩보원 같은 악당들을 경계하기 위해서이다. 세상에는 못된 사람들이 있다. 가장 좋은 방어법은 그들의 수법을 아는 것이다.

제6장

악행을 중단시켜라

당신을 조종하려는 자들의 수법을 파악하고
꿰뚫어보아서 자신을 보호하라

많은 사람들은 휴먼해킹이 사람을 "조종"하는 일이라고 생각한다. 그러나 나의 생각은 다르다. 앞에서 설명한 기법들을 이용하여 영향력을 행사하면, 사람들은 당신이 원하는 것을 들어주고 싶어한다. 사람들이 당신을 돕는 것에 만족감을 느끼기 때문이다. 조종은 이와 다르며 훨씬 음침하다. 사람들을 조종한다는 것은 그들에게 기만적인 속임수를 쓰거나 심지어 사람들이 강제로 당신의 소원을 들어주게끔 만든다는 것이며, 그 과정에서 막대한 피해를 입힐 때도 많다. 우리 팀은 조종 기법을 거의 쓰지 않으며 나는 당신에게 조종 기법을 아예 쓰지 말 것을 촉구한다. 그럼에도 불구하고 조종 기법에 대해서는 알아두어야 한다. 그래야 당신을 조종하려는 악독한 자들로부터 스스로를 보호할 수 있기 때문이다.

대학교에서 퇴학당하고 요리사가 되기 전에 나는 휴먼 해킹 기술을 동원하여 일자리를 하나 얻었는데, 농민들에게 장애보험을 파는 일이었다. 그러나 플로리다 주 서해안 출신의 스무 살짜리 서퍼surfer가 농사와 농촌 생활에 대해서 무엇을 알겠는가. 보험에 대해서는 더더욱 아무것도 몰랐다. 그러나 회사는 나를 믿고는 지사의 최고 영업 사원을 나의 파트너로 붙여주면서 영세한 농민들에게 장애보험을 파는 기술을 나에게 가르치게 했다.

교육은 가관이었다. 최고의 영업 사원이라는 작자(그레그라고 부르겠다)는 농민들에게 실제로 필요한 것보다 훨씬 더 비싼 보험을 팔려고 뻔뻔스럽게 거짓말을 했다. 판촉 전화를 하다가 연결된 어떤 농민의 농장 가치와 소득 수준을 고려했을 때에, 그에게는 작업 중의 부상을 대비하여 보험금액 17만 5,000달러의 장애보험에 가입하는 것이 적당하다고 가정해보자. 그레그는 월 보험료가 훨씬 비싼 보험금액 100만 달러짜리 보험을 팔기 위해서 농민이 보험에 가입하지 않고 부상을 입었을 때에 어떤 일이 벌어질지를 무시무시하게 묘사했다. 그가 숫자를 주워섬기며 말했다. "당신 가족은 농장을 잃을 겁니다. 당신은 빈털터리가 되고 자녀분들은 아무도 대학교에 가지 못할 겁니다. 인생이 망가진다고요."

이 시나리오에 신빙성을 부여하기 위해서 그레그는 이웃 지역에서 기계 사고로 다리를 잃고 빈곤층이 된 농부의 이야기를 마치 실화인 것처럼 지어냈다. 그레그에 따르면 그 농부의 아내는 지금 월마트에서 시급 6달러에 일하고 있었다. 자녀들은 학교를 중퇴했는데, 몇몇은 고된 장시간 노동에 시달렸으며 몇몇은 마약 중독자가 되었다. 농부는 생활비를 대느라 노부모에게 손을 벌려야 했다. 건강보험을 감당할 수도 없었다. 이 모든 것이 농부가 100만 달러짜리가 아니라 수만, 아니 수십만 달러짜리 보험에 가입했기 때문이라며 그레그는 으름장을 놓았다. 고객이 그 이야기가 진짜라는 증거를 보여달라고 요구하자 그레그는 비밀 유지 의무를 내세우며 이를 거부했다. 그가 "8-9개월 전에 신문에서 보셨을 텐데요"라고 말하면 대다수 고객들은 고개를 끄덕이며 수긍했다.

앞에서 보았듯이 영향력을 행사하는 비결은 상대방이 나와 비슷하게 생각하도록 함으로써 그가 자발적으로 나의 소원에 부응하게 하고 그것이 그의 생각이자 그에게 최선이 되도록 하는 것이다. 이에 반해서 조종은 사람들의 감정을 악용하여, 그에게 어떤 영향이 미치든 상관없이 상대방이 **억지로** 내가 원하는 대로 행동하게 하는 것이다. 그레그가 나에게 가르쳤듯이 그리고 내가 그후로 수없이 목격했듯이, 조종은 손쉽고 오싹하리만치 효과적이다(그레그가 보여준 것과 같은 노골적인 사기는 언제나 아니었지만). 우리는 두려움, 고통, 욕망과 같은 강렬한 감정을 느끼면 이성 능력이 마비되는데, 그러면 편도체라는 호두만 한 작은 회색질 덩어리가 뇌를 장악한다. 대니얼 골먼은 이 반응을 "감정 납치"라고 불렀다.[1] 그레그는 이 수법을 숙달하여 뻔뻔하게 구사함으로써 감정 납치 반응을 자유자재로 일으켰다. 그러면 표적은 "투쟁-도피" 상태에 빠져서 성급하고 비합리적인 결정을 내렸다. 몇몇 고객들은 이 덫에서 빠져나와서 비판적 질문을 던지고 퇴짜를 놓았지만 대부분은 그레그가 권하는 대로 했다. 그는 승승장구했다. 농민들은 막대한 보험료에 허덕였다.

그레그처럼 상대방을 조종하는 자들은 어디에나 있다. 대부분의 영업사원, 정치인, 변호사, 언론인, 종교인들은 윤리적으로 행동할 테지만, 자신의 목표를 이루기 위해서 우리의 두려움, 증오, 욕망 따위를 부채질하는 사람을 찾기란 어렵지 않다. 조종은 영리 부문에도 널리 퍼져 있다. 라스베이거스에서는 시계 반입을 금지하고 자연광을 차단하여 우리가 블랙잭 도박판에서 이성을 잃도록 하고[2] 매장에서는 유혹적인 향을 뿜어서 우리가 더 오래 머무르며 물건을 사도록 하며[3] 텔레비전에서는 수십억 달러의 광고비로 우리의 감정을 악용하여 필요 없는 제품과 서비스를 사게 한다. 불법적인 조종은 말할 것도 없다. 무수한 스팸 전화, 이메일, 문자 메시지는 어떤 정보를 내놓거나 돈을 지불하거나 어떤 행동을 취하지 않으면 무시무시한 법적 조치나 해고나 끔찍한 일을 당할 거라고 사람들을 협박한다. 조종 수법을 쓰는 스캠은 해마다 수조 달러의 부정 수익을 챙길 뿐만 아니라 피해자들에게 심각한 정서적 피해를 입힌다. 한 끔찍한 사례를 보면 어떤 남자가 랜섬웨어 해킹을 당했는데, 포르노를 내려받은 사실이 적발되었다며 벌금 2만 달러를 내라는 거짓 통보를 받았다. 그런 거액을 마련할 수 없던 남자는 자포자기하여 네 살배기 아들을 죽이고 자신도 스스로 목숨을 끊었다.[4]

사회공학자로서 나는 IT 시스템과 건물을 해킹할 때에 늘 조종을 활용하지만, 클라이언트의 요청에 따라서, 그들이 정한 테두리 안에서만

활동한다. 조종 때문에 나를 만난 것이 표적들에게는 잘된 일이 아닐 때도 많다. 그러나 그로 인한 사소한 스트레스는 중요한 목적에 일조한다. 그것은 회사를 불법 해커들로부터 지키는 것이다. 이 장에서는 해커를 비롯한 범죄자가 원하는 것을 얻기 위해서 종종 범죄 수법으로 당신에게 피해를 입혀가며 이용하는 핵심적인 심리 조종 수법을 밝혀냄으로써 당신이 스스로를 보호하고 안전하게 살아갈 수 있도록 할 것이다.

조종을 중단하라

조종 기법을 이해해야 하는 이유는 또 있다. 당신 자신이 무심결에 조종 기법을 구사하지 않도록 하기 위해서이다. 원하는 것을 얻기 위해서 어둠의 기술에 의지하는 것은 부도덕한 개인과 기업만이 아니다. 우리 모두 시시때때로, 사소하거나 미묘하게 별생각 없이 조종을 구사한다. 나는 덩치가 꽤 커서, 비행기 창가에 앉으면 옆에 앉은 가운데 자리 승객을 밀어 누르게 될까봐 늘 전전긍긍한다. 내가 비행기에 일찍 탑승했고 좌석이 예약제가 아니면 나는 초조한 눈으로 승객들을 훑어보며 나의 옆에 아무도 앉지 않기를 기도한다. 인정하기는 싫지만 기도만 한 것은 아니다. 마치 자리 임자가 있는 것처럼 재킷이나 소지품을 좌석에 올려놓은 적도 있었고 팔다리를 살짝 벌려 감히 나의 옆에 앉을 엄두를 내지 못하게 한 적도 있었고 헤드폰을 쓰고 음악을 듣는 체하여 승객들이 나에게 자리가 비었느냐고 묻기를 망설이게 한 적도 있었다.

내가 승객들을 다른 데에 앉히기 위해서 영향력을 발휘할 생각이었다면 정중한 대화를 시도하여 다른 곳에 앉아달라고 친절하게 부탁했을 것이다. 그러나 나는 불쾌한 감정, 즉 임자가 있는 자리에 앉았다가 "규범을 어기게" 되거나 무례하게 보일지도 모른다는 두려움, 오만해 보이고 타인의 개인적인 공간을 존중하지 않는 듯한 다한증 거구 옆에 앉는 것에 대한 혐오감을 촉발함으로써 허위로 그들의 판단을 강제했다. 나의 조종은 이기적이고 매정하고 무례했다. 중대한 피해를 일으키지는 않았지만, 승객들의 하루가 좀더 고달파지는 데에는 일조했을 것이다.

이런 행동은 낯선 타인들이 공간이나 희소한 재화를 차지하려고 다투는 상황에서 흔히 볼 수 있다. 우리는 친구와 친척처럼 자신의 삶에서 중요한 사람을 대할 때에도 사소하게나마 조종에 의존한다. 배우자가 어떤 행동을 해주기를 바랄 때에 당신은 언제나 솔직하고 다정하게 다가가는가? 아니면 상대방이 당신의 바람대로 행동하지 않는 것이 얼마나 끔찍한 일인지 그리고 당신의 바람대로 행동하는 것이 얼마나 근사한지 암시하여 그의 감정을 자극함으로써 억지로 행동을 이끌어낼 때도 있는가?

어느 날 오후 나는 저녁으로 스테이크를 꼭 먹고 싶었는데 아내는 그날따라 고기를 전혀 먹고 싶지 않아 했다. 차를 몰고 어디론가 가던 중에 나는 아내의 머릿속에 맛있는 고기 요리의 이미지를 심기로 했다. "전날 밤 먹은 바비큐 냄새 기억나? 정말 끝내주더라!" 나는 고기 굽는 이야기를 계속 떠벌려서 우리가 좋아하는 구이가 그녀 머릿속에 떠오르게 했다. 그리고는 조금 지난 뒤에 저녁으로 무엇을 먹고 싶으냐고 물었다. 그녀가 말했다. "잘 모르겠어. 근데 왠지 스테이크가 당기네." 그날 저녁 우리는 정말로 스테이크를 먹었다. 나는 그녀를 조종하여 그녀가 채식 욕구를 버리도록 했다. 그녀가 부정적인 결과를 겪은 것은 아니었지만, 상황이 달랐다면(이를테면 심장에 문제가 있어서 의사의 지시에 따라서 동물성 단백질을 삼가고 있었다면) 그렇게 되었을지도 모른다. 어느 쪽이든 나는 이기적으로 행동했고 그녀의 필요나 욕구는 전혀 고려하지 않은 채 그녀의 정서적인 약점을 악용하여 나의 바람에 응하도록 했다.

당신이 부모라면 자녀를 단속하려고 조종을 활용하고 있을지도 모른다. 자녀가 제때 잠자리에 들지 않고 숙제를 빼먹고 집안일을 게을리할 때에 대화를 통해서 자녀가 규칙을 따르고 **싶도록** 장려할 수 있지만, 우리가 스트레스를 받았거나 피곤하다면 그러기가 쉽지 않다. 그래서 우리는 부모가 자녀에게 베푸는 온갖 은혜를 거론하며 이 간단한 바람조차 들어주지 못하는 것에 대해서 자녀가 죄책감을 느끼게 한다. 또는 자녀가 말을 듣지 않으면 혜택을 빼앗겠다고 협박하여 두려움을 불러일으킨다. 원하는 대로 하면 디저트를 주겠다며 뇌물 공세를 펴기도 한다. 부모의 이 모든 일상적 해킹은 아무리 사소해 보일지라도 엄연한 조종이다. 공감으로 이끄는 것이 아니라 억지로 복종을 강요하기 때문이다.

조종을 삼가면 관계를 개선할 수 있다. 그러려면 더 깊이 생각하고 노력을 더 많이 기울여야 하지만, 당신은 일상생활에서 자신의 뜻을 강요하는 것이 아니라 영향력을 발휘함으로써 상대방에게 더 친절하게 대하고 공감을 표하게 될 것이다. 더 많이 귀 기울이고 더 잘 이해하고 상대방이 원하고 필요로 하는 것을 더 많이 선사하고 라포르와 신뢰를 쌓을 것이다. 배우자와 함께 결정을 내리는 과정에서 상대방의 자유의지를 미묘하게 침해한다면 라포르와 신뢰를 쌓을 수 있겠는가? 자녀에게 숙제하면 사탕을 주겠다고 약속하는 방식으로 관계를 돈독히 할 수 있겠는가? 나는 헤드폰을 쓰고 팔다리를 벌림으로써, 동료 여행객들과 관계를 맺을 기회를 스스로 차버렸다. 내가 상황을 설명하고 상대방에게 다른 곳에 앉아달라고 정중하게 부탁했다면, 그들에게는 친절을 베풀 기회이자 나에게는 감사를 느끼고 표할 기회가 되었을 것이다.

심리학자 J. 스튜어트 애블런은 『변화 가능성^{Changeable}』이라는 책에서 협력적인 문제 해결이라는 접근법을 설명한다. 이것은 부모나 교사처럼 권력을 가진 사람이 단지 강제력을 가졌다는 이유로 상대방에게 순응을 강요하는 것이 아니라, 공감 어린 대화를 통한 "더 다정한" 방법으로 협력적인 해법에 도달하는 것이다. 애블런은 학교, 정신병원, 소년원에서 전통적인 훈육 방식을 버리고 협력적인 문제 해결법을 도입한 이후로 행동 측면에서 극적인 개선이 이루어졌다고 말한다. 한 소아정신과 시설에서는 직원들이 아동의 불량한 행동 때문에 어쩔 수 없이 신체적 제약을 가해야 하는 일이 비일비재했다. 한 해에 263차례나 이런 처벌이 행해지기도 했다. 그러나 협력적인 문제 해결법을 도입하고 1년이 지나자 처벌 횟수는 7차례로 부쩍 줄었다. 이 책에서 내가 설명하는 영향력 기법들을 매우 구체적이고 체계적인 접근법인 협력적인 문제 해결법과 직접 비교할 수는 없다. 그러나 협력적인 문제 해결법의 성공에서 알 수 있듯이 우리는 자신보다 권력이 약한 사람에게 조종 기법이나 훈육 방식을 동원하여 행동을 강요할 필요가 없다. 상대방을 존중하면서 탄탄하고 믿음직하고 공감 어린 관계를 맺을 수 있는 방법들이 있다.[5]

조종 기법이 사회공학에서 매우 효과적인 것은 사실이지만 영향력 기법도 그에 못지않다. 오히려 노골적인 조종보다 더욱 효과적일 때도 많다. 나의 훈련을 담당한 거짓말쟁이 보험 판매원 그레그를 기억하는가? 나와 함께 일하기 시작했을 때에 그는 회사에서 전 세계를 통틀어 최고

실적을 거두고 있었다. 그러나 나는 그 회사에 다니는 동안 그의 권좌를 빼앗고 6개월 동안 1위를 차지했다. 나는 그레그에게서 많은 것을 배웠지만 윤리적인 방법을 선택하기로 일찌감치 마음먹었다. 고객들에게 보험의 필요성에 대해서 솔직히 이야기했으며, 우리 보험에 들었다가 보험금을 수령한 현지 농민들의 사연을 소개할 때에도 검증 가능한 진실만을 들려주었다. 내가 판매한 보험 상품은 그레그보다 액수는 적었지만 개수는 훨씬 많았다. 무엇보다도 나는 사람들에게 진짜 필요한 것을 채워주고 그들의 삶을 개선하는 데에 일조한 것에 보람을 느끼며 밤에 단잠을 잘 수 있었다.

사람들을 조종하여 신속하게 행동을 유도해야 하는 극단적인 절체절명의 상황이 있다는 것은 분명하다. 내가 인질로 잡혀 있는데 인질범을 설득하여 무기를 내려놓도록 해야 한다면 나는 거리낌 없이 경찰 특공대 저격수와 그들의 정확한 사격 솜씨를 거론하여 인질범의 마음속에 극심한 공포감을 일으킬 것이다. 그러나 그런 극단적인 상황이 아니라면 자신의 목표와 타인의 안녕을 동시에 추구하되, 당신에게 조종 기법을 구사하려고 하는 자들을 경계하는 쪽이 **훨씬** 낫다.

감응 원리

당신은 자신을 조종하려는 자들을 쉽게 간파할 수 있다고 생각할지도 모르겠다. 당신은 전화나 이메일에서 매일 스캠을 맞닥뜨릴 때마다 한눈에 꿰뚫어보고 광고와 미심쩍은 영업 사원에게 냉소적인 시선을 던질지도 모른다. 무엇도 당신을 속여넘기지 못한다! 아니, 그렇지 않다. 조종이 너무 만연한 탓에 우리는 자만심에 빠져서 취약해질 수 있다. 시키는 대로 어떤 번호로 전화를 걸거나 터무니없는 금액을 지불하지 않으면 어떤 모호한 이유로 감옥에 가게 될 것이라고 경고하는 어눌한 기계음에 자신이 걸려들 거라고 생각하는 사람은 없을 것이다. 그러나 스캐머는 언제나 수법을 발전시키며, 점점 더 정교하고 기발한 방법으로 허를 찌른다.

2019년에 영국의 바클리스 은행은 아름다운 휴양지 빌라를 임대한다는 온라인 스캠에 주의하라라며 경고했다. 범죄자들은 대폭 할인된 가격에 빌라를 임차할 수 있다며 어수룩한 휴양객들을 유혹했다. 그들은 다른 사이트에서 훔친 진짜 사진을 올리고 영국 여행사 협회의 로고를 도용했다. 피해자들은 근사하고 진짜 같은 조건에 현혹되어 경솔히 예약금을 걸었으며 수천 달러를 잃었다. 바클리스 은행이 고객 2,000명을 조사했더니 그들은 충격적일 정도로 어수룩했다. 대다수 고객들은 조건이 "진짜라기에는 너무 좋아" 보여도 예약할 것이라고 답했다.[6]

점차 흔해지는 또다른 스캠으로는 전화를 걸어서 가족을 납치했다며 당장 몸값을 내라고 요구하는 것이 있다. 스푸핑spoofing(의도적인 행위를 위해서 타인의 신분으로 위장하는 것/옮긴이) 기술을 이용하면 가족의 전화기로부터 전화가 걸려온 것처럼 할 수 있다.[7] FBI는 이렇게 말했다. "가상 납치범들은 기존 유괴와 달리 실제로는 누구도 납치하지 않는다. 대신 수법이 들통나기 전에 기만과 위협을 동원하여 피해자로부터 재빨리 몸값을 받아낸다."[8] 당신이 이 스캠을 모르는 상황에서 누군가가 전화를 걸어 한 시간 안에 2,000달러를 보내지 않으면 딸을 죽이겠다고 협박하는데, 발신 번호가 딸의 스마트폰 번호로 되어 있다면 당신은 아마도 겁에 질릴 것이고 심지어 몸값을 치를지도 모른다.

보안 업계나 치안 분야에 종사하는 사람이 아니라면 하루가 멀다 하고 등장하는 새로운 스캠을 일일이 파악할 수 없다. 그러나 구체적인 수법과는 별개로 스캐머가 사람을 조종하는 방법을 깊이 이해하면 피해자가 될 가능성을 줄일 수 있다.

범죄자들은 조종 수법을 이용하여 스트레스나 불안, 초조를 일으킴으로써 피해자들이 최선의 이익에 반하는 결정을 내리도록 한다. 나는 수업에서 이것을 감응 원리라고 부른다. 한 남자와 아들의 죽음으로 끝난 앞의 랜섬웨어 해킹도 이 원리를 활용했다. 거부하면 끔찍한 결과가 일어날 것이라고 협박하는 수많은 스캠들도 마찬가지이다. 노인을 겨냥하여 특히 기승을 부리는 스캠에서는 국세청을 사칭한 해커들이 전화를 걸어서 사회보장 번호가 폐기되어 번호가 재등록될 때까지는 지원금을 받을 수 없다고 말한다. 물론 재등록하려면 비용을 내야 한다. 이 스캐머들은 교묘하다. 다크 웹에서 구입한 프로필을 이용하여 피해자의 이름과 주소, 그밖의 개인 정보를 알고 있다며 겁을 준다. 배경 잡음은 분주한 정부 사무실을 연상시키며 전화번호는 워싱턴 D.C.의 지역 번호를 스푸핑한 것이다. 이런 전화를 받은 노인이 사회보장 지원금으로 생계를 유지하고 있다면 그는 겁에 질려서 비용을 납부할 것이다.

> 30분간 광고를 시청해보라. 그들이 목적을 이루기 위해서 어떻게 조종 전술을 구사하는지 분석하라.

앞에서 설명한 휴양지 임대 스캠이나 자녀에게 숙제를 시키려고 뇌물을 동원하는 부모, 복권에 당첨되었다며 당첨금을 받으려면 링크를 누르라고 꾀는 이메일, 문자 메시지, 전화 통화에서처럼 감응은 긍정적인 감정을 악용할 수도 있다. 또다른 사례로는 고전적인 "꿀단지" 기법이 있는데, 이것은 표적의 욕망을 자극하여 이기적인 목적을 이루는 수법이다. 텔레비전 광고는 이 방법을 구사하여 매력적인 진행자를 출연시키고 그들을 근사하게 치장하여 시청자를 조종한다. "섹스는 팔린다"라는 격언을 들어보았을 것이다. 패스트푸드, 미용 제품, 주류, 저급한 오락을 판촉하는 회사들은 시청자를 현혹하려고 선정적인 이미지를 즐겨 동원한다.[9] 사람들이 충동적으로 구매하는, 별다른 위험이 없는 제품의 경우에는 이런 홍보가 효과적일 수도 있다. 그러나 더 복잡하고 값비싼 제품은 선정적인 광고가 실제로는 그다지 효과가 없다는 사실이 밝혀졌다. 지금 같은 미투#MeToo의 시대에는 패스트푸드 같은 범주의 제품에서 선정적인 광고를 집행하는 것도 예전의 효과를 잃어가는 듯하다.[10]

어떤 광고들은 제품 홍보 과정에서 긍정적인 감정과 부정적인 감정을 모두 자극하기도 한다. 당신이 텔레비전을 보고 있는데, 어떤 광고에서 오물 더미에 누운 채 굶주리는 개의 영상이 나온다고 해보자. 구슬픈 음악과 함께 이런 메시지가 들려온다. "이런 동물을 돕기 위해서 하루에 단 몇 푼만 기부해주시지 않겠습니까?" 그런 다음 행복한 음악이 흘러나오며 당신 같은 사람들의 너그러운 기부 덕분에 그 단체가 구조한 건강하고 활기찬 개들의 사진이 보인다. 이제 당신은 저 죽어가는 개를 도와서 저 놀랍도록 건강한 개로 탈바꿈시키고 싶은 충동에 사로잡혀서 화면에 뜬 번호로 전화를 걸어 기부할 것이다. 그러나 섹스와 마찬가지로 이 전술은 진정성과 실제 효과를 중시하는 영리한 시청자에게는 먹히지 않는다.[11] 일부 전문가들에 따르면 창의성과 유머를 발휘하고 결과를 강조하는 방식, 즉 감정 조종이 아니라 영향력 기법을 동원하는 방식이 대부분의 자선 사업에서 더 많은 공감을 불러일으킨다고 한다.[12]

감응에 이르는 4가지 길

약삭빠른 조종자들은 인간 심리의 여러 측면들을 활용하여 성공 확률을 높인다. 감응 원리에 이르는 다음의 4가지 길은 내가 늘 맞닥뜨리는 것으로, 당신도 일상생활에서 여기에 주의를 기울여야 한다.

감응에 이르는 길 1 : 환경 통제

연구자들이 밝혀냈듯이 물리적인 환경은 우리에게 막강한 영향력을 발휘한다. 하버드 대학교의 심리학자이자 긍정 심리학의 어머니로 추앙받는 엘런 랭어가 이와 관련된 학술 연구를 주도했다.[13] 1981년에 그녀는 획기적이고 참신한 실험을 통해서 병균과 유전자만으로 노화를 설명할 수 있는지, 아니면 다른 심리적인 요인도 노화에 영향을 미치는지를 검증했다. 당시 젊은 학자이던 랭어는 그해 뉴 햄프셔 주에서 70대 노인 여덟 명을 모집했다. 노환으로 인한 일반적 통증에 시달리던 이 노인들은 수도원을 개조한 건물에 입소하여 1959년, 즉 그들이 젊고 생생하던 20여 년 전의 생활 방식으로 돌아갔다. 의복, 오락거리, 시사 토론, 가구 등이 전부 20세기 중엽 그들의 청년기에 맞추어졌다. 그들은 그때의 역사적인 화제들에 대해서 마치 현재의 일인 것처럼 현재형으로 토론했고 심지어 젊은이처럼 취급받으며 건물에 들어가서 혼자 계단을 올라 각자의 방을 찾아가라는 지시를 받았다.

불과 5일 만에 이 사람들의 생체 지표가 극적으로, 심지어 기적적으로 개선되었다. 자세에서 시력까지 모든 것이 달라졌으며 심지어 지팡이를 내던지고 터치 풋볼 경기를 하기로 즉석에서 결정하기까지 했다! 이 실험은 이후에 "시계 거꾸로 돌리기 연구"로 알려졌으며 이제는 고전이 되었으나, 안타깝게도 재현하는 데에 비용이 너무 많이 들고 시대를 앞선 탓에 학계와 일반인들에게는 큰 영향을 미치지 못했다. 이후 수많은 논문들의 저자와 공저자가 된 랭어는 수십 년이 지난 2010년에 BBC와의 공동 작업을 통해서 심신 관계에 대한 우리의 이해를 부쩍 넓혔다는 평가를 받았다.[14]

랭어의 연구에서 우리는 스스로와 남들에게 이롭도록 환경을 구성하는 방법에 대한 힌트를 얻을 수 있지만, 해커와 사기꾼 같은 자들은 환경을 변경하여 표적이 자신들의 목적에 봉사하게 하며 그 과정에서 종종 표적에게 피해를 입힌다. 반대쪽 극단에서는 정보기관들이 테러리스트에게서 정보를 캐내기 위해서 고문에 버금가는 환경 통제 기법을 이용하기도 한다. 2001년 9월 11일 미국이 테러 공격을 받은 후에 조지 W. 부시 행정부는 강화된 심문 방식을 도입했는데, 지속적인 소음, 물고문, 좁고 어두운 "구속 상자" 속의 감금, (신체를 속박하여 고통스러운 자세를 취하게 하는) 수면 박탈 등의 환경 기법을 테러 용의자들에게 구사했다.[15] 이런 기법들에는 논란의 여지가 있다. 고문이 야만적이고 효과가 없으며 표적에게서 민감한 정보를 끌어내지 못한다고 주장하는 사람들이 있는가 하면, "고문은 통한다"라고 주장하며 테러와 싸우기 위해서는 강화된 심문보다도 훨씬 더 가혹한 기법을 복원해야 한다고 주장하는 사람들도 있다.[16] 정서적인 측면을 살펴보면 한쪽 극단에는 라스베이거스 카지노에서 동원하는 환경 통제 기법이 있다. 카지노는 고객들에게서 시간관념을 빼앗을 뿐만 아니라 슬롯머신의 시끄러운 소음과 밝은 조명으로 이용자의 감각을 자극하여 돈을 땄을 때의 흥분을 미리 느끼게 한다. 카지노에서 무료로 제공하는 술과 반라의 여종업원들은 감각 과부하를 증폭하고 고객의 비판적 사고력을 마비시켜서 도박에 더욱 몰입하도록 한다.

카지노와 도박 시설에서 조종으로 돈을 빼앗는 기만적인 수법들*

- 당첨된 슬롯머신에서 계속 요란하게 흘러나오는 축하음은 주변의 모든 사람들이 돈을 따고 있다는 인상을 심어준다.
- 붉은색 조명은 사람들이 더 많은 돈을 쓰도록 자극할 수 있다.
- 어두침침한 조명은 친목 활동보다 도박에 더 집중하도록 할 수 있다.
- 기분 좋은 향기는 사람들이 도박을 더 많이 하도록 할 수 있다.
- 간판에는 부정적인 이미지가 있는 "도박"이라는 단어를 쓰지 않고 "당신의 솜씨를 시험해보세요!"처럼 "여가 활동임을 시사하여 죄책감을 덜어주는 표현"을 쓴다.
- 카지노 안에 현금 인출기를 설치하여 사람들이 도박을 더 많이 하게 한다. 안락한 좌석, 주류 무료 제공, 아름다운 여종업원, 가까운 화장실 등도 여기에 일조한다.

---

* 출처 : Mark Griffiths and Jonathan Parke, "The Environmental Psychology of Gambling," *Gambling : Who Wins? Who Loses?*, ed. Gerda Reith (New York : Prometheus Books, 2003) : 277–92.

- 카지노는 배고픈 고객들이 도박의 유혹을 받도록 도박장 한가운데에 레스토랑을 둔다.

우리의 행동을 조종하려는 자들이 요긴하게 활용하는 환경 통제 요소 중의 하나는 집단적 압력이다. 학생들이 동아리에 가입하기 위해서 외설적이고 고통스러운 신고식을 치르는 이유는 무엇일까? 물론 그들은 신고식 전에 대체로 술에 진탕 취해 있기는 하다. 그러나 이와 더불어서 신고식에 참여하라는 집단적 압력 또한 여간 심하지 않다. 방종한 행위를 떠들썩하게 벌이고 있는 수십 명의 동아리 회원들로 가득한 방을 상상해보라. 음악 소리가 요란하고 술이 넘쳐흐르고 간섭하는 사람은 아무도 없다. 다른 신입생들도 여기에서 언급하기에는 부적절한 방식으로 구타와 신체적인 학대를 당하면서 신고식을 치르고 있다. 그 의미는 분명하다. 그들처럼 신고식을 치르지 않으면 당신은 낙오자가 되어 동아리에서 쫓겨날 것이다. 이런 상황에서는 신입생 개개인의 합리적인 판단력이 현저히 저하되며, "분위기에 휩쓸리지" 않기란 불가능에 가깝다. 이튿날 깨었을 때에 온몸이 쑤시면 신입생은 이런 생각이 들 것이다. "내가 어떻게 그런 짓을 할 수 있었지?" 간단하다. 동아리 회원들이 집단적 압력을 이용하여 그가 설득에 더 쉽게 넘어가도록 한 것이다.

감응에 이르는 길 2 : 재평가 강요

감응에 이르는 또다른 길은 재평가 강요라고 불린다. 이는 상대방에게 모순된 사실들을 제시하여 그들이 자신이 배운 것과 자신이 안다고 생각하는 것에 의심을 품게 하는 기법이다. 가스라이팅gaslighting에 대해서 들어보았을 것이다. 가스라이팅은 관심인이 특정한 사실이나 개념에 대해서가 아니라 아예 자기 자신이 제정신인지에 대해서 의심하도록 만드는 수법으로, 극단적인 형태의 재평가 강요라고 할 수 있다. 모순을 맞닥뜨리면 극심한 혼란이 일어난다. 세상의 작동 방식이 자신이 이제껏 알던 것과 전혀 달라져서 갑자기 자신의 기본 가정이 통하지 않는 것을 발견하게 된다. 이 불확실성은 불안이나 심지어 공포를 일으켜서 스스로에게 이롭지 않은 행동을 하게 한다.

연구에 따르면, 나쁜 미래가 예상될 때보다 미래가 불확실할 때에 더 큰 스트레스를 받는다고 한다. 1994년에 캐나다의 연구진은 불확실성 불내성 척도를 개발하여 불확실성에 대처하지 못하는 것이 어떻게 "인지적 약점"으로 발현하는지와 더불어서 불안이나 섭식 장애 같은 부정적인 결과와 관계가 있음을 밝혀냈다.[17] 2016년에 학자들은 또다른 실험 결과를 발표했는데, 한 연구자의 표현에 따르면 이 실험은 "불확실성과 스트레스의 관계에 대해서 이제껏 고안된 것 중에 가장 정교한 실험"이었다.[18] 많은 게이머들은 게임 경험이 현실과 비슷하고 "체험적"일수록 좋아하는데, 이 실험은 다음과 같이 체험적인 게임으로 진행되었다. 연구진은 피험자들에게 바위를 잇따라 뒤집는 게임을 시켰다. 이따금 바위 밑에서 뱀이 나왔는데, 그럴 때에는 피험자들에게 강력한 전기 충격이 가해졌다.

연구진은 피험자들의 스트레스 자기 보고와 동공 확장 및 발한 같은 생리적인 지표를 위험(연구에서 쓴 표현으로는 "감소시킬 수 없는 불확실성")의 유무와 비교했다.[19] 어떤 결과가 나왔을까? 그렇다. 스트레스와 불확실성은 양의 상관관계가 있었으며, 전기 충격의 불확실성이 50퍼센트(완전한 불확실성에 가장 가까운 상황)일 때 스트레스 수준이 가장 높았다.[20] 사건의 결과를 예측할 수 없을 때에 도파민 활성화와 연관된 뇌 부위가 고도의 경계 태세에 돌입한다는 사실이 나중에 밝혀졌다.[21]

불확실성이 스트레스를 유발한다는 것은 통계나 뇌과학이 아니더라도 알 수 있다. 누구나 경험했을 테니 말이다. 고등학생 때에 공부를 별로 하지 못한 채 까다로운 시험을 치른 적이 있는가? 만일 D⁻를 받을 것이 뻔하다면 당신은 걱정을 그만두고(적어도 덜 걱정하고) 난국을 타개하는 일에 집중할 것이다(이를테면 다른 도움을 받거나 부모에게 혼나지 않을 방법을 궁리할 것이다). 그러나 성적을 예상할 수 없을 때에는 의기양양한 표정으로 저녁 밥상에 앉아 B⁺를 받았다고 부모에게 말하는 장면이나 낙제 사실을 안 부모가 의기소침하고 실망하는 장면을 머릿속에 떠올리면서 불안감에 사로잡힐 것이다.[22]

유능한 사기꾼이 당신을 조종하여 과거의 확고한 신념에 의문을 품게 하면(재평가 강요), 그로 인한 불확실성이 하도 커져서 당신은 불안을 가라앉히기 위해서 평상시라면 들어주지 않을 요청까지도 들어줄 것이다. 10월의 어느 화요일 밤, 당신은 대학생 딸이 기숙사에서 안전하게 지내는지 생각하고 있다. 그때 딸이 납치되었다는 전화를 받는다. 범죄자들은 10분 안에 2,000달러를 송금하지 않으면 딸을 강간하고 살해하겠다고 말한다. 딸이 협박당하는 장면이 머릿속에서 공포감을 자아낸다. 딸이 당신 생각과 달리 기숙사에 안전하게 있는 것이 아니라 어느 미지의 두려운 공간에 갇혀 있다는 것을 알고 경악한다. 이 깨달음 때문에 당신은 딸에 대해서 안다고 생각하는 모든 것을, 즉 그녀의 상황과 어쩌면 심지어 생사까지도 재평가해야 한다. 전화가 스캠이라는 의심이 들 수도 있겠지만, 그 순간에는 불확실성이 너무 커서 무엇을 믿어야 할지 갈피를 잡지 못한다. 그래서 당신은 요행을 바라기보다는 돈을 보내는 쪽을 택한다.

업무 환경에서도 재평가 강요가 작동하는 것을 볼 수 있다. 당신이 회사의 IT 부서에서 일하고 있는데 이 회사는 정보 유출에 대한 규정이 매우 엄격하다고 가정해보자. 누군가가 전화를 걸어서 지난 이틀간 보안 침해 사건이 200건이나 발생하여 윗선 몇 명이 잘리기 직전이라는 이유를 들면서 회사의 최고경영자가 당신에게 정보 제출을 지시했다고 말한다면, 당신은 정보를 알려줄지도 모른다. 그런 급박한 상황에서는 정보 유출에 대한 회사 정책을 준수하는 것이 바람직하지 않을 수도 있기 때문이다. 이 모순 때문에 당신은 무엇을 믿어야 할지 몰라 전전긍긍한다. 그래서 사실 여부를 확인한답시고 최고경영자를 번거롭게 하기보다는 불안감에 굴복하여 규칙에 예외를 둔다.

회사는 직원들이 더 열심히 일하도록 재평가 강요를 동원하기도 한다. 이를테면 단순히 직원들을 해고하는 것이 아니라 몇 달 후에 일정 인원을 해고할 것이라고만 발표한다. 이런 조치가 직원 개개인에게 어떤 영향을 미칠지 생각해보라. 해고 발표 전까지만 해도 직원들은 회사가 잘나가고 일자리가 탄탄하다고 생각했을지도 모른다. 그런데 회사 사정이 어려워서 해고가 임박했다는 소식을 들은 것이다. 실적이 우수한 직원이라도 마음속에는 의심의 씨앗이 뿌려진다. 자신이 회사에 대해서 안다고 생각하던 중요한 사실이 틀린 것으로 드러난다. 이러면 다른 것들도 믿을 수 없게 된다. 불안감이 커지면서 그들은 만에 하나 어떻게 될지 모르니 더 열심히 일할 것이다. 이것이야말로 회사가 해고를 미리 발표하면서 의도한 결과일지도 모른다.

감응에 이르는 길 3 : 무력감 증가

감응에 이르는 세 번째 길은 무척 효과적인데, 그것은 상대방의 힘을 빼앗는 것이다. 사람들은 통제력을 가지고 싶어한다. 깊고 원초적인 차원에서 인류는 통제력을 권력과 동일시하고 권력을 생존과 동일시하는데,[23] 통제력의 핵심은 선택이다. 인간과 동물은 둘 다 (설령 결과가 개선되지 않더라도) 선택권을 가지는 쪽을 선호한다.[24] 「선택하기 위해서 태어나다」라는 재치 있는 제목이 붙은 한 연구 논문에서는 이를 이렇게 표현했다. "환경에 통제력을 행사하고 원하는 결과를 산출하는 능력이 자신에게 있다는 믿음은 개체의 안녕에 필수적이다."[25] 성공하는 회사들은 이 사실을 깨달아서 직원들의 자율성을 확대함으로써 그들의 생산성, 행복, 성과를 증진한다.[26] 하버드 대학교 경영대학원의 란제이 굴라티 교수에 따르면, "지도자들은 사람들이 최선을 다하고 통념을 뛰어넘고 시시각각 현명한 판단을 하도록 하려면 그들에게 재량권을 주어야 한다는 것을 알고 있다. 이것은 하도 자주 언급되어서 상투어가 되었을 정도이다." 특히, 수십 년간의 연구에 따르면 직원들은 "자신의 업무에 선택권과 발언권을 가지고 싶어하며 그들에게 이러한 권한을 부여하면 의욕을 고취하고 성과를 향상시킬 수 있다."[27]

누군가 당신의 (종종 착각에 불과한) 선택권을 빼앗고 이를 통해서 통제권까지 빼앗는다면 당신은 두려움과 심한 불안감을 느껴서 평소와는 다르게 경솔한 판단을 내릴 것이다. 시간이 지나도 통제력을 되찾지 못하면 당신은 이에 익숙해졌다는 이유만으로 순응할지도 모른다. 마틴 셀리그먼과 동료 스티븐 F. 마이어는 이런 결과에 "학습된 무기력"이라는 이름을 붙였다.[28] 1960년대 중엽 펜실베이니아 대학교 대학원생이던 셀리그먼은 개의 회피 학습을 연구하고 있었다. 셀리그먼과 연구진이 개들에게 전기 충격을 가하자, 개들은 이런 학대를 참는 것과 자신의 운명으로부터 탈출하려고 벽을 긁는 것 중의 하나를 선택했다. 학대가 반복되자 몇 마리는 탈출 시도를 포기하고 고문에 굴복했다. 연구자들이 실험 조건을 변경하여 탈출구를 열어둔 채 전기 충격을 다시 가했지만 결과는 같았다. 개들은 대부분 체념한 채 가만히 있었다. 셀리그먼은 결코 괴물이 아니었다. 그는 인간에게서든 개에게서든 간에 학습된 무기력을 되돌리고자 했으며 학습된 낙관주의를 통해서 학습된 무기력을 극복하는 방법을 연구하는 일에 여생을 바쳤다.

감응에 이르는 길 4 : 처벌

이따금 조종자들은 표적을 처벌하거나 처벌의 위협을 가해서 강렬한 감정(이를테면 두려움이나 심지어 공포)을 일으켜 설득에 더 순응하도록 한다. 가장 명백한 예는 고문이다. 그러나 연구에 따르면 고문은 자백을 이끌어내는 데에는 무척 효과적이지만 옳은 정보를 이끌어내는 데에는 형편없다. 과학 잡지 「사이언티픽 아메리칸Scientific American」의 한 논문에서는 이렇게 단언한다. "우리는 고문이 효과가 없다는 것을 400년간 알고 있었다." 이 논문에서 유럽 마녀사냥 광풍 때에 고문을 가한 심문관들을 인용하며 밝혀낸 사실은 우리 모두가 직관적으로 알고 있다. 사람들은 고통에서 벗어날 수만 있다면 무엇이든 자백할 것이다.[29] 그러나 고문을 분별력 있게 실시하면 마법 같은 효과를 거둘 수 있다는 믿음은 사라지지 않았다. 인기 텔레비전 드라마 「24」에서 키퍼 서덜랜드가 연기하는 유능한 심문관 잭 바워는 테러리스트로부터 첩보를 캐내 대도시를 참극과 혼란으로부터 구하기 위해서 필요한 모든 수단을 동원한다. 「사이언티픽 아메리칸」에서는 이렇게 결론을 내린다. "그것은 할리우드 판타지이다. 현실에서는 수감자가 테러리스트일 수도 있고 아닐 수도 있고, 테러 공격에 대해서 정확한 정보를 가지고 있을 수도 있고 아닐 수도 있고, 유용한 첩보를 토해낼 수도 있고 아닐 수도 있다. 그의 동기가 고문에서 벗어나려는 것일 때에는 더더욱 그렇다."[30]

범죄자들도 처벌 수법을 스캠에 동원하는데, 정도는 덜하지만 그래도 무시무시하다. 그것은 컴퓨터 접속을 차단하고 돈을 요구하는 랜섬웨어일 수도 있고 당신이 법을 어겼으며 벌금을 내지 않으면 구속하겠다고 협박하는 무수한 스캠일 수도 있다. 불쌍한 루마니아 남자가 자신과 아들의 목숨을 끊은 것도 바로 그런 협박에 못 이겨서였다.

처벌 위협은 특별히 가혹하거나 극단적이지 않아도 반응을 이끌어낼 수 있다. 한 은행은 조종 수법을 이용하여 직원들로부터 민감한 계좌 정보를 빼내보라는 임무를 우리에게 의뢰했다. 우리의 여성 팀원이 은행 고객의 비서를 사칭하여 고객 담당자에게 전화를 걸었다. 비서는 상사가 출산을 앞두고 있는데 시급한 업무를 처리하기 위해서 계좌 정보가 꼭 필요하다고 설명했다. 고객 담당자는 상사의 신원을 확인하기 위해서 통상적인 검증 질문을 던졌지만 그때마다 상사는 전화기에 대고 진통으로 인한 신음 소리를 냈다.

고객 담당자는 비서에게 사정은 딱하지만 정보를 그냥 알려줄 수는 없다고 말했다. 약 25분간 실랑이를 벌이다가 마지막으로 우리는 "상사"가 진통의 절정에서 비서에게 이렇게 고함지르게 했다. "계좌 정보를 받을 때까지는 전화 끊을 생각 마. 안 그러면 급여가 나갈 수 없어!" 비서는 겁에 질리고 쩔쩔매는 시늉을 하며 고객 담당자에게 민감한 금융 정보를 알려달라고 마지막으로 사정했다. 결국 담당자는 백기를 들었다. 그는 상사와 겁에 질린 비서에게 공감한 것이 분명했다. 우리가 암묵적으로 협박의 수단으로서 삼은 "처벌"은 도움이 절실히 필요한 두 사람을 돕지 않고서 전화를 끊었을 때에 그가 느낄 죄책감이었다. 죄책감과 그에 따르는 정신적 고통에 대한 두려움을 불러일으킴으로써 우리는 원하는 것을 얻었다.

내가 설명한 4가지 길은 종종 서로 겹치며, 정도는 다르지만 4가지를 한꺼번에 구사하는 조종 사례도 흔히 볼 수 있다. 회사에서 해고 계획을 발표한다고 가정해보자. 이 조치는 앞에서 설명한 재평가 강요를 통해서 직원들이 더 열심히 일하도록 만드는 것에 그치지 않는다. 해고에 암시된 "처벌" 위협(일자리를 잃고 실업자가 되는 것) 또한 직원들을 조종하여 2배로 열심히 노력하게 한다. 자신의 직업 전망이 불확실하면 무력감도 증가한다. 고위급 경영진의 결정 때문에 당신의 모든 것이 달라질 수도 있는 것이다. 업무 환경도 달라질 수 있으며, 이는 당신의 두려움을 부추겨서 더욱 열심히 일하도록 만들 것이다. 회사는 해고 계획을 발표하는 것과 동시에 고급 사무용품이나 출장 지원을 줄일지도 모른다. 갑자기 주변의 모든 사람들이 일자리를 잃는 불운한 소수에 속하지 않으려고 도시락을 싸서 야근을 한다. 매일 책상 앞에 앉아 이 모습을 본다면 당신 또한 만연한 두려움에 사로잡혀서 늦게까지 일하게 될 가능성이 다분하다.

며칠이나 몇 주일 후에 누군가에게 해야 할 부탁에 대해서 생각해보라. 종이를 꺼내 가운데에 세로로 선을 그어라. 한쪽에는 영향력 전술을 활용하여 목표를 달성하는 방법에 대한 아이디어를 적어라. 반대쪽에는 여기에서 설명한 감응 원리 수법과 이 수법들이 어떻게 작용할지에 대해서 기록하라. 정도正道를 택하여 영향력을 발휘하라. 자녀가 숙제를 하지 않으려고 할 때에 당신은 대체로 어떤 조종 전술을 구사하는가? 조종을 피하면서도 원하는 것을 얻으려면 어떻게 해야 하는가?

나의 결정적 전환점

수년 전 전문 휴먼 해커로서 첫발을 내디딘 직후, 매우 큰 회사에서 피싱, 비싱, 시설 침입 등 모든 수단들을 동원해서 자신들의 회사에 침투해보라며 나를 채용했다. 우리는 그렇게 했지만 보안이 하도 철저해서 도무지 침투할 수가 없었다. 더는 방법이 없었다. 그때 중단하고 패배를 인정해야 했다. 그러나 나는 자존심 때문에 조종을 동원하여 침투할 계획을 짰다.

나의 여성 동료와 나는 회사 구내식당 마당에 앉았다. 그곳은 야외였고 출입이 통제되지 않았으며 접근이 수월했다. 우리는 회사의 인사 담당 직원을 사칭했으며, 직원들을 대상으로 직장 건강보험에 대한 설문 조사를 실시한다는 밑밥을 세웠다. 양식에는 우리가 은밀히 원하는 정보(직원의 이름, 생년월일, 사원 번호)를 기재하도록 되어 있었다. 이는 우리가 회사 컴퓨터 시스템에 침투하는 데에 필요한 정보였다.

미리 짜둔 계획에 따라서 동료가 나에게 마감을 지키지 못했다고 말하자 나는 자리에서 일어나 그녀에게 양식 더미를 돌려주고는 업무 프로젝트가 엉망이 되었다며 고래고래 그녀를 질책했다. 내가 말했다. "한심한 작자 같으니. 이래서야 자리를 보전할 수 있겠어요? 오늘 밤까지 끝내지 못하면 잘릴 줄 알아요." 내가 분통을 터뜨리자 옆에서 시종일관 우리 이야기를 듣고 있던 남자 두 명이 벌떡 일어나 다가왔다. 나를 한대 후려치려는 줄 알았다.

나는 그들을 보지 못한 척했고 동료는 나를 보호하려고 그들을 막아섰다. 그녀가 말했다. "아니에요, 아니에요. 저기요, 그만 진정하세요. 이분이 스트레스를 많이 받으셔서 그래요. 아내 분과 문제가 있거든요. 제가 이 프로젝트를 끝내야 했는데, 전부 제 잘못이에요. 이분이 저에게 고함지르실 만해요." 그녀는 이 말을 하며 말꼬리를 흐렸다. 눈에는 눈물이 맺히고 어깨도 축 처졌다. 스톡홀름 증후군을 흉내 낸 것이었다.

한 남자가 말했다. "아무도 당신에게 고함지를 권리는 없어요. 누구도 당신을 이런 식으로 대해서는 안 돼요."

회사 간부처럼 보이는 또다른 사람이 이 광경을 바라보다가 다가와서 무슨 일이냐고 물었다.

선한 사마리아인 중의 한 사람이 말했다. "이 여자분의 상사가 방금 여자분에게 고함을 질렀습니다. 오늘 여자분을 해고하겠다는군요."

간부가 말했다. "오늘 누구도 해고되지 않을 겁니다." 그는 양식을 받아 들더니 구내식당에 있는 모든 사람에게 기입하라고 명령했다. 10분도 지나지 않아서 우리는 70장을 취합했다. 컴퓨터 시스템에 침투하는 데에 필요한 것보다 훨씬 많은 정보를 획득한 것이다.

대성공 아니냐고? 결코 그렇지 않다. 우리는 침투를 위해서 조종을 동원했다. 직원들이 우리의 부탁을 들어준 것은 자신들이 바라서가 아니라 우리가 불러일으킨 부정적인 감정 때문이었다. 우리는 처벌 수법을 이용했으며 표적들은 누군가가 모욕당하고 해고 협박을 받는 광경을 보는 정신적 고통을 겪어야 했다. 재평가 강요도 어느 정도 작용했다. 우리가 보여준 상사와 부하 직원 사이의 의사소통은 사내 규범에 명백히 어긋나는 것이었다. 우리의 행동을 보고서 표적들은 혐오감을 느꼈다. 그들은 나의 동료가 안쓰러웠으며 나에게 분노했다. 우리를 만난 것은 그들에게 잘된 일이 아니었다. 오히려 손해였다. 이 회사가 다시는 우리에게 일을 맡기지 않은 것은 우연이 아니다.

통상적인 기법이 모조리 수포로 돌아갔을 때에 우리는 침투 시도를 취소하고 회사의 효과적인 보안 실태를 인정해야 했다. 그랬다면 가장 악독한 협잡꾼들에 대비해야 한다는 명분을 내걸면서 이런 조종 기법을 써보겠다고 제안할 수 있었을 것이고 회사에서도 수락했을 것이다. 그런 후에, 오로지 그런 후에야 나는 이런 기법을 동원한 것에 만족할 수 있었을 것이다.

나의 경력 초기에 일어난 이 사건은 나의 윤리적인 실책이었으며 지금까지도 나는 이 일을 깊이 후회한다. 그러나 다행스럽게도 이 일은 나에게 전환점이 되었다. 그때까지 나는 타인이 받는 피해를 최소화하고 옳은 일을 하려고 노력하기는 했지만 내가 지켜야 하는 윤리적인 기준에 대해서는 별로 고민하지 않았다. 내가 되고 싶은 해커가 어떤 해커인지, 나의 목적이 무엇인지 스스로에게 묻지 않았다. 나는 돈을 위해서 해킹을 하는가? 선한 일을 하고 사람들의 삶에 변화를 일으키는 데에 일생을 바치고 싶은가? 내가 원하는 것이 돈뿐이었다면 이런 수법도 무방했을 것이다. 큰 피해는 일으키지 않았기 때문이다. 그러나 내가 선한 일을 하고 싶었다면, 아무리 효과가 있더라도 (몇 가지 예외를 제외하고는) 이런 수법을 쓰지 말아야 했다.

이 일이 있고 나서, 나는 나의 핵심적인 신념을 반추하고 우리 아이들에 대해서 곰곰이 생각했다. 아이들이 우리 회사에서 일한다면 뻔질나게 사람들을 조종하는 모습을 보여주고 싶지는 않았다. 그런 행동을 직접 시키기는 더더욱 싫었다. 아이들이 나와 함께 일하지 않더라도 내가 주변 사람들을 그토록 매정하게 대한다면 아이들에게 좋은 본보기가 될 수 있을 것 같지 않았다. 이렇게 생각하자 해야 할 일이 뚜렷해졌다. 나는 이제 선한 일을 해야 한다는 사실을 깨달았다. 조종으로 따낸 승리가 얼마나 저질인지 깨달았으며 그런 일은 한사코 피하고 싶었다.

나는 침투 수법을 설계하는 방법, 팀을 훈련시키는 방법, 클라이언트를 대하는 태도 등 회사 운영 방식의 모든 것을 근본적으로 바꿔나갔다. 초심을 잃지 않기 위해서 로빈 드리크의 격언인 "당신을 만난 것이 사람들에게 잘된 일이 되도록 하라"를 우리의 "길잡이 별"로 삼았다. 나는 개인적인 삶에서도 윤리를 무척 중시하게 되었으며 무심코 사람들을 조종하게 될까봐 신경을 곤두세우고 그럴 때면 행동을 바꾸거나 삼간다. 나는 휴먼 해킹 기법을 선한 일에 쓸 수 있는 새로운 방법을 모색했다. 2017년에는 무고한 생명 재단이라는 비영리 단체를 설립했는데, 이곳에서는 해킹 기법을 이용해서 아동 포르노 범죄자를 적발하고 고발한다. 지금까지 무고한 생명 재단이 관여한 사건은 250여 건에 이른다. 나는 완벽하지 않지만 예전보다는 훨씬 나아졌다. 사람들과의 관계가 돈독해졌으며 스스로도 더 행복해졌다. 우리는 빛의 편에 굳게 서 있으면서도 스스로를 지킬 수 있을 만큼 조종에 친숙해질 수 있다. 그러면 더 성공적이고 더 안전해질 것이며 **그러면서도** 사람들에게서 원하는 것을 훨씬 많이 얻을 것이다.

조종을 피하면서도 원하는 것을 더 많이 얻을 가능성을 높이기 위해서 영향력 기법의 효과를 증폭하는 또다른 기법들을 소개하고자 한다. 곧이어 당신이 진정성 있고 자연스럽게 보일 수 있도록 대인 상호작용의 세부 사항을 구성하는 법을 설명할 것이다. 우선은 몸짓언어에 대한 기본적인 이해를 활용하여 타인과의 상호작용을 현저히 개선하는 방법을 살펴보자. 범죄자와 전문 해커들은 당신의 몸짓언어를 빠르고 정확하게 해석하여 당신 내면의 정서 상태를 파악할 수 있다. 그들은 자신의 몸짓언어를 이용하여 자신에게 유리한 정서를 불러일으키는 법도 알고 있다. 몸짓언어에 친숙해지면 남들이 어떤 감정을 경험하는지 더 예민하게 파악하고 자신이 어떤 모습으로 비치는지 더 뚜렷이 인식할 수 있다. 이는 관계를 맺고 남들이 당신을 도와주고 싶어지도록 하는 데에 도움이 된다.

제7장

몸으로 말하라

말을 뛰어넘어 관계를 개선하라

전문 휴먼 해커는 손의 움직임과 표정 같은 타인의 비언어적 소통을 간파하는 실력이 뛰어나다. 전문 휴먼 해커라면 그래야만 하는데, 심리학자들이 밝혀냈듯이 우리의 소통이 대부분 비언어적으로 이루어지기 때문이다. 이 장에서는 저명한 몸짓언어 전문가 폴 에크먼과 나 자신의 연구를 바탕으로 비언어적 소통의 핵심을 소개한다.

여러 해 전에 나는 관급 공사업체의 소유인 사무용 건물에 침투를 시도하는 임무를 의뢰받았다. 그 건물은 보안이 철저했다. 회사는 맬웨어(악성 소프트웨어)를 차단하기 위해서 직원들이 외부 USB를 사내 컴퓨터에 삽입하지 못하도록 엄격히 금지했다. 사내의 모든 컴퓨터에는 "외부 USB 엄금!"이라고 쓴 작은 스티커가 붙어 있었다. 나의 목표는 우리 컴퓨터와 이 회사의 컴퓨터가 통신할 수 있게 해주는 악성 코드가 들어 있는 USB를 안내 직원이 자신의 컴퓨터에 삽입하도록 설득할 수 있을지 알아보는 것이었다.

나는 주차장에 차를 대고 가짜 이력서가 들어 있는 서류철을 꺼내서 김이 모락모락 나는 뜨거운 커피를 일부러 그 위에 부었다. 그러고는 서류철을 들고 정문으로 걸어 들어갔다. 안내 직원이 미소를 지으며 물었다. "안녕하세요, 무엇을 도와드릴까요?" 나는 미소 짓지 않았다. 슬픔, 낙담, 스트레스, 짜증이 뒤섞인 표정을 지었다. 그녀는 내 쪽을 보더니 이렇게 말했다. "저런. 어떻게 된 거예요?"

나는 그녀의 책상에 놓인 사진들을 훑어보다가 아이들과 그녀의 남편인 듯한 남자 그리고 래브라도 레트리버 한 마리가 있는 사진을 포착했다. 내가 말했다. "인사 담당자와 10분 정도 면접을 보려고 왔어요. 꼭 여기 취직하고 싶었거든요. 그런데 개 한 마리가 제 차 앞에 뛰어든 거예요. 저는 개를 무척 좋아해서 개를 해치고 싶지 않았어요. 그래서 브레이크를 꽉 밟는 바람에 커피가 거치대에서 떨어지면서 이력서에 쏟아지고 말았죠. 10분 후에 면접을 봐야 하는데 말이에요."

그녀가 말했다. "아, 어떡해요. 제가 도와드릴 것이 없을까요?"

내가 말했다. "어떡해야 할지 모르겠어요. 실직한 지 6개월째여서 이번에는 꼭 취직해야 하는데. 면접 보는 족족 떨어지고 있어요. 아무래도 우주가 저를 도와주지 않나 봐요."

"길 따라서 내려가시면 복사집 킨코스가 있어요. 얼른 가시면 이력서를 출력하고 돌아오실 수 있을 거예요."

나는 고개를 저었다. "시간이 없어요. 이번 면접은 매우 엄격해요. 시간을 엄수하고 준비를 제대로 갖추어야 한다고 말하더군요. 지각해서 나쁜 첫인상을 남기고 싶지는 않아요."

그녀가 고개를 끄덕였다. "네, 그렇겠네요."

나는 호주머니에서 USB를 꺼냈다. "그럼, 저를 좀 도와주실 수 있을까요? 제 이력서를 1장만 뽑아주시겠어요? 이 USB에 들어 있어요. 그래주시면 면접을 무사히 치를 수 있을 거예요."

나는 그녀에게 USB를 건넸다. USB를 받아든 그녀의 얼굴에 회사의 규정을 어길지 말지 고민하는 기색이 역력했다. 그래서 어색한 침묵이 이어지기 직전의 절묘한 순간에 나는 눈썹 안쪽을 모아 올리고 입술 가장자리를 아래로 내리면서 찌푸린 표정을 지었다. 슬퍼하고 있음을 나타내는 표정이었다. 이 표정이 그녀에게 결정적인 공감을 불러일으키기를 바랐다. 아니나 다를까 그녀는 USB를 밀어넣으려고 허리를 숙이고,

"외부 USB 엄금" 스티커를 바라보며 1초간 망설이다가, 결국 USB를 밀어넣었다. 그녀가 말했다. "여기 폴더가 두 개 있네요."

폴더가 두 개인 데에는 다 이유가 있었다. 위쪽 폴더에는 악성 파일이 들어 있었고 아래쪽 폴더에는 나의 이력서가 들어 있었다.

내가 말했다. "위쪽 폴더에 있는 것이 최신 파일일 거예요. 클릭해보세요." 그녀가 파일을 클릭했다. 1초 후에 나의 휴대전화에서 요란하게 알림음이 울렸다. 우리 팀이 그녀의 컴퓨터에 접속했다는 문자 메시지였다.

나는 휴대전화를 보면서 말했다. "이런, 면접 시간이 거의 다 되었다는 알림이에요."

그녀가 말했다. "그럼 서둘러야겠네요. 그런데 파일이 안 열려요."

내가 말했다. "아래쪽 폴더를 열어보세요." 그녀는 내가 시키는 대로 했다. 이력서를 출력하여 근사한 새 서류철에 넣고는 인사과 헨리 씨에게 가져다주라며 나에게 건넸다.

내가 말했다. "잠깐만요. 여기가 ABC 회사인가요?"

그녀가 말했다. "아뇨. 거기는 옆 건물이에요. 여기는 XYZ 회사예요."

내가 말했다. "농담하시는 거죠? 아이고야. 이런 낭패가 다 있나."

"오늘 일진이 정말 사나우시네요."

나는 씩씩거리며 옆 회사로 가는 척 건물을 나섰다. 임무 완수.

이 일화에는 많은 기법들이 등장하지만 결정적인 기법은 내가 처음 도착했을 때에 긴장하고 걱정스러운 표정을 지었던 것이다. 그 표정 하나가 백 마디 말을 대신하여 이후에 벌어진 모든 일의 멍석을 깔았다. 그 표정은 안내 직원이 나를 도와주고 싶게 했으며, 그후에 내가 한 이야기는 얼굴에 쓰여 있던 말을 풀어서 설명한 것에 지나지 않았다.

비언어적 소통의 기술을 숙달하면 말에만 의존할 때보다 상대방을 훨씬 수월하게 구워삶을 수 있다. 또한 표정, 사소한 동작, 어깨의 자세 등으로 상대방의 심리 상태를 간파할 수도 있다. FBI 심문관이나 첩보원 같은 보안 분야 종사자들은 다방면에 걸친 몸짓언어 훈련을 받는다. 그 중에서도 나의 친구 조 내버로 같은 최고의 선수들은 생판 낯선 사람에게서도 거의 즉시 감정을 포착할 수 있으며 대화가 진행되는 도중에 상대방의 감정에서 일어나는 사소하지만 중요한 변화를 감지할 수 있다.

이 장에서 당신에게 닌자의 비술 비슷한 것을 전수할 수 있으면 좋겠지만, 애석하게도 난 그럴 능력이 없다. 비언어적 소통은 방대한 주제이다(찰스 다윈의 저작으로 거슬러올라가는 유서 깊은 주제이기도 하다).[1] 머리, 얼굴, 손, 팔다리, 몸통 등 우리 신체의 여러 부분은 감정이나 생각을 표현하며 각각의 부분은 다양한 방식으로 소통에 이용될 수 있다. 비언어적으로 감정을 표현하는 그밖의 요소들로는 옷과 장신구, 눈을 마주치는지의 여부, 어조, 신체 접촉 여부와 방식, 체취 등이 있다. 여기에다가 신체적 신호의 의미가 문화적으로 다양하다는 것까지 고려하면 몸짓언어를 이해하기란 여간 까다롭지 않다. 최고 보안 전문가의 수준에 도달하려면 여러 해 동안 연습해야 할 수도 있다.

그 정도로 숙달하는 것이 목표라면 첫 단계는 이 주제에 대한 많은 책(대표적으로는 내버로와 폴 에크먼 박사의 저서)을 참고하는 것이다.[2] 또한 지금부터 사교 상황에서 비언어적 소통 방법을 연습하고 사람들을 관찰해야 한다. 그러나 휴먼 해커로서의 실력을 향상시키기 위해서라면 표정이나 손동작 등을 완전히 숙달할 필요는 없다. 우리의 몸이 어떻게 "말하는지" 조금만 더 이해해도 남들에게 영향을 미치는 능력을 부쩍 끌어울릴 수 있다. 얼굴 표정을 중심으로, 지금 당장 감정을 포착하고 불러일으키는 데에 써먹을 수 있는 몇 가지 기본 기법들을 살펴보자. 이 기법들을 몇 시간만 연습하면 대인 접촉에서 정서적으로 예민해지고 더 사려 깊게 행동할 수 있을 것이다. 이 책에서 설명하는 다른 전략들을 구사하는 능력도 향상될 것이다.

작은 속임수, 큰 효과

우선, 아무런 연습 없이도 당신의 대인 상호작용을 지금 당장 개선할 수 있는 강력한 기법이 있다. 누군가와 대화할 때에 상대방이 전반적으로 편안한지 불편한지를 알 수 있으면 도움이 된다. 그러려면 상대방의 몸짓언어에서 나타나는 미묘한 특이 사항을 관찰하라. 이를테면 상대방이 골반과 배를 당신 쪽으로 내밀면 그가 편안하다는 뜻이다. 조 내버로는 이 자세에 "복부 대면"이라는 이름을 붙였다.[3] 여기에서 "복부"란 사람이나 동물의 하체를 뜻한다. 상냥한 개가 엉덩이를 깔고 부드러운 아랫배를 드러내어 긁어달라고 하는 것을 복부 과시라고 한다. 이는 당신에 대한 개방성, 신뢰, 관심, 그리고 관계를 맺으려는 개의 열망을 나타내는 강력한 신호이다. 사람은 다른 방식으로 복부 과시를 한다. 이를테면 우리는 손바닥을 아래로 향하지 않고 손목과 손의 안쪽을 보일 때가 있다. 내가 당신에게 점심을 같이 먹자고 청하면서 손 안쪽을 보인다면, 나는 당신을 알고 싶다는 열망을 암시하면서 더 부드럽고 수동적으로 초대하고 있는 것이다. 반면에 손바닥을 아래로 향하는 것은 더 단호하고 위압적이고 격식을 차리는 것이다. 고개를 기울여 목을 드러내며 미소 짓는 것도 편안함을 표현하는 좋은 방법이다.

　나는 사람을 만날 때에 이런 비언어적 표현에 즉각적으로 초점을 맞춘다. 복부 과시를 포착하면 상대방이 나와의 교류에 진심으로 개방적이거나 의도적으로 나의 환심을 사려고 한다는 것을 알아차리고서 그들이 바라는 대로 나도 마음을 연다. 단, 상대방이 복부 과시를 의도적으로 이용할 때에는 주의해야 한다. 역사를 통틀어 가장 악명 높은 사기꾼과 범죄자들은 어수룩한 피해자를 꾀려고 짐짓 친근함을 가장하여 매력을 발산하는 자들이었다. 그러나 대부분의 경우 복부 과시는 상대방이 진심으로 편안하며 관계를 맺고 싶음을 보여주는 신호로, 골반을 수평으로 놓으면서 복부 과시를 한다면 재빨리 라포르 형성을 시도하라는 뜻이다. 만일 대화 중에 상대방이 복부 과시를 중단하고 더 방어적인 몸짓을 취한다면 이것은 대화가 나쁜 쪽으로 돌아설지도 모른다는 신호이다. 그럴 때에는 다른 방법을 쓰거나 대화를 아예 중단하라.

"7가지 기본 감정"을 알면 유익하다

몸짓언어를 대략적으로 파악했으니 이제 사람들이 구체적인 감정을 무엇보다도 얼굴에서 어떻게 표현하는지 살펴보자. 과학자들은 표정을 두 종류로 구분한다. **거시적 표정**은 우리가 감정을 일으키려고 의식적으로 짓는 표정이며 미시적 표정, 즉 **미표정**은 우리가 어떤 감정을 경험할 때에 무의식적으로 취하는 불수의적인 근육 움직임이다. 거시적 표정은 몇 초 또는 그 이상 지속되는 반면에 미표정은 극히 짧아서 몇 분의 1초밖에 지속되지 않는다. 사무실 건물 복도를 걷는데 당신을 지독히 싫어하는 동료가 모퉁이에서 불쑥 나타났다고 가정해보자. 당신을 보는 순간 그의 얼굴에 경멸의 빛이 휙 하고 지나간다. 얼굴 한쪽에서는 뺨이나 입가가 살짝 올라간다. 억지웃음의 징표인 이것이 바로 미표정이다. 잠시 후에 거리가 가까워지자 그가 짐짓 미소를 띤 채 가볍게 목례하며 말한다. "안녕하세요. 만나서 반가워요." 이 미소와 목례가 바로 거시적 표정이다.[4]

미표정은 보안 전문가와 휴먼 해커, 둘 다에게 엄청나게 중요하다. 미표정을 숙달하면 상대방의 감정 상태를 **상대방**이 알아차리기도 전에 즉각적으로 간파할 수 있다. 그러나 미표정은 훈련되지 않은 눈으로는 포착하기 힘들다. 당신이 표정 초보자라면, 우선 거시적 표정을 읽고 구사하는 법을 배우는 것이 낫다. 그조차도 만만치 않을 것이다. 우리는 욕정, 사랑, 증오, 자만, 우울, 좌절, 흥분, 실망, 다감, 기쁨, 불만, 환멸, 우려, 황홀, 후회 등 수많은 감정들을 경험한다. 이 모든 감정들을 분류하고 이 감정들이 얼굴에 정확히 어떻게 나타나는지 공부하지 않고서도 감정에 더 예민해지려면 어떻게 해야 할까?

간단하다. 7가지 기본 감정에 집중하라. 연구에 따르면 사람의 다종다양한 감정은 소수의 "기본" 감정으로 추릴 수 있다. 이것은 화가의 팔레트에 있는 수많은 색깔들을 이론상으로는 단 3가지 기본색(노랑, 빨강, 파랑)으로 나눌 수 있는 것과 마찬가지이다. 기본 감정이 정확히 몇 가지인지에 대해서는 과학자마다 의견이 다르지만, 에크먼 박사를 비롯한 대다수는 분노, 공포, 놀람, 혐오, 경멸, 슬픔, 기쁨의 7가지가 전부라고 생각한다. 사람들의 얼굴에서 이 핵심 감정들을 단박에 포착할 수 있다면 의사소통이 얼마나 수월해질지 생각해보라. 그러면 당신은 상대방의 감정에 대해서 혼란을 겪는 경우가 부쩍 줄어들 것이고 더 효과적으로 라포르를 형성할 수 있을 것이다. 상대방이 화났을 때 불쑥 이기적인 부탁을 하거나 상대방이 슬플 때 농담을 건네지는 않을 것이다.

한편, 기본 감정을 드러내는 법을 배우면 영향력 전술을 구사하면서 사람들이 당신에게 유리한 감정을 느끼도록 유도할 수 있을 것이다. 내가 어느 건물에 침투하다가 안내 직원에게 말을 걸었다고 가정해보자. 그녀에게 부탁할 때가 되면 나는 그녀가 약한 슬픔을 느끼게 하는 것이 좋을 것이다. 이 감정은 연민과 연결되기 때문이다. 그리고 그녀가 나에게 연민을 느끼면 나의 부탁을 들어줄 가능성이 더 커질 것이다. 그러려면 어떻게 해야 할까? 간단하다. 말할 때 입꼬리를 내려서 슬픔을 표현하면 된다. 나는 이런 표정을 짓는 것 말고도 손을 호주머니에 넣고 어깨를 늘어뜨리고 목소리를 낮추어서 슬픔을 나타낸다.

연구에 따르면 우리는 자신의 얼굴에 감정을 드러냄으로써 의도적으로 상대방에게 같은 감정을 일으킬 수 있는데, 이 현상을 "반영mirroring" 이라고 한다.[5] 우리가 이런 능력을 가지게 된 것은 우리 뇌에 이른바 거울 신경세포가 있기 때문이다. 연구자 두 명의 말을 빌리자면, 거울 신경세포는 "우리가 관찰한 상대방의 행동에 반응"하여 "우리가 실제로 그 행동을 할 때와 똑같이 신호를 보낸다."[6] 흥미롭게도, 자신의 얼굴에 표정을 짓는 것만으로도 상대방에게서 같은 표정을 불러일으킬 수 있다는 것이다. 한 흥미진진한 연구에 따르면 화창한 날 실외에서 선글라스를 쓰지 않고 다니는 사람은 실눈을 뜨는 탓에 분노를 더 자주 경험한다. 우리는 화났을 때 실눈을 뜨는 경향이 있기 때문에, 다른 이유로 실눈을 뜨더라도 뇌는 이 표정에 반응하여 주관적인 분노 경험을 실제로 촉발한다.[7] 선글라스를 집에 두고 나오면 운전 중에 분노를 더 자주 경험하는가? 이제는 왜 그러는지 알 것이다. 다음번에 누군가에게 부탁을 해야 하거든 실눈을 뜨지 말고 표정으로 슬픔을 전달하려고 노력하라. 이 방법은 정말로 효과가 있다!

7가지 기본 감정의 표현을 이해해야 하는 세 번째 이유는 자신의 버릇, 특히 자신에게 유익하지 않을지도 모르는 버릇을 더 분명히 자각하기 위해서이다. 이른바 우거지상resting bitch face(무뚝뚝한 여자 얼굴)이라는 개념이 대중문화에 널리 퍼졌는데, 혹자는 이것이 성차별적이라고 비판하기도 한다.[8] 연구자들은 우거지상이 실제로 존재하며 통념과 달리 결코 여성에 국한되지 않음을 밝혀냈다. 한 연구에서는 얼굴 인식 기술을 이용하여 감정적으로 중립적인 얼굴과 우거지상을 구별했다. 연구진에 따르면 우거지상은 경멸감을 내비치며 "누군가 또는 무엇인가가 존중이나 승인을 받을 자격이 없다고 생각하는 느낌"으로 정의되는 매우 부정적인 감정이다.[9] 우거지상은 미묘하지만, 보는 사람이 알아차릴 수 있을 만큼 뚜렷한 경멸감을 표현한다.[10] 이는 소통 상황에서 매우 부정적인 결과를 낳을 수 있다.

우리가 본의 아니게 드러내는 부정적인 감정은 경멸감만이 아니다. 수강생인 라모나는 젊고 상냥하고 매우 매력적인 독일 여자로, 줌바 강사로 일했다. 나는 그녀를 처음 만났을 때 수업 과제들을 거뜬히 해낼 줄 알았다. 그런데 아니었다. 그녀는 대화를 시작하여 목적을 이루려고 시도할 때마다 실패했다. 라모나는 영문을 알 수가 없어서 자신이 공공장소에서 낯선 사람과 이야기하는 모습을 관찰해달라고 나에게 부탁했다. 나는 몇 분 만에 문제를 진단했다. 라모나는 자신도 모르게 표정으로 분노를 표현하여 상대방을 움츠러들게 하고 부정적인 반응을 유발했던 것이다.

그녀와 함께 상황을 복기하면서 우리는 그녀가 잘하려는 의욕 때문에 과제를 앞두고 초조함을 느꼈으며 이것이 얼굴에 분노로 나타났다는 사실을 발견했다. 라모나가 의도적으로 분노 대신 행복감을 얼굴에 표현하기 시작하자 사람들은 그녀에게 마음을 열었으며 그녀는 과제를 해냈다. 수업을 다 들은 그녀는 이 변화를 일상생활에 적용하여 대단한 효과를 거두었다. 수업이 끝나고 몇 년 후에 라모나는 나에게 편지를 써서 인간관계에서 나타난 변화를 신나게 설명했다. 그녀는 오랫동안 자기도 모르게, 또는 그런 감정을 느끼지도 않으면서 분노와 혐오감을 표출해왔다. 그런데 이제 행복감을 표현하는 습관을 들이자 모두가 그녀를 따스하고 다정하고 호의적인 사람이라고 생각했다.

7가지 기본 감정을 포착하고 표현하는 법

7가지 기본 감정에 더 친숙해지기 위해서 하나씩 공략해보자. 각 감정에서 나는 해당 감정이 얼굴에 어떻게 나타나는지 묘사하고, 그 감정의 전달을 돕는 추가적인 비非안면 몸짓언어도 설명할 것이다. 여기에서의 논의는 에크먼 박사의 연구에 빚진 바가 크다(나는 비언어적 소통을 다룬 책『사회공학자의 가면을 벗기다*Unmasking the Social Engineer*』를 쓸 때에도 그의 도움을 받았다). 또한 나의 경험을 토대로 일상적인 해킹 상황에서 이 감정들을 활용하는 방법에 대해서 몇 가지 조언들을 제시할 것이다.

감정 1 : 분노

분노를 느끼면 얼굴 근육이 긴장한다. 눈썹이 주름지고 입술이 팽팽하게 앙다물어지고 시선은 분노의 대상을 노려본다. 주먹을 꽉 쥐고 턱을 당기는 등 신체의 다른 부분에도 힘이 들어간다. 가슴은 불룩 나오고 머리와 턱 끝이 앞으로 나온다. 정말로 화나고 공격적일 때에는 턱이 내려갈 것이다. 목소리는 거칠어지며 대체로 커진다.

마크 트웨인은 분노를 산酸에 비유했다. "분노는 무엇인가에 쏟아부을 때보다 혈관에 담아둘 때 더 해롭다."[11] 랠프 월도 에머슨은 이렇게 말했다. "분노에 사로잡힌 1분마다 마음의 평안을 누릴 60초를 포기하는 셈이다."[12] 다행히도 휴먼 해커는 분노한 것처럼 보이거나 실제로 분노해야 할 필요가 거의 없다. 다른 감정들은 전략적으로 불러일으키는 것이 유리한 경우가 있지만 분노의 표출은 피하는 것이 상책이다. 분노는 곧잘 물리적인 폭력이나 험악한 언사로 이어지는 관문이기 때문이다. 상대방에게서 분노가 포착되면 그 분노를 가라앉히려고 노력하고, 만일 상황을 진정시킬 수 없다면 벗어날 준비를 하라. 뒤로 물러서서 어깨와 손을 낮추며 이렇게 말하는 것도 좋겠다. "와, 정말로 역정이 나셨나 봐요. 무슨 문제가 있나요?" 우려를 표하되, 상대방의 분노를 적대적이거나 공격적으로 거론하지는 말라. 그랬다가는 상대방을 난처하게 해서 더 화나게 할 것이다. 무심코 또는 무의식적으로 화난 표정을 짓지 않도록 주의하라. 아무리 작은 비언어적 표현도 상황을 악화시키는 데에 일조할 수 있기 때문이다. 상대방이 턱을 내리는 것이 보인다면 달아나기에는 너무 늦었는지도 모른다. 이는 대체로 분노가 아니라 임박한 폭력을 나타내는 신호이다. 주먹이 날아오거나 더 심각한 일이 벌어질

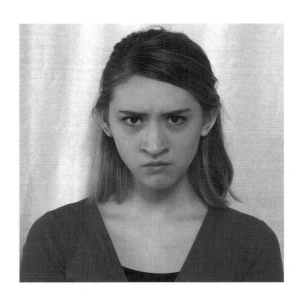

수도 있다. 그런 경우, 만일 공간의 제약 때문에 곧장 달아날 수 없다면 먼저 공격하고 잽싸게 달아나라.

감정 2 : 공포

위협적인 자극을 맞닥뜨리면 우리는 그 자리에서 몸이 얼어붙는 경향이 있다. 눈썹은 위로 올라가고 눈은 그 장면을 담으려고 휘둥그레진다. 입이 크게 벌어지고 입술은 마치 "이이이이크!"라고 말하듯이 귀 쪽으로 당겨진다. 숨을 훅 들이쉬며 산소를 빨아들이는 소리가 들릴 때도 많다. 목, 얼굴의 위쪽, 손의 근육이 긴장되어 혈액이 강제로 밀려든다. 아드레날린이 혈류에 펌프질된다. 이 모든 것은 공포에 대한 생물학적인 반응으로, 우리가 공격이나 도피를 단행하도록 한다.

휴먼 해커로 일하다 보면 상대방에게 가벼운 공포를 불러일으키는 것

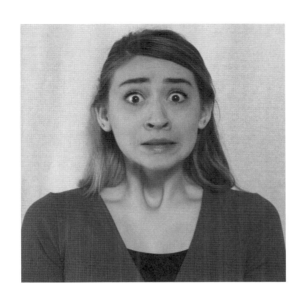

이 유리할 때가 종종 있다. 어머니의 의료비를 누나와 분담하고 싶을 때에는 슬픔을 불러일으키는 것이 최선의 접근법이겠지만(슬픔은 연민으로 이어진다), "어머니가 건강하셨으면 좋겠어. 최고의 치료를 해드리지 않으면 어머니가 고생하실까봐 걱정스러워"라는 식으로 말하여 어머니의 상태에 대한 약간의 우려를 일으키는 것도 도움이 된다. 그러나 공포를 너무 자극하면(예컨대 "나에게 1만 달러 수표를 써주지 않으면 3개월 안에 어머니가 돌아가실 거야") 누나를 조종할 위험이 있다. 조종은 상대방이 고통을 덜기 위해서 어떤 행동이든지 (심지어 자신의 이익에 반하는 행동일지라도) 감수하리라는 것을 알면서도 상대방을 크나큰 고통 속으로 밀어넣는 행위이다.

그 외의 상황에서는 대체로 공포를 표출하지 않는 편이 유익하다. 상사의 사무실에 들어가서 3주일의 휴가를 요청하려는데 당신이 느끼는 초조함이 얼굴에 공포로 나타나면 이것이 상사에게도 공포를 불러일으킬 것이다. 그러면 상사는 당신의 휴가가 고객과 동료들에게 미칠 영향을 비롯한 걱정거리에 생각이 미칠 것이다. 공포는 의사 결정에 영향을 주며, 부정적인 반응으로 이어질 수도 있다.

당신이 정말로 두렵다면, 최선의 방책은 (설령 두려움을 표출하는 것이 이상적이지 않더라도) 두려움을 숨기지 않는 것임을 명심하라. 이와 관련하여 흥미로운 연구가 실시되었는데, 과학자들은 우리가 두려워하거나 "정서적으로 스트레스를 받았을" 때에 자신이 공개적으로 인정하든 하지 않든 간에 주위 사람들이 그 공포를 실제로 **감지한다**는 사실을 발견했다. 연구자들에 따르면, 우리 몸은 화학적인 신호를 땀으로 내보내며 이때 우리 주위 사람들에게는 위험 가능성에 대비하는 뇌 부위가 활성화된다.[13] 당신이 상대방에게 영향을 미치려고 하면서 두려움을 느끼는데도 그렇지 않은 척하면 신용을 잃을 것이다. 상대방은 당신이 두려워하고 있다는 것을 어느(아마도 무의식적인) 수준에서는 **알기** 때문이다.

밑밥을 깨뜨리고 방어적인 반응을 이끌어내지 않는 선에서 자신의 감정을 인정하는 것이 낫다. 누나에게 어머니 의료비를 부담해달라고 부탁하면서 걱정하고 공감하는 가족 구성원이라는 밑밥을 선택했다면 이렇게 말하지는 말라. "어머니 문제로 이야기하고 싶은데, 솔직히 말하자면 무척 불안해. 누나는 걸핏하면 뚜껑이 열리잖아. 누나가 어떻게 나올지 모르겠어." 대신 이렇게 말해보라. "어머니 문제로 이야기하고 싶은데, 신경이 쓰여. 나에게는 까다로운 문제이고 내가 무척 감정적이라서 말이야."

당신이 누군가에게 부탁을 하려고 접근하는데 상대방에게서 공포가 감지된다면, 접근법을 재고하거나 공포를 가라앉히는 조치를 취하라.

나는 수년 전에 슈퍼마켓 주차장에 서 있다가 자기 차로 걸어가는 노부인의 주머니에서 돈뭉치가 떨어지는 것을 보았다. 나는 달려가 돈을 주워서는 노부인에게 돌려주려고 다가갔다. 그녀는 등을 돌린 채 트렁크에 식료품을 싣고 있었다. 나는 다짜고짜 그녀의 어깨를 두드리며 불쑥 이렇게 말했다. "잠깐만요, 아주머니." 뒤를 돌아본 그녀는 거구의 사내가 바로 앞에 서 있는 것을 보고 기겁했다. 두려운 표정을 지었을 뿐만 아니라 비명까지 질렀다. "강도야! 강도예요!"

사냥용 재킷 차림의 건장한 남자 세 명이 이 소리를 듣고서 나를 제지하려고 달려왔다. 이번에는 내가 기겁했다. 저 세 명이 무장했을지도 모를 일이었다. 다른 사람이었다면 이에 방어적으로 반응하려는 유혹을 느낄지도 모르겠다. 어쩌면 그 세 명을 막아서고는 공격적으로 이렇게 말할지도 모른다. "이봐, 당신들. 물러서라고." 그러나 나는 상황을 진정시키는 쪽을 선택했다. 나는 남자들을 바라보지 않고 노부인에게 여전히 집중한 채로 말과 비언어적 표현을 통해서 그녀의 두려움을 가라앉히려고 노력했다. 뒤로 멀찍이 물러나서 공격할 의도가 없음을 나타내기 위해 어깨를 살짝 내린 채 이렇게 말했다. "알겠습니다. 제발 진정하세요." 나는 한손으로는 현금을 눈높이로 들어올린 채 반대쪽 손을 펴 보였다. 그러고는 목소리를 낮추어 말했다. "부인, 놀라게 해서 정말 죄송합니다. 가게 나오시면서 이걸 떨어뜨리셨더군요. 그래서 돌려드리려고 했을 뿐입니다." 그녀는 호주머니를 뒤지더니 돈이 없어진 것을 깨달았다. 돈을 받아들고는 나에게 연신 고마움을 표했다. 그제야 나는 세 사람에게 돌아서서 말했다. "보셨죠? 강도 아니예요. 이제 천천히 뒤로 물러날게요." 일촉즉발의 상황이었지만, 나는 비언어적 표현을 알고 있었던 덕분에 자칫 위험할 수도 있었던 오해를 해소할 수 있었다.

감정 3 : 놀람

우리는 놀라면 두려울 때와 마찬가지로 눈썹이 올라가고 눈이 휘둥그레지고 숨을 훅 들이쉰다. 그러나 공포를 표현할 때 입꼬리를 귀 쪽으로 당기는 것과 달리, 놀랐을 때에는 입을 동그라미 모양으로 벌린다. 놀란 첫 순간에는 몸을 뒤로 젖히는 경향이 있다. 사람들이 뛰쳐나와서 "생일 축하해!"라고 외칠 때처럼 행복한 놀람을 경험하면 몸을 다시 세우고는 미소를 짓는다. 행복한 놀람이 아니라면 몸을 젖힌 상태를 유지한다. 또한 놀란 사람은 만반의 준비를 하듯이 손을 들어올리거나 가슴을 손으로 덮거나 목 아래쪽의 움푹 들어간 곳(복장뼈위파임)을 가린다.

놀람은 종종 휴먼 해커에게 유리하게 작용한다. 건물에 침투하다가 안내 직원을 마주쳤는데, 붓고 충혈된 눈으로 보건대 울고 있던 것 같았다. 그녀가 나에게 어떻게 왔느냐고 묻자 나는 그녀에게 괜찮으냐고 물었다. 그 말에 그녀는 괴로운 듯이 한숨을 쉬었다. 나는 해커 모드에서 빠져나와 무슨 문제가 있느냐고 물었다. 그녀는 며칠 전이 20번째 결혼 기념일이었는데 남편이 값비싼 다이아몬드 귀고리를 선물했다고 말했다. "그걸 사려고 2년간 저축을 했대요. 오늘 자랑하려고 끼고 나왔어요. 그런데 한 짝을 잃어버린 거예요." 이렇게 말한 후에 그녀는 어깨를 들썩이며 흐느꼈다.

내가 말했다. "저런, 같이 찾아봐요." 나는 바닥에 엎드려서 그녀의 책상 주위를 훑었다.

그녀가 말했다. "거기는 이미 찾아보았어요."

"물론 그랬겠죠. 그렇지만 안 보이던 것이 다른 사람 눈에는 보일지도 모르잖아요."

그녀도 바닥에 엎드려서 함께 귀고리를 찾았다. 몇 분 후에 우연히 햇살이 그녀의 몸에 비쳤을 때 무엇인가 반짝거리는 것이 보였다. 내가 말했다. "잠깐만요. 주제 넘게 당신 몸을 건드리고 싶지는 않지만, 혹시 스웨터 살펴보셨어요? 어깨 뒤쪽에서 반짝거리는 것이 보여서요." 허락을 받고서 그녀의 어깨를 만져보니 과연 귀고리가 스웨터 주름 사이에 끼어 있었다. 나는 귀고리를 빼내서 그녀에게 건넸다. 그녀는 기쁨과 환희로 뒤섞인 강렬한 놀람을 표현하는 전형적인 동그라미 입 모양을 했다.

그녀는 나를 꼭 끌어안았고 우리 둘 다 일어섰다. 그녀가 귀고리를 만지며 말했다. "와, 15분 만에 찾았네요." 그러자 나는 다시 해커 모드가 되었다. 놀란 표정으로 판단하건대 나는 그녀에게 놀라운 선물을 한 것이 틀림없었다. 내가 무엇을 요청하든 긍정적인 반응을 얻을 것 같았다. 나는 시계를 보면서 말했다. "이런, 젠장. 인사과 회의에 늦었네요." 나는 서류를 챙겨서 문으로 걸어갔다. 그러면서 신분증을 확인하고 출입증을 발급하는 번거로운 절차를 건너뛴 채 그녀가 나를 통과시켜주기를 기도했다. 물론 그녀는 그렇게 했다.

주위에서 누군가가 놀란 반응을 보였을 때, 만일 그 놀람이 긍정적인 놀람이라면 좋은 기회일 수 있다. 그러나 그것이 부정적인 놀람이고 당신이 유발한 것이라면 혹시 공포를 일으키고 있지는 않은지 접근법을 재평가하라. 그런가 하면 놀람의 감정을 표출하여 좋은 효과를 거둘 수도 있다. 누군가가 흥미로운 사실을 알려주었고 당신이 상대방을 인정하고 싶을 때, 어쩌면 많은 사람들이 그러듯이 거기에 더욱 흥미로운 사실을 하나 덧붙이고 싶을지도 모른다. 그 충동을 억누르고 놀란 표정을 지으며 이렇게 말하라. "와, 그건 몰랐어요. 근사하네요!" 상대방이 당신에게 인정받았다고 생각한다면 라포르 형성에 일조하고 결국 원하는 것을 얻는 데에도 도움이 될 것이다.

감정 4 : 혐오

혐오감을 표현할 때 우리는 코 양쪽의 근육을 잡아당겨서 주름을 잡는다. 극단적인 경우에는 눈썹을 내리고 입을 벌린 채 윗입술을 끌어올리기도 한다. 혐오감을 표현하려고 실눈을 뜰 때도 있지만, 결정적인 것은 코 양쪽의 근육이다. 이 근육을 구부리면 호흡이 힘들어진다. 역한 냄새가 후각 수용체와 접촉하는 것을 몸이 차단하는 것이다. 혐오감을 표현

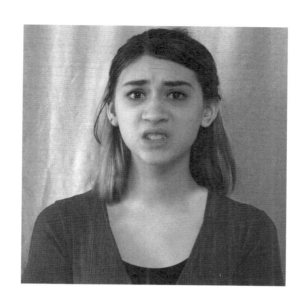

할 때에는 고개를 돌리고 눈을 가리고 입이나 코를 손으로 덮기도 한다.

남에게 혐오감을 일으킬 때에는 주의하라. 혐오감은 극도로 강렬한 감정이다. 너무 강렬해서 몇 년 후까지 남아 있기도 한다. 혐오감을 유발하는 방법은 대개 유익하지 않지만, 이따금 도움이 될 때도 있다. 당신이 큰아이에게 옷을 입히는 동안 당신 어머니가 작은아이의 기저귀를 갈아주었으면 한다면, 아이가 젖은 기저귀째로 앉아 있는 것이 얼마나 불쾌할지 나타내기 위해서 당신의 얼굴에 혐오감을 내비칠 수 있다. 그러다가 아이가 새 기저귀를 차면, 얼마나 상쾌하고 보송보송할지 나타내기 위해서 미소를 지어 보여라. 당신은 어머니가 아이에게 어떤 긍정적인 영향을 미칠 수 있는지를 생생하고 정서적으로 강렬한 방법으로 보여줌으로써 어머니가 다음에도 기저귀를 갈고 당신을 도와주고 싶도록 만든 것이다.

감정 5 : 경멸

많은 사람들이 혐오와 경멸을 혼동한다. 혐오는 대체로 어떤 행동이나 사물에 대해서 느끼는 반면에 경멸은 사람에 대해서 느낀다. 경멸은 혐오와 달리 도덕적인 판단을 함축하며 자신이 경멸의 대상보다 우월하다는 느낌을 표출한다. 인간관계 전문가 존 가트먼 박사의 연구에 따르면 경멸은 이혼을 예측하는 가장 중요한 단일 요인이다. 부부는 서로에게 분노나 적대감, 짜증을 느낄 수 있으며 그것만으로도 충분히 문제가 된다. 그러나 상대방에 대한 도덕적 우월감을 바탕으로 역겨움을 느낀다면 결혼 생활은 끝장이다. 생각해보면 납득이 갈 것이다. 당신이 배우자보다 도덕적으로 우월하다고 생각한다면, 혹은 반대로 배우자가 그렇게 생각한다면, 그리고 상대방을 그렇게 대한다면 어떻게 행복한 결혼 생활을 지속할 수 있겠는가? 가트먼 연구소의 웹사이트에는 이런 글이 실려 있다. "경멸은 관계를 죽이는 모든 독 중에서도 가장 고약하다. 이것은 아무리 강조해도 지나치지 않다. 경멸은 심리적, 정서적, 신체적 건강을 파괴한다."[14]

경멸은 7가지 기본 감정 중에서 비대칭적 표정을 일으키는 유일한 감정이다. 우리는 경멸을 느끼면 한쪽 뺨을 매우 미묘하게 들어올려서 이를 표현한다. 턱도 위로 기울어져서 상대방을 얕잡아보는 듯한 모습이 된다. 한편으로는 몸이 부풀고 자세도 더 곧고 위압적으로 바뀐다.

경멸은 너무 부정적인 감정이기 때문에 일상생활에서 휴먼 해커가 활용할 법한 시나리오가 떠오르지 않는다. 경멸을 불러일으키고서도 당신을 만난 것이 상대방에게 잘된 일이 되게 하는 것은 사실상 불가능하다. 누군가가 당신에게 경멸을 표현하면 정신을 바짝 차리기 바란다. 외국인

혐오, 인종주의, 반反유대주의 같은 집단적인 증오에서 흔히 볼 수 있듯이 경멸은 분노와 마찬가지로 종종 폭력에 이르는 관문이기 때문이다.

감정 6 : 슬픔

분노와 공포 같은 감정은 얼굴 근육을 경직시키는 반면에, 슬픔은 얼굴 근육을 이완시킨다. 가벼운 슬픔(또한 슬픔과 관련된 불안이나 걱정)을 나타낼 때 우리는 눈꺼풀을 늘어뜨리고 입꼬리를 내린다. 한편으로는 눈썹 안쪽을 끌어당겨서 위로 올린다. 나머지 신체 부위는 위축하여 우리를 더욱 작아 보이게 한다. 우리는 고개를 숙이거나 어깨를 늘어뜨리거나 팔짱을 끼거나 심지어 스스로 끌어안는 동작을 취해서 자세를 전반적으로 더욱 연약하고 소심하게 보이도록 한다.

앞에서 보았듯이 우리는 휴먼 해킹을 하는 중에 슬픔을 유리하게 구사할 수 있다. 그러나 중요한 점은 상대방으로부터 연민을 자아내기 위한 가벼운 슬픔이나 걱정을 불러일으키는 수준을 넘지는 말아야 한다는 것이다. 얼굴을 찌푸리거나 눈물을 흘리거나 소리 내어 흐느껴서 극단적인 슬픔을 자아내면 상대방은 불편함을 느낄 것이고 우리를 만난 것이 그들에게 잘된 일이 되기가 힘들어진다. 상대방에게서 슬픔이 느껴지면 그것을 모방하려고 시도하라. 목소리를 낮추고 어깨를 늘어뜨리고 말하는 속도를 늦추어라. 이렇게 하면 배려와 관심을 표현하는 데에 도움이 된다. 슬픔의 원인이 무엇인지, 당신이 도와줄 수 있는지 살펴보는 것은 인도적인 관점에서든 휴먼 해킹의 관점에서든 간에 언제나 옳은 선택이다. 적어도 상대방과 라포르를 형성하고 당신의 애정을 보여줄 수 있기 때문이다. 당신은 상대방의 삶에 긍정적인 영향을 미칠 수 있는 위치에 스스로를 놓을 수 있으며 그런 이후에 (당신이 해커 모드라면) 원하는 것을 얻을 수 있을 것이다.

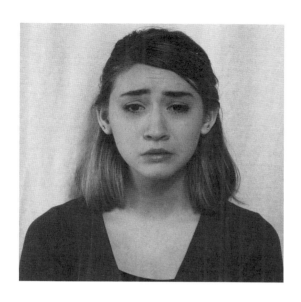

감정 7 : 기쁨

7가지 기본 감정을 속성으로 살펴보는 여정의 마지막은 가장 긍정적인 감정인 기쁨이다. 우리가 기쁨을 표현하는 방법은 무엇보다도 미소인데, 이때 우리는 입꼬리를 관자놀이 쪽으로 들어올린다. 뺨이 올라가면서 눈에는 잔주름이 진다. 게다가 몸을 부풀리거나 더 커 보이게 서고 턱을 올리고 가슴을 부풀리고 목소리의 리듬과 속도와 높이를 증가시킨다. 기쁠 때에는 우리 외양의 모든 것이 솟아오르는 것처럼 보인다. 세상은 환상적이다! 우리도 환상적이다!

목적을 실현하는 동시에 당신을 만난 것이 상대방에게 잘된 일이 되도록 하는 많은 상황들에서 기쁨을 불러일으키는 것은 의도에 부합한다. 그러나 슬픈 사람 앞에서 쾌활하고 낙관적인 모습을 보이면 무신경한 사람으로 비칠 우려가 있다. 사랑하는 부모를 방금 여의어서 애도 중

인 사람은 "밝은 면을 보세요"라는 활기찬 충고에 위안을 느끼지 못할 가능성이 크다. "당신의 심정을 알아요" 같은 선의의 발언을 덧붙인다고 해도 마찬가지이다. 당신은 그 사람이 어떻게 느끼는지 정말로 아는가? 그 사람은 그 순간에 감정적으로 자신이 밝은 면을 볼 준비가 되었다고 느끼는가?

그럴 때에는 기쁨을 드러내지 말고 "아버님께서 즐기시던 취미는 무엇인가요?"라거나 "어머니께서는 어떤 영화를 좋아하셨습니까?"처럼 행복한 기억을 떠올리게 하는 질문을 던져라. 그러나 상대방이 너무 슬플 때에는 이런 전술조차 통하지 않는다. 그런 경우에는 상대방을 기쁨 쪽으로 끌어당기려는 시도를 그만두어라. 그냥 그의 곁에 앉아 있어주어라. 라포르 수준에 비추어 적절하다면 상대방이 흐느낄 때에 팔을 두르고 위로하라. 나직한 목소리로 당신이 무슨 일을 하는지 설명하고 이렇게 말해보라. "제가 여기 당신 곁에 앉아 있는 것은 지금 당장은 위로하는 것 말고는 어떤 말도 할 수 없기 때문이에요."

누군가의 호의를 얻으려는데 그가 비언어적으로 기쁨을 표현한다면, 자신에게서도 기쁨을 불러일으켜서 공감을 형성하라. 기쁨을 느끼는 사람은 대체로 그 순간에 자신감을 느끼며 타인의 필요에 덜 공감한다. 부탁을 하는 과정에서 잔잔한 슬픔과 연민을 불러일으킨다면 산통을 깨는 것으로 비칠 것이다. 당분간은 기쁜 사람에게 장단을 맞추어 질문을 던지고 그들이 자신에게 일어난 온갖 근사한 일들을 떠올리게 하라. 그들의 기쁨에 동참하고 그 안에서 순수한 즐거움을 느껴라. 시간이 흘러서 상대방이 안부를 묻거든, 그때는 대화의 방향을 당신의 부탁 쪽으로 돌리기 시작해도 괜찮을 것이다. 당신의 목표는 자신을 만난 것이 그들에게 잘된 일이 되도록 하는 것이며, 그들이 기쁨을 유지하는 데에 일조하지 못한다면 당신을 만난 것은 그들에게 잘된 일이 아닐 것이다.

7가지 기본 감정을 활용하는 법

7가지 기본 감정을 활용하려면 연습을 해야 한다. 우선 사람들을 관찰하면서 몸, 특히 얼굴을 어떻게 이용하여 감정을 표현하는지 면밀히 살펴보라. 앞에서 설명한 복부 과시부터 시작하라.

쇼핑몰 식당가, 공원, 분주한 스타벅스처럼 많은 사람들이 오가는 공공장소에 가라. 얼굴 표정에 주목하기 전에 사람들이 상대방에 대해서 어떤 자세를 취하는지를 들여다보라. 사람들은 상대방에게 성적으로든 다른 이유로든 간에 관심이 있으면, 발과 골반을 똑바로 놓아서 상대방을 정면으로 향한 채 앞쪽으로 몸을 숙이는 경향이 있다. 그런 행동을 포착할 수 있겠는가? 사람들이 대화 상대방을 똑바로 바라보지 않는 것은 어떤 경우인가?

복부 관찰에 익숙해지면 얼굴 표정으로 넘어가라.

사람들을 볼 수는 있지만 무슨 말을 하는지는 알 수 없는 정도의 거리에서 관찰하라. 그들이 입을 어떻게 움직이는지 살펴보라. 입술을 삐죽이는가? 핥는가? 오므리는가? 무슨 이야기를 하는 것 같은가? 어떤 감정을 표현하는가? 얼굴 표정을 관찰하는 데에 꽤 능숙해지면 가까이 다가가서 대화를 들어보라. 얼굴 표정에 대한 해석이 옳았는가? 처음에는 틀릴 수도 있다. 입술을 오므리는 동작을 짜증의 표현으로 생각했는데, 알고 보니 무엇인가에 대해서 진지하게 이야기할 때에 으레 짓는 표정일 수도 있다. 충분히 시간을 두고 꼼꼼히 관찰하면 감정의 비언어적 표현을 더 정확히 분간할 수 있을 것이다.

그런 다음에는 7가지 기본 감정을 표현하는 연습을 하라.

1주일 동안 매일 15분가량 거울 앞에서 7가지 기본 감정을 하나씩 연습하라. 매일 다른 감정을 선택하면 1주일 동안 7가지를 전부 연습할 수 있다. 표정을 지을 때에 내면의 느낌에 주목하라. 얼굴과 몸으로 슬픔을 불러일으키려고 몇 분간 노력한 후에 문득 슬픔이 느껴지는가? 분노를 자아낼 때에는 어떤가? 비언어적 표현과 감정의 관계에 대해서 더 친숙해지면 구체적인 상황에 더 적절히 대처할 수 있도록 스스로를 "훈련할" 수 있을 것이다. 이를테면 데이트하러 나갈 때에 불안감을 느낀다면 상대방을 만나기 직전에 기쁨을 불러일으키는 버릇을 들이는 것도 좋겠다.

발표를 하거나 정해진 주제에 대해서 장시간 이야기해야 한다면(이를테면 판촉 발표나 취업 면접) 다음 방법을 시도해보라.

1-2주일 전에 자신의 모습을 동영상으로 촬영하여 관찰하면서, 원하는 감정을 제대로 전달하지 못하는 비언어적 표현을 교정하라. 어깨가 처져 있는가? 주먹을 쥐고 있는가? 화났거나 상대방을 경멸하는 것처럼 보이는가? 다가올 발표, 발표를 듣는 사람들, 전달할 아이디어에 대해서 당신은 실제로 어떻게 느끼는가? 미리 촬영을 해보면 결과에 놀랄지도 모른다. 이 감정적인 뉘앙스를 조절했을 때에 발표가 얼마나 개선되는지도 이에 못지않게 놀라울 것이다.

비언어적 표현을 숙달하되 여기에는 한계가 있음을 유념하라. 감정의 포착에 아무리 능숙하더라도 상대방의 마음을 **실제로** 읽을 수는 없다. 비언어적 표현은 사람들이 어떻게 느끼는지 알려줄 뿐 **왜** 그렇게 느끼는지는 알려주지 않는다. 이 현실을 망각하면 꽤나 심각한 해석상의 오류를 저지를 수 있다.

한번은 수업 중에 마이크라는 수강생이 나를 향해서 계속 얼굴을 찡그리고 있었다. 나는 이를 분노로 해석하여 내가 무엇을 했기에 그가 불쾌해하는지 노심초사했다. 마침내 쉬는 시간이 되었을 때에 마이크에게 물었다. 알고 보니 그는 화난 것이 아니었다. 허리를 삐어서 통증에 시달리고 있던 것이었다. 그는 불편해하고 있었으므로 그의 감정에 대한 나의 판단은 옳았다. 그러나 그 문제가 무엇인지는 그에게 물어보지 않고서는 전혀 감을 잡을 수 없었다. 내가 내린 추측은 완전히 틀렸다.

주변의 누군가가 7가지 기본 감정 중의 하나를 표출하고 있는데 그 이유를 아는 것이 당신에게 도움이 된다면 그냥 넘겨짚지 말고 직접 물어보라. 그러나 조심스럽고 정중하게 질문해야 한다. 내가 수강생들 앞에서 마이크에게 공개적으로 물었다면 그는 당황했을지도 모른다. 감정은 매우 사적인 것인데, 내가 그의 감정을 세상에 드러내는 셈이 되었을 테니 말이다. 사적인 장소를 찾아서, 공격적이거나 힐난하는 투가 아니라 궁금해하고 공감하는 태도로 질문을 던져라.

감정을 속단하려는 유혹이 느껴진다면, 사람들이 비언어적 표현을 특이한 방식으로 혹은 자기만의 이유로 구사할 수도 있다는 사실을 명심하라. 내가 7가지 기본 감정에 대해서 제시한 일반 규칙은 규칙일 뿐이다. 규칙에는 예외가 존재한다. 멀리서 어떤 사람이 팔짱을 끼고 잔뜩 찌푸린 채 당신을 향해서 빠르게 걸어오고 있다면 당신은 그가 화가 났거나 심기가 불편하다고 추측할 것이다. 그러나 그냥 추워서 그런 것이라면? 피곤하거나 몸이 안 좋은 것이라면? 어깨를 다치는 바람에 그렇게 걷는 것이 더 편한 것이라면? 셔츠 소매가 너무 짧고 그게 신경 쓰여서 감추려고 팔짱을 낀 것이라면?

얼굴 표정과 몸짓언어를 더 정확하게 해석할 수 있는 간단한 방법이 있다. 누군가를 처음 만나면 그의 감정 상태에 대한 판단을 유보하고 얼굴 표정, 자세, 어조(리듬, 속도, 음량, 높이)를 비롯한 행동을 가만히 관찰하라. 이를 판단의 기준선으로 삼아라. 그러고는 소통을 시작하여 그 기준선에서 달라지는 변화에 주목하라. 당신을 향해서 성큼성큼 걸어오는 남자의 경우, 그가 근처에서 어떤 여자를 보고는 멈추어서 그녀 쪽으로 하체를 돌린다면, 그녀가 그의 (성적이든 아니든 간에) 흥미와 관심을 불러일으키는 데에 성공했다고 꽤 확신할 수 있다. 걸음을 멈추지 않는다면 관심이 없는 것이다. 걸음은 멈추었지만 그녀 쪽으로 잠깐 동안만 방향을 틀었다면 조금만 관심이 있는 것이다.

기준선 기법은 낯선 사람뿐만 아니라 잘 아는 사람에게도 효과가 있다. 내가 퇴근하여 귀가했는데 아내가 식탁 앞에 앉아 있다고 가정해보자. 아내는 팔짱을 끼고 이마를 찌푸린 채로 컴퓨터 화면을 들여다보고 있다. 이 비언어적 표현은 화가 났거나 심기가 불편하다는 신호일 수 있지만, 단순히 무엇인가를 읽는 데에 열중했기 때문일 수도 있다. 아내의 기준선을 염두에 둔 채 변화를 관찰하면 나의 말이나 행동을 아내가 어떻게 받아들이는지 재빨리 판단할 수 있다. 내가 끼어들어서 이렇게 말한다고 해보자. "여보, 나 왔어! 오늘은 끝내주는 하루였어! 만사가 술술 풀렸거든!" 아내가 화났거나 심기가 불편하다면 나의 흥겨운 인사는 아내에게 짜증만 돋우었을 것이다. 이마의 주름살이 더 깊어지는 것을 보면 알 수 있다. 팔에 힘을 더 줄지도 모른다. 나는 머릿속으로 생각한다. '망했다. 아내가 기분이 안 좋군.' 반면에 내가 더 차분하게 다가가서 목소리를 낮춘 채 아내에게 무슨 일이 있느냐고 물었을 때에 아내는 팔짱을 풀고 이마에서 분노 대신 슬픔을 표현할지도 모른다. 나는 머릿속으로 생각한다. '이런. 오늘 안 좋은 일이 일어났나 보군.' 그러면 나는 후속 질문을 한두 개 던져서 무엇이 문제였는지 알아낼 수 있을 것이다.

기준선을 파악하는 습관을 들이면 거짓을 간파하는 데에도 더 유리한 입장에 설 수 있다. 사람들을 더 꼼꼼히 관찰하기 때문이다. 당신과 내가 마주 보고 있는데 내가 지난번에 사 준 근사한 초콜릿이 마음에 들었는지 묻는다고 가정해보자. 당신이 "그럼, 끝내주었지. 이제껏 먹어본 것 중에 최고였어"라고 말하면서도 고개를 살짝 젓는다면, 당신의 비언어적 표현은 말과 모순된다. 당신이 거짓말을 했을까? 명백한 불일치는 경고 신호이지만, 확신할 수는 없다. 당신이 대부분의 초콜릿을 좋아하지만 오렌지 리큐어가 들어 있는 것은 도무지 먹을 수 없었던 것이 모순된 신호의 원인인지도 모른다. 당신이 거짓말을 하는지 더 분명히 알아내기 위해서 나는 오렌지 리큐어에 대해서 대화를 이어나가기로 한다. 당신이 "그래, 오렌지 초콜릿은 아이들에게 주었어. 난 별로더라"라고 말한다면 나는 모순의 이유를 더 정확히 알 수 있을 것이다. 질문을 충분히 던졌는데도 모순을 설명할 수 없다면 당신이 거짓말을 하고 있을 가능성이 크다.

사람들을 관찰하는 연습을 하고 기준선 기술을 다듬되, 몸짓언어의 의미를 과잉 해석하지는 말라. 당신이 던지는 후속 질문에 따라서 많은 것이 달라질 수 있다. 질문을 던지지 않는다면 당신은 곧잘 틀린 해석을 하고 타인에게 영향을 미치는 능력을 제대로 발휘하지 못할 것이다.

더 세심한 당신

비언어적 표현은 개념적으로 분명하지만, 이 책의 다른 기법들보다는 현실에서 활용하기가 꽤 까다로울지도 모른다. 대부분의 사람들은 타인에게 영향을 미치는 법에 적어도 어느 정도 감이 있지만, 나의 경험상 비언어적 표현에 민감한 사람은 드물다. 우리는 어린 시절에 집에서나 공교육에서 비언어적 표현에 대해서 별다른 훈련을 받지 않는다. 성인이 되어도 스마트폰을 비롯한 기기들이 보급되면서 화면을 보는 데에 훨씬 많은 시간을 쓰며, 사람들을 관찰하면서 감정을 추측하는 데에는 훨씬 적은 시간을 쓴다. 게다가 많은 사람들은 일상에 치여서 감정을 제대로 표현하지 못하며 감정과 몸의 관계를 깊이 생각하지 않는다.

비언어적 표현을 활용하는 것이 낯설게 느껴지더라도 꾸준히 연습해보라. 이는 누구나 배울 수 있는 기술이다. 연습과 나아지려는 욕구만 있으면 된다.

이 점을 강조하기 위해서 내가 즐겨 소개하는 이야기로 마무리하고자 한다. 수년 전 우리 딸 어마야가 여덟 살 때에, 에크먼 박사를 직접 만날 기회가 있었다. 아이는 그의 연구에 흥미를 느껴서 그의 책 『표정의 심리학*Emotions Revealed*』을 읽고는 혼자서 기술을 연습했다. 당시에 나는 이 기술들이 아이의 몸에 배어 있을 것이라고는 생각지도 못했다. 어쨌거나 아이는 여덟 살에 불과했으니까. 그런데 웬걸, 놀라운 사건이 벌어졌다.

어느 날 우리가 함께 차를 타고 시속 65킬로미터로 달리는데 어마야가 나의 어깨를 두드리며 말했다. "아빠, 방금 길가에 앉아 있는 아주머니 봤어? 슬퍼 보이더라." 나는 여자를 보지 못해서 처음에는 계속 가려고 했다. 그러자 어마야가 말했다. "아빠, 곤경에 처한 사람을 보면 도와주어야 한다고 늘 말했잖아. 돌아가서 무슨 일인지 알아봐야 해."

어떻게 아이에게 안 된다고 말할 수 있었겠는가? 나는 차를 돌려서 되돌아갔다. 아니나 다를까 60대 초반으로 보이는 여자가 벤치에 앉아 있는 모습이 보였다. 내가 도로 상황에 집중하느라 여자를 보지 못한 것이 분명했다. 깨끗한 티셔츠, 스웨터, 청바지를 입은 것으로 보건대 노숙자 같지는 않았지만, 붓고 충혈된 눈을 비롯하여 깊은 슬픔의 전형적인 징후들이 얼굴에 나타나 있었다. 혈흔이나 그녀가 부상을 입었음을 암시하는 흔적은 전혀 없었다. 어마야가 말했다. "가서 말을 걸어봐야겠어." 여자가 불안정한 상태거나 위험이 도사리고 있을까봐 말리려고 했지만 이번에도 어마야는 고집을 부렸다.

내가 차를 세우고 함께 내리자 어마야가 말했다. "아빠, 나 혼자 갈게. 내가 해보게 해줘. 괜찮지? 응?" 나는 아이가 여자에게 다가가는 동안 뒤에 서서 신경을 곤두세운 채 지켜보며 여차하면 달려갈 준비를 하고 있었다. 어마야는 여자에게 다가가서 우리가 차를 타고 지나가는데 그녀가 슬퍼 보이더라고 설명했다. 아이가 물었다. "괜찮으신 거예요?"

여자는 어마야를 올려다보더니 울음을 터뜨렸다. 마음을 조금 추스르고는 남편이 자신을 버리고 집에서 내쫓은 이야기를 들려주었다. 그녀는 무일푼에 파산 절차를 밟고 있었다. 생활보조 시설에서 숙소를 구하려고 했지만 그마저도 여의치 않았다. 그녀가 길가에 앉아 있었던 것은 달리 무엇을 해야 할지 막막했기 때문이었다. 그녀의 삶은 아무런 희망이 없어 보였다.

우리는 도와줄 수 있는 것이 없겠느냐고 물었지만 그녀는 도움은 필요 없다며 자신의 문제는 스스로 해결해야 한다고 말했다. 다만 한 가지 부탁을 했는데, 그것은 어마야를 안아봐도 되겠느냐는 것이었다. 내가 괜찮다며 고개를 끄덕이자 둘은 끌어안았다. 그녀가 어마야에게 말했다. "고마워. 나를 눈여겨보고 다정하게 대해주어서 고마워. 덕분에 나의 하루가 조금이나마 행복해졌단다. 그건 나에게 중요한 일이야."

여덟 살 아이가 시속 65킬로미터로 달리는 차 안에서 길가에 앉은 여자의 표정을 알아볼 정도로 비언어적 표현을 숙달할 수 있다면 당신도 얼마든지 발전할 수 있다. 어마야의 이야기에서 보듯이 비언어적 표현을 숙달하면 남에게 영향을 미치는 능력이 향상될 뿐만 아니라 더 세심하고 공감하는 사람이 될 수 있다. 어마야는 여자에게 다가가면서 아무것도 바라지 않았으나 헤어질 때에는 뿌듯한 기분을 느꼈다. 시간을 내서 다른 사람의 감정을 눈여겨보고 그에 대해서 조치를 취함으로써 아이는 상대방의 하루를 조금 더 밝게 만들었다.

비언어적 표현이 중요하기는 하지만 타인과 관계를 맺고 우리가 바라는 대로 그들에게 영향을 미칠 가능성을 높이려면 또다른 기술도 필요하다. 이제 당신은 타인에게 영향을 미치고 당신을 만난 것이 그들에게 잘된 일이 되도록 하는 기본 원리를 배웠다. 그러나 말과 행동의 세부 사항에도 주의를 기울이고 있는가? 그렇다면 상대방이 진실하고 설득력 있게 느껴지는 만남과 인위적이고 어색하고 이기적으로 느껴지는 만남을 구별할 수 있다. 세부 사항을 망쳐버리면 그 대인 접촉은 차라리 아예 하지 않는 것이 나았을 것이라며 후회할 수도 있다. 그러나 세부 사항을 제대로 다듬으면 당신은 원하는 것을 얻고 상대방도 더 좋아지도록 할 수 있다. 어떻게 하는지 살펴보자.

제8장

연출을 다듬어라

자신의 접근법을 세심하게 조율하여
소통의 "현실감"을 유지하라

아무리 합리적인 밑밥을 세웠더라도 옷차림, 말씨, 태도의 미묘한 세부 사항 때문에 당신의 행동이 가짜 같거나 미심쩍게 보여서 소통에 실패할 수 있다. 성공 가능성을 극대화하려면 진실성을 최우선으로 고려하여 해킹에 "실패"하는 핵심 원인들을 회피하라. 잘 짜인 이야기는 매 전환점에서 "진짜" 같고 믿을 만하다. 당신의 소통도 그래야 한다.

얼마 전 우리 팀과 나는 대형 은행의 본사에 침투하려고 어느 개발도상 국가에 입국했다. 그 나라의 보안 방침은 미국과 달랐다. 우람하고 험상 궂게 생긴 남자들이 자동화기를 든 채 오토바이를 타고 은행 주차장 주위를 돌고 있었다. 다행히 우리는 휴먼 해킹 기법을 구사할 수 있었다. 우리는 그 은행이 국제 표준의 준수 여부를 확인하기 위한 여러 기술 점검들을 실시한다는 것을 알아냈다. 좀더 탐색을 거쳐서 어느 회사가 점검을 시행하는지 알아낸 후에 그 회사의 로고가 새겨진 가짜 작업복 셔츠를 만들었다. 그리고 현지인을 고용하여 우리보다 먼저 본사에 들여보내서 경비원들과 대화를 나누도록 했다. 그는 경비원들에게 우리가 작업하러 올 텐데 출입을 허가받으려면 어떤 서류가 필요한지 물었다.

대화가 진행되는 동안 동료와 나는 직접 만든 셔츠를 입고서 걸어 올라갔다. 나는 휴대전화로 통화하고 있었고 우리 둘 다 사무용 클립보드를 들고 있었다.

나는 계획대로 휴대전화를 귀에 댄 채 걸어가면서 고개를 끄덕거리며 말했다. "예, 예. 지금 가고 있어요. 점검은 금방 끝날 겁니다." 경비원들은 우리가 지나가는 동안 한마디도 하지 않았다. 우리는 본사에 진입한 후에 여기저기 돌아다니며 재빨리 방향을 정했다. 시간이 별로 없었다.

붙잡히고 싶지는 않았다. "ATM 점검소"라고 표시된 문을 발견하고 그쪽으로 다가가는데 한 여자가 걸어왔다. 그녀가 출입증으로 문을 열자 우리는 그녀를 뒤따라 안으로 들어갔다. 그녀가 말했다. "잠깐만요."

우리가 말했다. "아, 저희는 말이죠. PCI[지불카드 산업] 표준 준수 점검을 하고 있어요."

그녀가 말했다. "아, 알겠어요."

그녀는 볼일을 보고 1분 후에 나갔다. 그것으로 상황은 종료되었다. 그후로 15분간 우리는 은행 전체에 침투했다.

경비원들이 자동화기를 들고 있었음에도 작업을 순조롭게 완수할 수 있었던 것은 이 책 앞부분에서 설명했듯이 적절한 밑밥을 만들었기 때문이었다. 그러나 그 밑밥을 **어떻게** 구사하느냐도 큰 영향을 미쳤다. 우리는 연출의 세부 사항들을 꼭 들어맞게 준비했으며, 밑밥을 뒷받침하고 우리가 바라는 의미를 내포하도록 조율했다. 유니폼과 클립보드를 갖추었지만, 그것은 시작에 불과했다. 내가 경비원에게 다가갈 때, 불안해 보였거나 내가 누구이고 출입 자격이 있다고 구구절절 해명했다면 오히려 의심을 샀을 것이다. 내가 어디로 가야 하는지 몰라서 헤맸거나 점검 기사라면 마땅히 알아야 하는 것들을 몰랐거나 서버실이 어디인지 경비원에게 직접 물었다면 의심은 2배로 커졌을 것이다. 이상하거나 가짜처럼 보였을 것이다.

나는 이런 뉘앙스를 이해하고 있었기 때문에 면밀히 조절된 간결한 접근법을 택했다. 필요 이상으로 말하기보다는, 경비원들이 현지인에게 한눈파는 사이에 전화 통화를 하는 척하며 바쁘고 볼일이 있는 시늉을 하여 내가 여기 있어야 하는 사람인 것처럼 **행동했다**. 나는 경비원들이 들을 수 있을 만큼 큰 소리로 위층에 올라간다고 말했는데, 이는 내가 정당하게 출입하고 있음을 암시했다. 마치 이곳을 수없이 출입한 것마냥 경비원 앞을 스스럼없이 지나친 것도 한몫했다. 한 명이 아니라 두 명이 투입된 것도 유리하게 작용했다. 방대한 점검을 시행하는 회사라면 여러 사람을 보내는 것이 이치에 맞기 때문이다. 이 모든 세부 사항이 어우러져서 "저 사람들은 여기 오기로 한 것이 맞군. 들여보내도 되겠어"라는 분위기를 조성했다. 그리고 경비원들은 그 분위기에 휩쓸렸다.

솜씨 좋은 이야기꾼은 이야기가 항상 믿을 만하고 자연스럽게 들리도록 주의하면서 서사의 세부 사항에 유의한다. 영화 제작자와 소설가는 실수 하나 때문에 관객(독자)이 거리감을 느끼고 이야기의 기만을 알아차릴 수 있음을 안다. 그렇게 되면 작품 전체가 마력을 잃는다. 이 책에서 제시한 휴먼 해킹 기법을 성공적으로 구사하려면 이야기꾼의 마음가짐으로 진정성을 염두에 둔 채 대인 상호작용의 세부 사항에 주의를 기울여야 한다. "관객"을 충분히 깊이 알아야 하며, 밑밥을 실행하고 도출 기법과 일반적인 영향력 기법을 구사하면서 무엇이 그들에게 진짜 같고 자연스럽게 보일지 예상할 수 있어야 한다.

나는 이 책에서 줄곧 진정성을 언급했지만, 이는 무척 중요하므로 더 체계적이고 집중적으로 들여다보아야 한다. 휴먼 해킹의 시도가 매번 완벽히 자연스럽게 보이도록 하는 지침서를 내놓을 수는 없다. 대인 상호작용은 너무 복잡하고 다양하다. 내가 할 수 있는 일은 표적이 "각성하여" 해커의 속임수에 신경을 곤두세우게 하는 최악의 실수들에 초점을 맞추는 것이다. 이 실수들을 명심하여 멀리한다면 타인에게 영향을 미치려는 시도는 훨씬 진짜 같고 믿을 만하고 설득력을 발휘할 것이다.

진정성을 보여주는 데에 "실패"하는 5가지 핵심 원인

경험상 타인에게 영향을 미치려는 시도가 무산되는 절대다수의 경우는 5가지의 핵심적인 원인으로 설명된다. 이 실수 중에 하나라도 저지른다면 관심인은 당신의 숨은 동기와 기법에 신경을 곤두세울 것이다. 당신의 목표가 무엇인지 정확히 알지는 못하더라도, 어떤 동기가 있고 당신의 행동이 그 동기에서 비롯된다는 사실을 직감할 것이다. 그것만으로도 관심인은 경계심을 품을 것이며 대화를 유리하게 이끌어가려는 당신의 시도를 방해할 것이다. 사람들은 일상 대화에서 이런 실수를 매번 저지르며, 그러면 상대방에게 걸 수도 있었을 마법은 깨져버리고 만다.

원인 1 : 너무 직설적이어서

이야기에 관한 격언 중에 이런 것이 있다. "말하지 말고 보여주어라." 이 격언의 요지는 주제나 교훈을 화자가 명시적으로 말하게 하기보다는 등장인물들의 행동을 통해서 묘사하라는 것이다. 메시지를 시시콜콜 드러내면 청중은 그것이 자신을 겨냥한 메시지임을 간파할 수 있으며 그러면 연출 전체가 위력을 잃는다. 언어학자 조지 레이코프의 용어를 빌리자면, 이는 당신이 만들려고 하는 의미의 "프레임"에 청중의 주의가 쏠리기 때문이다. 레이코프는 이렇게 말했다. "프레임이란 우리가 세상을 바라보는 방식을 형성하는 정신적인 구조물이다. 프레임은 우리가 추구하는 목적과 계획, 행동하는 방식, 행동한 결과의 좋고 나쁨을 결정한다."[1] 그러나 프레임이 우리에게 작동하는 것은 우리가 그 사실을 모르기 때문일 때가 많다. 우리는 현실을 그대로 보고 있다고 생각한다.

프레임을 인지하더라도 그것이 자신이나 타인에게 악용된다고 느끼지 않는 한 프레임은 여전히 효과를 발휘한다. 그러나 우리가 적대적인 의도를 감지하면 비판적 정신이 발동하여 프레임은 위력을 잃는다.

누나와 노모의 치료비를 분담하고자 하는 사례를 다시 생각해보자. 내가 조언했듯이 영향력 기법을 이용하는 하나의 방법은 누나가 피곤하거나 업무 스트레스를 받지 않을 때에 누나가 좋아하는 레스토랑에서 함께 저녁을 먹으며 대화할 자리를 마련하는 것이다. 누나가 즐겨 먹는 전채 요리나 포도주를 주문한 다음에 라포르를 형성하여 대화를 시작하라. 이후에 당신의 밑밥을 제시할 때가 되면 이렇게 말할 수 있을 것이다. "들어봐. 오늘 저녁 먹자고 한 건 누나의 도움이 필요해서야. 어머니의 상태가 나빠지고 있어. 더는 혼자 몸을 건사하지 못하셔. 어떻게 해야 할지 모르겠어. 나는 누나 의견을 높이 평가하니까, 어떻게 하면 좋을지 물어보고 싶어."

이렇게 한 후에 영향력 기법을 활용하면 누나가 어머니의 치료비를 분담하도록 유도할 수 있다. 사회적 증명을 구사하여 신뢰받는 친척이나 친구가 그들 어머니의 치료비를 보태주더라고 말하는 방법도 있다. 아니면 호감 원리를 동원하여 누나가 언제나 딸 노릇을 훌륭하게 해낸 것을 칭찬할 수도 있다. 당신이 하지 말아야 하는 것은 그 모든 일이 누나에게 영향을 미치기 위한 것임을 누나가 알아차리게 하는 것이다. 종업원이 누나가 좋아하는 포도주를 가져왔을 때에 이렇게 말하면 안 된다. "오, 여기 왔네. 봐, 누나가 좋아하는 포도주 시켰어." 나중에 종업원이 요리를 내왔을 때에 이렇게 말해서도 안 된다. "누나가 이 요리 좋아하는 거 알아. 누나가 좋아하는 레스토랑이라서 여기로 정했거든." 겉보기에는 대수롭지 않은 이런 언급 때문에 누나가 몰입에서 빠져나오고 엉뚱한 곳, 즉 당신과 당신의 숨은 동기에 주의를 기울일 우려가 있다. 그런 발언은 이렇게 말하는 것이나 마찬가지이다. "누나, 내가 누나를 대접하기로 한 건 나의 부탁을 들어주게 만들고 싶어서야." 이래서야 일이 순조롭게 풀릴 리 없다.

나는 엘리베이터 수리 기사 행세를 하며 건물에 잠입할 때 경비원에게 이렇게 내뱉지 않는다. "이봐요, 저 수리 기사 복장 입었어요. 수리 도구도 있고요. 저는 엘리베이터 수리 기사예요." 경비원들은 이미 나의 복장과 도구를 보고서 내가 수리 기사임을 알고 있다. 그렇다고 해서 남들의 행동에 영향을 미치기 위한 밑밥과 조치를 결코 공개적으로 인정하지 말라는 뜻은 아니다. 내가 오티스 엘리베이터 회사의 수리 기사 행세를 하며 그 회사 로고가 박힌 셔츠를 입고 있다고 가정해보자. 경비원이 격의 없이 대화를 나누고 싶어서 "아, 오티스에서 일하세요?"라고 묻는다면 그렇다고 인정하는 것이 자연스러울 것이다. 그러나 그런 질문이 없다면 직장에 대해서 구구절절 설명하는 것은 표적의 입장에서 볼 때 아무런 논리적 근거도 없는 행위이다. 그렇게 하면 경비원들은 수상쩍다고 생각해서 예의 주시할 것이다.

원인 2 : "프레임"을 부정해서

무능한 휴먼 해커 중에는 이보다 훨씬 더 꼴사납게 헤매는 사람들도 있다. 그들은 관심인에게 하고 있는 일을 발설하는 것으로도 모자라서 자신이 결코 나쁜 짓을 하지 않는다고 콕 집어 재확인시킨다. 나는 수강생들이 보안 시설에 들어가서 가짜 신분증을 보여주며 이렇게 말했다는 이야기를 들었다. "봐요, 여기 보이죠? 저 여기 직원이에요. 여기 보시면 그렇다고 나와 있잖아요." 그런 다음 무심결에 이렇게 말해버린다. "그러니까 말이죠, 해커나 뭐 그런 게 아니라고요."

뭐라고?? 그러면 안 된다! 솜씨 좋은 이야기꾼이라면 삶이 무의미하다는 교훈을 주고 싶을 때에 결코 이렇게 내뱉지 않을 것이다. "제가 이 이야기를 들려드리는 것은 단지 삶에 아무 의미가 없다는 것을 역설하기 위해서가 아닙니다." 이런 발언은 화자가 그나마 쌓아 올린 진정성을 와르르 무너뜨린다. 레이코프는 정치 담론과 관련하여 명언을 남겼다. "우리가 어떤 프레임을 부정하려면, 우선 그 프레임을 떠올려야 한다."[2] 우리가 어떤 생각을 부정할 때 쓰는 바로 그 말들 때문에 상대방의 머릿속에는 그 생각이 떠올라서 영구히 자리 잡고 만다.

당신이 누나에게 "내가 오늘 밤 저녁을 같이 먹자고 한 이유는 어머니 치료비를 대달라고 하기 위해서만은 아니야"라고 말한다면 누나가 어떻게 생각하겠는가? 그전까지 누나는 당신에게 나름의 속셈이 있으리라고는 전혀 생각하지 못했을지도 모른다. 그러나 이제 당신은 생각의 씨앗을 심은 꼴이 되었다. 그 씨앗은 대화 중에 싹을 틔워서 회의와 의심의 고약한 잡초로 자랄지도 모른다. 이는 당신이 의도한 것과 정반대의 결과이다. 밑밥 깔기와 라포르 형성 시도와 영향력 기법 활용을 통해서 조성하고 있는 "프레임"이나 서사를 **결코** 부정하지 말라. 눈곱만큼도 부정해서는 안 된다.

원인 3 : 너무 완벽해서

모든 이야기에는 살을 붙여야 한다. 그렇지 않으면 모호하고 지나치게 추상적이고 무의미하게 들린다. 게다가 밑밥을 전달할 때에는 다양하고 확고한 세부 사항을 제시하여 의미의 프레임을 강화해야 한다. 나는 해충 방제원 행세를 할 때에 유니폼, 살충제, 가짜 업무 지시가 적힌 클립보드를 총동원하여 나의 밑밥이 정당해 보이도록 한다. 그것만으로도 충분하다. 경비원에게 방제하려는 해충에 대해서 강의를 하거나 어떤 살충제를 쓰는지 알려줄 필요가 없다. 그 주일에 몇 군데에서 방제 작업을 했는지 말할 필요도 없다. "완벽"해지려고 세부 사항을 너무 많이 들이밀면 표적은 그 모든 세부 사항에, 그리고 세부 사항이 너무 많다는 사실에 신경이 쓰일 것이다. 그는 그 이야기가 자신을 겨냥한 이야기라고 생각하면서 의심하게 될 것이다. 그러면 불안하고 초조해져서 거짓된 인상을 남기기 십상이다.

앞에서 언급한 은행에 우리 팀과 내가 침투할 때에 우리는 관련된 세부 사항을 많이 동원했다. 나는 나의 가명, 우리 회사 이름, 우리가 여기에 온 이유, 표준 준수 점검의 의미, 점검해야 할 은행의 부서들에 대해서 숙지하고 있었다. 그러나 나는 은행에 걸어 들어가서 나의 관리자인 시카고 지사의 라피크 갈릴리가 6월 17일 열린 회의에서 나에게 이 나라에 가서 9월 13일에 시작된 PCI 준수 여부 점검을 마무리할 것을 지시했다고 말하지는 않았다. 경비원들에게 내가 지난 6년 반 동안 우리 회사에서 표준 준수 여부 점검을 담당했고 메릴랜드 주 볼티모어에 있는 시설에서 훈련을 받았다고 설명하지도 않았다. 그 모든 세부 사항은 누구의 관심사도 아니다. 내가 그 정보들을 시시콜콜 주워섬겼다면 오히려 경비원들에게 수상하게 보였을 것이다.

해커들이 너무 많은 세부 사항을 늘어놓는 것이 아니라 소수의 세부 사항을 너무 극단적으로 제시할 때도 있다. 때로는 표적을 속여넘길 수 있는 결정적이고 "완벽한" 세부 사항을 연출하려고 거짓말을 하기도 한다. 나는 최근에 업무상 동료와 함께 회의에 참석할 일이 있었는데, 그는 내가 가장 좋아하는 밴드가 로큰롤 밴드 클러치라는 사실을 알고 있었다. 나와 썩 친하지는 않던 그는 회의장에 함께 가려고 자기 차에 나를 태웠는데, 나와 라포르를 형성하려고 미리 내려받아둔 클러치의 음반을 재생했다. 내가 선곡에 대해서 이야기하자 그가 말했다. "아, 그렇죠. 일전에 당신이 클러치를 얼마나 좋아하는지 말하는 걸 들었어요. 그래서 음반을 내려받아서 틀어야겠다고 생각했지요."

그는 하룻밤 사이에 클러치 광팬이 되었다고 주장하지 않았다. 클러치가 발표한 모든 곡과 음반들을 아는 척하지도 않았다. 그랬다면 나는 그의 말이 진짜인지 의심을 품었을지도 모른다. 그간의 말이나 행동으로 보건대 그가 클러치나 그런 음악 스타일을 특별히 좋아하는 것 같지 않았기 때문이다. 내가 지금 들려오는 음반에서 그가 좋아하는 곡이 뭐냐고 무심결에 묻거나 클러치에 대해서 알아야 답할 수 있는 질문을 던졌다면 그는 뭐라고 말해야 할지 몰라서 버벅거렸을 것이다. 라포르 형성에 진정성을 부여하려다가 오히려 일을 그르치는 셈이다.

대인 상호작용에 "완벽"을 기해야겠다는 생각이 들면 로마 황제 마르쿠스 아우렐리우스가 수천 년 전에 한 말을 명심하라. "빵을 굽다 보면 몇 군데에 균열이 생기는데, 이런 균열은 빵 굽는 사람이 의도한 바에는 어긋나지만 우리의 주목을 끌어서 나름대로 식욕을 돋운다."[3] 대부분의 사람들은 불완전한 것을 높이 평가한다. 그것이 아름답고 매력적일 뿐만 아니라 바람직하게 진실하다고 생각한다. 한 연구자는 여기에 "열망적인 진실함"이라는 이름을 붙였다.[4] 빵을 비롯한 여러 소비재만 그런 것이 아니다. 대인 상호작용에서도 마찬가지이다. 그러니 연출에 흠 하나 없어야 한다는 강박을 느끼지 말라. 너무 어설프지만 않으면 된다.

원인 4 : 둔해서

어설픈 해커들은 세부 사항을 챙기지 못한다. 그들은 세부 사항을 **틀리게** 아는 탓에 밑밥과 동떨어지거나 심지어 모순되는 말과 행동을 한다. 다정하고 공감하는 형제자매나 위엄 있고 존경받는 권위자나 고결한 전문가의 밑밥을 선택하고서 대화 중에 욕설을 내뱉으면 밑밥의 신빙성이 떨어질 것이다. 이것은 우리 업계에서 큰 골칫거리이다. 사회공학 분야는 대체로 남성 일색이기 때문에 상당수가 끔찍한 성차별적 언사를 무심결에 입에 담는다. 회사 컴퓨터 시스템에 침투하는 데에 성공한 보안 전문가들은 곧잘 이렇게 말한다. "방금 서버 따먹었어!" 이 말을 들으면 무엇이 떠오르는가? 남들에게 영향을 미치겠다며 얼간이처럼 말하는 것은 실패를 자초하는 꼴이다. 마찬가지로 당신이 갓 결혼한 신랑이고 처가와 관계를 구축 중인데, 영어 원어민이 아무도 없는 처가에서 대화를 할 때에 "confabulated(담화했다)"나 "irascible(성마른)"처럼 그들이 이해하지 못할 영어 단어를 주워섬긴다면, "잘 적응한, 환영받는 새로운 가족 구성원"이라는 밑밥에 도움이 되기는 힘들 것이다.

자칫 방심했다가 관심인을 불쾌하게 할 수 있는 연출 요소는 언어만이 아니다. 앞 장에서 보았듯이 몸짓언어는 미묘한 단서를 상대방에게 전달한다. 덩치 큰 남성이 자신보다 훨씬 왜소한 여성과 대화를 시도하면서 하체를 정면으로 향하면 상대방은 무의식적으로 위협을 느낄지도 모른다. 덩치가 크지 않더라도 남성이 히잡을 쓴 신입 여학생과 라포르를 형성하겠다며 악수를 청하면 무심코 결례를 범하는 일이 될 수도 있다. 엄격한 이슬람 문화에서는 낯선 이성 간의 신체 접촉을 금지하기 때문이다. 가는귀먹은 노인에게 빠르고 나직하게 말하면 본의 아니게 상대방을 불편하게 하고 그에게 영향을 미치려는 시도에 차질을 빚을 수 있다. 경청하고 공감하는 손자나 이웃, 친구의 역할을 선택했다면 더더욱 그렇다. 경청하는 아버지의 역할을 선택했으면서 자녀가 이야기하는 동안 계속 휴대전화를 들여다보는 것도 진정성을 스스로 훼손하는 꼴이며 영향력을 행사하려는 시도에도 방해가 될 것이다.

전반적인 외모와 남들에게 비치는 모습도 고려해야 한다. 특히, 우리를 모르는 낯선 사람들은 정형화된 인상만으로 우리를 판단할 수밖에 없다. 내가 키 크고 대머리인 남성이라면 많은 사람들에게 성났거나 공격적인 사람으로 인식될 것이다. 알고 보면 세상에서 가장 다정다감한 사람일 수도 있지만, 고정관념은 어쩔 수 없다. 나는 상대방에게 영향을 미치려고 시도할 때에 그런 고정관념을 염두에 두고서 그에 맞게 말과 행동을 조율한다. 생긴 것과 다르게 따스하게 미소 짓고 부드럽게 말하거나 탁자 의자 중에서 좀더 높은 것을 관심인에게 권하는 것(그러면 관심인에게 권위나 권력을 부여할 수 있다)도 그런 노력의 일환이다. 마찬가지로 풍만한 몸매의 여성이 남자로 가득한 방에서 영향을 미치려고 한다면, 소매 길이를 얼마로 할지, 블라우스는 얼마나 짧은 것을 입을지와 같은 연출의 요소를 고려하고 청중이 동기를 옳든 그르든 간에 어떻게 추측할지 생각해야 한다. 성별을 떠나서, 연출의 사회경제적인 측면도 염두에 두어야 한다. 부자이면서 형편이 넉넉하지 못한 사람과 대화한다면 구찌 가방이나 롤렉스 시계는 라포르 형성에 일조할까, 아니면 상대방 눈에 속물로 비치게 할까?

우리는 사람들이 고정관념과 선입견을 가지는 것을 싫어할 수도 있다. 나도 그렇다. 그러나 상대방의 인식이 아무리 잘못되고 불쾌하더라도 이것을 무시한 채 그 사람에게 영향을 미치려고 시도할 수는 없다. 나는 사람들이 링크를 클릭하거나 나에게 제한구역 출입을 허가하도록 하기 위해서 1주일이 멀다 하고 이 선입견들을 활용한다. 나는 고정관념을 혐오하지만 이것이 엄연히 존재하며 사람들의 마음속에 깊이 박혀 있다는 사실도 인정한다. 내가 상대방의 고정관념을 매번 바로잡지 않고 활용한다면서 비판하는 사람들에게 나는 이렇게 대답한다. 범죄자는 선입견을 악용하는 데에 거리낌이 없으며, 나의 임무는 조직의 보안을 개선하고 사회를 더 안전한 곳으로 바꾸는 것이므로 나도 그렇게 해야 한다고 말이다.

게다가 비전문가들에게는 이런 인식을 완전히 바로잡을 능력이 없다. 혹자는 친구, 가족, 이웃이 선입견을 가지고 있다면 이를 지적하여 변화시켜야 한다고 주장할지도 모르겠다. 물론 그럴 필요가 있을 때도 있기는 하다. 이 책에서 누누이 말했듯이 사람들과 소통할 때에는 뿌리 깊은 도덕적 원칙을 훼손하지 않는 것이 중요하다. 그러나 나의 목표가 상대방에게 영향을 미치는 것이라면 대개는 좀더 겸손함을 보이고 상대방과 최대한 눈높이를 맞추는 것이 낫다. 일상적인 소통에서 모든 사람의 생각을 바꿀 수는 없다. 우리가 바꿀 수 있는 것은 **지금 나의 앞에 있는 사람**의 생각뿐이다. 가장 좋은 방법은 상대방을 최대한 편안하게 해주고 우리를 만난 것이 그에게 잘된 일이 되도록 하는 것이다. 그러면 그 과정에서 상대방의 고정관념에 문제를 제기할 수 있을 것이다. 또한 상대방의 인종주의적, 성차별적, 연령차별적 편견 때문에 일부 밑밥이 효과를 발휘하지 못할 수도 있음을 받아들여야 한다. 우리가 상대방의 마음속에 불러일으키려는 이미지가 우리의 외모와 지나치게 모순될 수도 있기 때문이다.

원인 5 : 너무 공격적으로 "요구해서"

"어젯밤 사무실을 소등하고 퇴근하려다가 구석에서 벌레 한 마리가 실에 매달린 채 다른 벌레를 그물로 에워싸는 장면을 보았다." 이 문장을 읽으면 어떤 이미지가 떠오르는가? 당신은 틀림없이 거미를 생각했을 것이다. 나는 "거미"라는 단어를 입 밖에 내지 않고도 그 이미지를 불러일으켰다.

당신이 어떤 프레임을 가지고 있으면 그 프레임 안에서 정의되는 단어나 대상(그물, 에워싸인 벌레)은 그 프레임(거미가 방구석에서 먹잇감을 사냥하는 장면)을 환기한다. 우리가 해킹을 너무 직설적으로 시도(첫 번째 원인)하지 않아도 되는 것은 이 원리 때문이다. 프레임의 요소 한두 개만 있어도 효과를 거둘 수 있다. 또한 이 원리에 따르면, 우리는 원하는 것을 노골적으로 요구할 필요가 없다. 게다가 원하는 것을 너무 공공연히 요구하면, 상대방이 우리가 만들려는 의미의 프레임에 주목하는 역효과가 일어날 수 있다.

우리 이웃(바브라고 부르겠다)이 커다란 골든 레트리버를 아침 저녁으로 마당에 내보낼 때마다 녀석이 끊임없이 요란하게 짖어댄다고 가정해보자. 새벽 6시부터 개 짖는 소리가 들리는 통에 우리 어린 두 딸은 기상시각보다 한 시간 전부터 잠을 설친다. 나는 바브가 적어도 오전 8시까지 기다렸다가 개를 내보내거나, 가족이 방해받지 않도록 조치를 취해주기를 바란다. 어느 날 저녁에 내가 바브의 주택 진입로에 다가가서 그녀가 차에서 내릴 때에 그녀를 막아서고는 8시까지는 개를 내보내지 말라고 정색한 채 요구한다면 그녀는 방어적으로 반응할 것이다. 힘겨운 하루를 보내느라 기진맥진하다면 더더욱 그럴 것이다. 만일 내가 "도움을 청하는 다정한 이웃"의 역할을 밑밥으로 선택했다면, 나의 당돌한 요구는 그 밑밥과 모순되어 목적 달성에 차질을 빚을 것이다.

더 나은 해결책은 일요일 아침에 산책을 나갔다가 바브가 정원에서 편안하게 휴식을 취하고 있고 그녀의 개 맥스가 곁에서 볕을 쬐고 있을 때에 다가가는 것이다. 그렇게 하더라도 아침마다 맥스를 조용히 시켜 달라고 단도직입적으로 요구해서는 원하는 결과를 얻을 수 없을 것이다. 그 대신 바브에게 다가가서 이렇게 말해볼 수 있다. "새로 심은 장미 덤불이 정말 예쁘네요. 맥스도 좋아하는 것 같아요. 그런데 말이죠, 저에게 고민거리가 하나 있는데 당신이 도와줄 수 있지 않을까 싶어서요. 아이들 문제로 아내와 이야기를 해보았지만 뾰족한 수가 없더라고요. 맥스가 짖는 소리 때문에 아이들이 아침에 일찍 깨요. 창문을 닫아보았지만 효과가 없었어요. 맥스가 바깥 바람을 쐬어야 한다는 것은 알지만, 어떻게 해볼 수 없을까요?"

이런 질문으로 대화를 시작하면 바브는 오전 8시까지 기다렸다가 맥스를 내보내겠다거나, 집 밖에 내보내는 것이 아니라 우리 아이들에게 짖는 소리가 들리지 않도록 산책을 시키는 등의 다른 해결책을 찾아보겠다고 말할 것이다. 그러면 나는 단도직입적으로 요구하지 않고도 원하는 것을 정확하게 얻을 수 있다. 물론 그녀가 어떤 해결책도 제시하지 않은 채 이렇게 말할 수도 있다. "그러시다니 유감이에요. 아이들 방에 백색 소음 발생기를 두면 개 짖는 소리를 없앨 수 있지 않을까요?" 이런 대답을 들으면 그녀의 이기심에 짜증이 치밀지도 모른다. 그러나 버럭 화를 내는 것보다는 이런 식으로 다시 시도해보는 것이 낫다. "아니요, 아이들이 기계 소리를 안 좋아해서요. 1년 전에 둘째가 태어났을 때에 써보았거든요. 다른 방법이 없을까요?"

이에 대해서 바브가 당신이 바라는 해결책을 제시한다면 훈훈하게 마무리될 것이다. 나는 그녀에게 영향을 미치려고 시도하면서 인내심을 발휘했고, 밑밥을 그럴 듯하게 유지하여 이 방법으로 효과를 거두었다. 만일 그녀가 해결책을 내놓지 않았고 내가 한 번 더 시도했는데도 상황이 달라지지 않으면, 그때는 오전 8시까지는 개를 내보내지 말라고 단도직입적으로 요구할 수도 있을 것이다. 어떤 밑밥도 효과가 보장되지는 않지만, 적어도 내가 밑밥을 끝까지 고수했고 이웃이 보기에 진실하고 믿을 만하게 유지했다는 것은 자부할 수 있으리라.

만일 그녀에게 단도직입적으로 요구해야 하더라도 나는 비난이나 판단을 곁들이지는 않을 것이다. "바브, 나의 말 좀 들어봐요. 저도 좋은 이웃 노릇을 하고 싶고 정중하게 부탁하고 싶지만, 당신과 시끄러운 개가 짜증을 유발하고 있다는 것을 알았으면 해요. 당신이 8시까지 녀석을 집 안에 데리고 있지 않으면 유기견 보호소에 전화하겠어요"와 같은 단호한 발언과 "바브, 우리가 몇 가지 아이디어를 살펴보기는 했지만, 맥스를 8시까지 내보내지 않고 데리고 있을 수는 없는지 당신에게 물어보고 싶어요. 일요일은 제가 늦잠을 잘 수 있는 유일한 날이에요. 저의 정신건강을 위해서는 잠이 필요해요. 저 좀 도와주실 수 없나요?"와 같은 세심한 요청 사이에는 엄청난 차이가 있다. 명심해야 할 사실은 그녀가 왜 나를 배려하지 않는지 내가 모른다는 것이다. 그녀가 이기적이어서 그럴 수도 있지만, 어쩌면 더 타당한 이유가 있을지도 모른다. 나의 목표는 나를 만난 것이 그녀에게 잘된 일이 되도록 하면서도 내가 바라는 것을 달성하는 것이다. 비난을 내뱉으면 이 목표를 달성할 수 없을 것이다.

최근에 당신이 바라는 대로 흘러가지 않은 의사소통을 생각해보라. 당신이 대화를 어떻게 끌고 나갔는지 분석하라. 어떻게 시작했는가? 어떻게 라포르를 형성했는가? 밑밥을 어떻게 제시했는가? 어떤 몸짓언어를 구사했는가? 어떤 옷차림을 하고 있었는가? 당신은 관심인을 배려하고 그가 당신을 어떻게 인식할지 고려했는가? 당신의 말이나 행동 중에서 후회되는 부분 서너 가지를 생각해보고 다음에 비슷한 상황에 처하면 다르게 시도해보라.

표적을 알되 집착하지 말라

5가지 "실패 원인들"을 한발 물러서서 바라보면, 어설픈 해커들이 이런 실수를 저지르는 것은 표적과의 관계를 제대로 조율하지 못했기 때문임을 알 수 있다. 그런 해커 지망생들은 자신이 영향을 미치려는 사람들을 이해하는 데에 시간을 너무 적게 할애하거나 너무 많이 할애한다. 그들은 표적을 무시하고 그들의 관점, 감정, 욕구를 싸잡아서 넘겨짚거나 표적이 자신을 어떻게 인식하는지에 전전긍긍한다. 이런 불균형 때문에 해커들은 잘못된 세부 사항을 전달할 수도 있고 지나치게 에두르거나 직설적일 수도 있고 세부 사항을 너무 많이 늘어놓을 수도 있고 심지어 밑밥을 "못 박고" 표적의 인식을 통제하려고 새빨간 거짓말을 할 수도 있다. 표적에 대해 균형 잡힌 관점에서 생각하지 못하는 것은 초보 해커만이 아니다. 초보 해커는 성공에 필요한 이해 수준을 과소평가하여 엉뚱한 방향과 정보를 가지고 섣불리 상황을 통제하려고 들 수 있다. 그러나 노련한 전문 해커도 과거의 성공을 일반화하여, 현재의 표적이 과거의 대상과 비슷하며 과거에 통한 방법이 이번에도 통할 것이라고 착각할 수 있다. 이 전문가들이 신중형이라면 계획에 집착하여 "완벽한" 상호작용을 추구할 가능성이 커진다.

나는 신중형이 아니지만 이따금 자만에 빠진 적이 있다. 수년 전 우리는 정부, 군과 대규모 계약을 맺은 제조 회사를 피싱했다. 당시는 외국 정부들이 링크트인^{LinkedIn}(구인, 구직, 인맥 관리용 웹사이트/옮긴이)을 이용해서 첩보원을 모집하고 고급 정보를 빼내기 시작하던 때였다. 우리는 매력적인 젊은 여성을 가장해서 이 회사의 모든 직원 7,500명에게 특별 링크트인 그룹에 초대하는 이메일을 보냈다. 목표는 최대한 많은 직원이 링크를 클릭하게 해서 그들의 컴퓨터에 침투하는 것이었다.

처음 피싱을 시작했을 때에는 표적의 50−60퍼센트가 우리의 수법에 걸려들었다. 그러나 약 18개월 동안 교육을 진행한 이후에는 직원들이 피싱 이메일에 익숙해져서 적중률이 25−40퍼센트까지 낮아졌다. 그럼에도 이 링크트인 수법은 굉장한 성공을 거두었다. 직원의 79퍼센트가 그룹 초대장을 클릭했다.

우리 업계에서 이 정도의 성공은 경천동지할 일이다. 이 성공 사례는 나의 뇌리에 단단히 박혔다. 몇 달 후에 두 번째 회사(직원이 1만 명인 대형 소매 업체)가 우리에게 피싱 시도를 의뢰했다. 새 클라이언트는 이렇게 말했다. "첫 피싱에서 저희에게 본때를 보여주셔야 합니다."

내가 말했다. "문제 없습니다. 저희에게는 비법이 있으니까요."

우리는 제조 회사에서 보기 좋게 성공한 수법을 그대로 적용했다. 나는 이메일을 발송하고서 두근거리는 마음으로 결과를 기다렸다. 그런데 놀랍게도 직원들 중에서 첫 24시간 안에 우리의 수법에 걸려든 사람은 1퍼센트에 불과했다. 이튿날이 되었어도 고작 2퍼센트만이 링크를 클릭했다. 사흘날에도 여전히 2퍼센트였다. 1주일이 지났을 때에 링크를 클릭한 직원은 약 7퍼센트에 불과했다. 지난번 회사의 79퍼센트와는 하늘과 땅 차이였다. 무슨 일이 일어난 것일까?

회사의 스팸 필터가 우리의 이메일을 거른 것이 아닌지 의심했지만, 확인해보니 그렇지는 않았다. 기술적인 문제 때문에 많은 직원들이 이메일을 받지 못한 것이 아닌지도 점검했다. 그러나 아무 문제도 없었다.

나는 의기소침한 채 피싱을 종료하고는, 이메일을 받은 직원들이 왜 링크를 클릭하지 않았는지 그 이유를 알아봐달라고 클라이언트에게 부탁했다. 알고 보니 이 회사의 직원들은 링크트인에 관심이 없었다. 처음의 제조 회사는 대다수 직원이 40-50대 남성이었다. 이 직원들은 링크트인을 좋아했으며 늘 이용했다. 그들은 하루 종일 비좁은 사무실에 앉아 있는 남성이었기 때문에 매력적인 여성에게서 온 메시지에 쉽게 현혹되었다. 반면에 이 소매 업체에서는 대부분의 직원이 20-30대였으며 여성 비율이 훨씬 높았다. 이 세대의 직원들은 링크트인을 구닥다리 사이트라고 생각했으며 스냅챗이나 인스타그램 같은 소셜 미디어를 더 좋아했다. 그래서 링크트인 초대 이메일을 받았을 때에 별로 관심을 기울이지 않았다. 여성 직원들이 초대장을 클릭하지 않은 데에는 발신인이 매력적인 여성이라는 점도 있었다.

우리가 실패한 이유는 내가 지혜와 경험을 믿고서(이 부분에서 빈정거리며 웃어도 좋다) 표적을 일반화했기 때문이었다. 지난번에 보낸 이메일의 놀라운 효과에 취해서 현재의 표적에 대한 조사를 소홀히 한 것이다. 이 표적에 대해서 내가 기본적으로 아는 것(집단으로 근무하는 대기업 직원들)만 놓고 보자면, 과거에 구사한 밑밥(소셜 미디어와 관련한 친절한 초대장)이 효과를 발휘하리라고 생각할 만했다. 그러나 그것으로 밑밥의 세부 사항을 제대로 계획하기에는 미흡했다. 나는 표적을 더 면밀히 들여다보고 그들의 기본적인 성격 특질, 선호도, 욕구 등을 매우 피상적일지언정 더 명확하게 이해해야 했다. 그랬다면 밑밥의 실행 방식을 조율하여 페이스북과 관련된 이메일을 보내서 클릭을 유도했을 것이다. 3개월 후에 두 번째 기회가 찾아왔을 때에 우리는 바로 그런 이메일을 보냈다. 이번에는 클릭 비율이 어마어마했다.

관심인을 일반화하려고 들지 말라. 건전한 관심을 기울이고 상대방의 말을 주의 깊게 경청하고 최선을 다해서 이해하려고 최선을 다하라. 그러나 섣불리 상황을 통제하려고 들지는 말라. 차분하게 내면의 통제 욕구를 다스리고 최대한 진실하려고 노력하라. 거짓말하면서 진실하게 보이기란 여간 힘든 일이 아니다. 진실에서 멀어질수록 정신노동의 강도가 높아진다. 소통이나 관계가 진행됨에 따라서 스스로 모순을 범하지 않도록 자신의 모든 거짓말을 기억해야 하기 때문이다. 모순을 피하더라도 연출이 어색하거나 부자연스러워 보일 것이다. 무엇인가 이상해

보일 것이다.

　나의 수강생 중에 한 명은 라포르 형성을 연습하면서 낯선 사람들과 공통분모를 쌓기 위해서 상대방에게 어디 출신이냐고 묻고는 자기도 동향이라고 주장했다. 표적은 분명한 공통분모를 접하고서 반색했지만, 수강생이 고향에 대해서 아는 것이 거의 없고 필시 거짓말을 하는 것임을 깨닫자 금세 태도가 돌변했다. 당신은 그러지 말라. 내가 아는 최고의 비전문가 해커들은 영향을 미치고자 하는 사람들을 이해할 뿐만 아니라 거짓말을 하지 않을 만큼 그들을 배려하고 존중한다. 그러면 상대방에게서 원하는 것을 더 많이 얻을 뿐만 아니라, 자신을 만난 것이 그들에게 잘된 일이 되도록 하여 해킹에서 뿌듯함을 느낄 수 있다.

앞 장들에서 설명한 기법들을 연습하되, 5가지 실패 원인들을 명심하고 상대방을 파악하기 위해서 애쓰고 마음을 가라앉히고 진실하라. 지금껏 자신보다는 상대방에 대해서 더 많이 생각하려고 노력했다면 더더욱 노력하라. 당신은 관심인에 대해서 정말로 생각만큼 잘 알고 있는가? 그에 대해서 전에는 몰랐던 세부 사항들(그들이 무엇을 좋아하거나 싫어하는지, 어떤 문제로 골머리를 썩이고 있는지, 어떤 배경 요소가 그들의 세계관을 형성했는지) 서너 가지를 알아내보라.

정중하게 청하면 더 많이 얻을 수 있다

진정성을 염두에 두고서 상호작용을 다듬는 일은 사교술을 더 세련되게 구사하는 솜씨를 기르는 것과 같다. 세부 사항을 신경 쓰면 대화가 더 매끄럽고 자연스럽고 설득력 있고 (솔직히 말하건대) 수월해진다. 시간이 지날수록 당신의 삶에서 중요한 관계들의 성격이 달라지면서 덜 짜증스럽고 더 사랑스럽고 더 충만하게 바뀔 것이다.

당신의 배우자가 힘겨운 하루를 보내고 귀가한다고 가정해보자. 그는 기진맥진하며 온몸이 **욱신거린다**. 소파에 털썩 주저앉더니 크게 한숨을 내쉬며 텔레비전을 켠다. 당신은 그와 관계된 문제나 해결해야 할 사안을 가지고 다가간다. 이렇게 말한다. "내 말 들어봐. 또 욕실에 옷을 죄다 벗어놨더라. 화장지 다 쓰고 새로 끼워놓지도 않았고. 대체 왜 그래? 나도 당신처럼 하루 종일 열심히 일하지만 이런 일은 잊어버리지 않잖아. 당신도 집안일에 조금만 관심을 가져주면 안 돼?" 물론 당신의 불만이 세상에서 가장 정당한 것일 수도 있지만, 바로 그 순간에는 상대방의 마음 상태를 고려하지 않고 너무 공격적으로 문제를 제기했기 때문에 그가 순순히 받아들일 가능성은 희박하다. 당신이 물고 늘어지면 그는 뚜껑이 열릴 것이다. 그래서는 아무것도 해결할 수 없다. 관계만 나빠질 뿐이다. 시간이 지나면서 이런 일이 반복되면 관계는 더욱 악화되고 당신은 유익하지 않은 행동 패턴에 갇혀버릴 것이다.

이와 반대로 배우자가 원기를 회복할 때까지 당신이 15분가량 기다려주었다고 상상해보라. 그에게 다가가서 다정하게 어루만지고 그가 좋아하는 시원한 아이스티를 건넸다고 상상해보라. 그러고서 당신이 말한다. "저런, 오늘 힘든 하루를 보냈나 봐. 들어오면서 인사도 안 하던데, 당신 괜찮은 거야?" 그가 그날 하루가 얼마나 힘겨웠는지 호소하면 당신이 말한다. "고생했구나. 마음이 가라앉고 나면 알려줄래? 당신과 한두 가지 할 이야기가 있어." 어쩌면 그는 지금 이야기하자고 할지도 모른다. 당신은 미소로 안심시키며 말한다. "아니, 아니야. 좀더 쉬어." 그러다가 막상 대화가 시작되어도 당신이 원하는 것을 얻지 못할지도 모른다. 그는 욕실을 정돈하는 데에 더 신경 씀으로써 당신을 존중하는 모습을 보이려고 들지 않을지도 모른다. 그러나 원하는 결과를 달성할 가능성은 훨씬 커진다.

물론 이 순간 당신이 **정말로** 원하는 것은 당신이 얼마나 속상한지를 배우자가 알아주는 것이다. 그러나 그래서는 배우자가 욕실을 정돈하게 한다는 목표에 가까이 갈 수 없다. 그러니 "다정하고 세심한 배우자"의 밑밥을 선택하라. 더 나아가서 세부 사항에도 주의를 기울여라. 아이스티를 건네는 일은 당신에게는 사소한 성의이지만 배우자가 보기에는 자신을 인정하고 이렇게 말해주는 것과 같다. "내가 당신에게 아이스티를 주는 것은 그만큼 당신이 무엇을 좋아하는지 잘 알고 당신을 사랑하기 때문이야." 당신은 "이것 좀 봐. 당신이 좋아하는 음료 가져왔어"라고 말하지는 않을 것이다. 작은 선물을 말없이 건넬 뿐이다. "이것 봐. 당신을 사랑해서 어깨를 이렇게 다정하게 주물러주고 있어"라거나 "당신에게 불만을 이야기하기 전에 휴식할 시간을 주고 있는 거야"라고 말하지도 않을 것이다. 그냥 행동으로 보여줄 뿐이다. 당신은 이 상황에서 라포르를 형성하려고 무리하지 않는다. 아이스티 대신 200달러짜리 포도주를 따거나 "하루 종일 내가 당신을 얼마나 사랑하는지 생각했어"라고 거짓말하지 않는다. 이런 행동은 우스꽝스러워 보일 것이다. 자신의 욕구에 대한 집착에서 벗어나 배우자의 마음 상태를 생각하면서 당신은 단순하고 다정하고 자상하게 밑밥을 실행한다. 이번에 성공하지 못하더라도 관계는 손상되지 않는다. 오히려 당신의 의도가 전달되면서도 둘의 관계가 좀더 개선되었을 가능성이 크다.

이 사례는 다소 사소하지만, 휴먼 해킹 기법을 적용하고 세부 사항을 올바로 구사하면 정말로 중요한 사안에서도 크나큰 성과를 거둘 수 있다. 나의 수강생 중의 한 명인 콘래드는 컨설턴트 업무를 위해서 수업을 들었으며 이 책에 나온 기법들을 몇 달간 연습했다. 어느 날 그는 전화를 받고서 아버지가 치료 불가능한 폐암 말기를 진단받았으며 암이 온몸에 전이되었다는 소식을 들었다. 살 날이 몇 달밖에 남지 않았다고 했다. 아버지는 통증이 무척 심했으며 그가 진단을 위해서 찾아간 지역 병원은 어떤 치료법이 최상인지 알지 못하는 것 같았다. 콘래드는 다른 도시에 있는 훨씬 나은 병원으로 아버지를 모시고 싶었다. 그는 아버지를 차에 태우고 몇 시간을 달려서 새로운 병원으로 갔다. 한편 지역 병원의 의사들은 새 병원이 치료를 준비할 수 있도록 그곳에 전화하여 아버지의 상태를 전달하겠다고 약속했다.

그러나 병원에 도착하고 보니 지역 병원의 의사들은 약속을 지키지 않았고 새 병원에는 남는 병실이 하나도 없었으며 입원실 배정을 기다리는 환자들이 길게 줄을 서서 기다리고 있었다. 병원에서는 아버지를 도울 방법이 전혀 없고 원한다면 폐암 환자를 치료하는 호흡기내과에 직접 찾아가보라고 했다. 의사와 직접 이야기하면 도움을 받을 수 있을지도 모른다는 것이었다. 콘래드는 그렇게 했다. 아버지가 처한 상황 때문에 무척 심란했지만 휴먼 해킹 기법을 떠올려서 이 상황에 어떻게 적용할 수 있을지 구상했다. 무엇보다 어떻게 하면 올바른 세부 사항으로 의미의 프레임을 구성하여 영향력을 발휘할 수 있을지 궁리했다.

콘래드는 이렇게 회상했다. "그 의사를 개인적으로 알지는 못했습니다. 그러나 의사들이 전반적으로 어떤 '부류'에 속한다는 생각을 했습니다. 집단으로 보자면 의사들은 자신의 일에 진지한 태도로 임합니다. 지성을 높이 평가하고 지식의 가치를 인정합니다. 전문가로서 자신의 역할에 무척 자부심을 느끼죠. 그래서 저는 효과를 극대화하기 위해서 의사가 아니면서도—실제로도 의사가 아니고요—이런 가치를 중시하는 사람처럼 스스로를 연출해야겠다고 마음먹었습니다." 이를 위해서 그는 말끔하게 차려입고 교육 수준이 높은 사람에게 걸맞은 화법을 구사해야 했다. 의사들이 종종 과로하고 격무에 시달리고 시간에 쫓긴다는 점을 감안하면 곧장 요점으로 들어가야 했다. 또한 더 섬세한 수완을 발휘하여 쾌활하고 공손하고 단호하게 보여야 했다. 사실에 입각하여 아버지의 상황과 자신이 원하는 것에 대해서 논리적이고 구체적인 태도를 견지해야 했다. 또한 진실해야 했다. 콘래드는 이렇게 말했다. "저는 이런 특질을 꾸며내지 않았습니다. 저의 본모습에서 이런 측면들을 끌어냈을 뿐입니다." 콘래드가 의사의 말에 귀를 기울이고 공감을 표하고 너무 다그치지는 않고 5가지 진정성 실패 원인을 멀리하는 한 문제가 생기지는 않을 터였다.

대화는 순조롭게 흘러갔다. 처음에 콘래드는 의사에게 정중하게 인사하고 아버지의 사연을 짧게 설명하고는 이 병원에서 치료받아야 할 절박한 필요성을 호소했다. 그는 의사가 납득할 수 있는 합리적인 일정을 제시했다. 의사의 반응에 주의를 기울이며 의사의 말과 몸짓언어를 모방하여 라포르를 형성했다. 감정에 휩싸이지 않으면서도 자신과 아버지의 두려움을 토로하고 솔직하면서도 위엄 있게 이야기했다. 남는 침상이 전혀 없다고 의사가 잘라 말하자 그는 이해하겠다며 고개를 끄덕이고는 정중하게 물었다. "그렇다면 이 상황에서 우리가 할 수 있는 일은 무엇일까요?" 콘래드는 자신과 의사가 공통분모를 확립했고 비슷한 몸짓언어를 하고 있으며 공통의 어휘를 구사하고 있으므로, 이제 아버지의 문제를 공동의 문제로 제시하여 의사와 함께 해결책을 모색할 수 있겠다고 직감했다. 콘래드는 이런 방안을 내놓았다. "여분의 병상이 없으니 아버지를 복도에 모시고 병상이 날 때까지 기다리면서 치료를 받을 수는 없을까요?" 의사는 잠시 생각하더니 다행히도 동의했다. 이 혼잡한 병원에서 그의 아버지가 치료받는 일은 불가능해 보였으나, 콘래드는 불과 약 40분간의 대화를 통해서 통상적인 관료제의 장벽을 뛰어넘으며 이 난관을 극복했다.

콘래드의 아버지는 이 병원에서 몇 달간 치료받다가 숨을 거두었다. 당시에 콘래드는 의료진과 종종 이야기를 나누면서 첫 의사를 대할 때처럼 사려 깊고 세련된 태도를 취했으며, 담담한 표정, 개방적인 제스처, 벌린 손, 상대방을 정면으로 바라보는 자세와 같은 몸짓언어를 유리하게 구사했다. 콘래드가 말했다. "의사나 간호사와 소통할 때마다 저를 만난 것이 상대방에게 잘된 일이 되게 하려고 최선을 다했습니다." 비록 증거는 없었지만, 콘래드는 휴먼 해킹 기법에 대한 지식과 연출의 세부사항에 대한 주의가 변화를 가져왔다고 믿었다. 그는 아버지가 나머지 환자들보다 더 나은 치료를 받는 광경을 목격했다. 그는 태도를 섬세하게 조율하여 정중하고 진실하게 행동했으며 의료진은 그런 행동에 올바르게 반응했다. 환자와 가족이 불만을 비롯한 부정적인 감정을 연신 쏟아내는 고달픈 환경에서 의료진은 자신들의 입장에서 소통하려고 노력하는 콘래드의 태도를 눈여겨보았을 것이다. 콘래드는 아버지의 죽음으로 상심했지만 아버지가 생의 막바지에 훌륭한 치료를 받았으며 자신이 이를 위해서 할 수 있는 모든 일을 했음을 위안으로 삼을 수 있었다.

콘래드의 이야기에서 보듯이 사회공학의 원리와 기법을 총동원하면 어마어마한 위력을 발휘할 수 있다. 이 책을 여기까지 읽었으면 당신도 얼마든지 이 위력을 발휘할 수 있다. 물론 구체적인 기법과 다른 것들도 더 연습해야 한다. 당신이 얼마나 성실히 집중하는가에 따라서 몇 달이 걸릴 수도 있고 몇 년이 걸릴 수도 있지만, 꾸준히 연습하면 엄청난 차이를 목격할 것이다. 즉석에서 소통하면서도 당신과 남들의 행동을 새롭게 자각할 뿐만 아니라 그런 자각에서 비롯되는 자신감과 차분함을 경험할 것이다. 매번 완벽할 수는 없겠지만(뜻밖의 일은 일어날 수 있으며 실제로 일어난다) 예기치 못한 사건을 당신에게 유리하도록 풀어가는 일에 더욱 능숙해질 것이다. 예견하고 준비할 수 있는 만남 또한 더욱 유리한 입장에서 이끌 수 있을 것이다. 이 책을 마무리할 때가 되었으니 지금까지 살펴본 기법들을 종합하여 콘래드가 호흡기내과 전문의와의 중요한 대화를 어떻게 준비했는지를 들여다보자. 많은 사람들이 취업 면접, 중요한 판촉 전화, 법률 소송, "관계"를 좌우하는 중요한 대화 등 사전에 계획된 대인 접촉을 앞두고서 초조감을 느낀다. 그러나 의사소통 전에 휴먼 해킹 원리를 체계적으로 적용하면, 스스로에게 집중하고 불안을 최소화하고 성공 가능성을 높일 수 있다.

제9장

기법들을 종합하라

중요한 대화를 미리 준비하여 성과를 거두어라

중요한 대화를 앞두고 있다면 사회공학자처럼 미리 계획하라. 회사에 침투를 시도하는 사회공학자라면 이 과정을 "공격 벡터"를 개발한다고 일컫겠지만, 일상생활에서는 "대화 개요"라고 부를 수 있을 것이다. 이 장에서는 개요를 단계별로 작성하는 법을 설명하고 중요한 대화를 올바르게 준비하기 위한 전반적인 조언을 제시한다.

우리 팀과 나는 회사나 정부 시설에 잠입할 때에 무작정 들어가지 않는다. 몇 주일간 "공격 벡터^{attack vector}(해커가 컴퓨터나 네트워크에 접근하기 위해서 사용하는 경로나 방법/옮긴이)"를 준비한다. 우리는 목표 시설을 조사하고 위치, 배치, 보안, 경영진, 인력 등 온갖 정보를 추적한다. 쓰레기통 뒤지기, 치밀한 온라인 검색, 중요 인물 감시, 이메일 피싱, 평범한 펜이나 시계나 넥타이처럼 생긴 장비를 통한 대화 녹음 등 우리가 쓰는 기법은 첩보원 제임스 본드를 방불케 한다. 표적을 충분히 알고 나면 이 책에서 설명한 기법들을 동원하여 계획을 짠다. 밑밥과 라포르 형성 방법을 구상하고, 누가 어떤 유니폼과 소도구를 쓰고 어떤 몸짓언어와 말하기 전략을 구사할지를 결정한다. 세부 사항을 다듬고 대화를 미리 연습한다. 이렇게 해도 성공이 보장되지는 않지만 성공 가능성은 훨씬 높아지는데, 그 이유는 건물에 실제로 잠입할 때에 긴장하지 않고 침착할 수 있기 때문이다. 숙제를 다 했으면 자신감이 생기는 법이다. 어떤 일이 벌어질지 예상할 수 있으니까.

중요한 대인 상호작용을 앞두고 자세한 계획을 세우면(물론 은밀한 첩보 작전과는 사뭇 다르겠지만) 남들에게 영향을 미치는 능력을 향상시킬 수 있다. 나는 개인적인 삶에서나 회사 운영에서나 이 방법을 실천한다.

일전에 "지미"라는 직원에게서 성과 문제를 발견했다. 그는 대체로 좋은 사람이었지만, 최근 실적이 부진했고 예전보다 업무의 수준이 낮아졌으며 자신의 임무에 대해서 지나치게 여유를 부렸다. 개선이 이루어지지 않으면 그의 행동 때문에 일부 클라이언트가 실망하고 그가 게을리한 일을 떠맡아야 하는 팀원들의 사기에도 영향이 미칠 터였다. 나는 지미를 불러서 별다른 생각 없이 이 문제를 거론할 수도 있었다. 이를테면 이렇게 말할 수 있었을 것이다. "난 당신 상사요. 태도를 바꾸지 않으면 해고하겠소." 그랬다면 지미가 개과천선했을지도 모르지만, 나의 권위를 그런 식으로 내세우는 것은 우리의 관계에 별 도움이 되지 않을 것이다. 그의 마음속에 자신의 업무와 우리 회사에 대한 애정을 불러일으키지도 못할 것이다.

그래서 나는 상황을 들여다보며 나름대로 "조사"를 했다. (제1장에서 설명한) 지미의 디스크 유형을 검토하고(우리 직원들은 모두 입사 시에 디스크 검사를 받는다) 그로부터 밑밥을 수립했다. 지미는 사교형으로, 남들의 관심을 즐기는 팀 플레이어였다. 그렇다면 부정적인 비판의 수위를 낮추어야 했다. 관심을 갈망하는 사람들은 남들이 자신의 결함에 주목하는 것을 대체로 반기지 않기 때문이다. 더 섬세한 방법을 써서 그의 성과 부진을 지적하고 변화의 동기를 부여해야 했다. "성난 사장"으로 비친다면 그를 주눅 들게 할 우려가 있었지만, "친구"로서 다가가면 라포르를 형성하여 그가 자신의 행동을 변화시키고 **싶도록** 할 수 있었다.

나는 분기 면담을 앞두고 대략적인 계획의 얼개를 짰다. 우선 다음과 같은 통상적인 개방형 질문을 던진다. "지난 분기 실적은 어땠습니까? 당신의 진정한 강점과 약점을 어떻게 바라보나요?" 면담이 바람대로 흘러가면 그는 지난 분기에 부진했다는 것을 인정할 것이다. 그렇지 않으면 대답을 끌어내기 위해서 다음과 같은 후속 질문을 던질 수 있다. "XYZ 프로젝트에 대한 소감은 어떻습니까?" 이렇게도 물을 수 있겠다. "지난달에 클라이언트 X와의 프로젝트를 지휘했죠. 어떻게 진행되었습니까?" 나는 클라이언트 X와의 프로젝트가 순탄하지 못했음을 알고 있었으며 지미가 그 사실을 인정하기를 바랐다. 지미가 순순히 인정하면 나는 이렇게 말할 것이다. "아, 그래요? 더 들어보고 싶군요. 개선할 수 있었던 점은 무엇이 있었습니까?" 나는 그가 자신의 문제를 나에게 귀띔해주기를 바랐다. 그런 경우에는 우리가 운영 방식을 어떻게 바꾸어야 그 문제가 우리 팀의 발전에 차질을 빚지 않겠느냐고 물을 것이다. 그러면 해결책을 내놓는 사람은 내가 아니라 그가 된다. 이것은 그가 해결책을 어떻게 받아들일지, 또한 해결책을 실천으로 옮길 때에 얼마나 최선을 다할지에 대해서 크나큰 차이를 만들어낼 것이다.

지미의 디스크 유형에 따라서 계획을 구상하면서 나는 그의 발전을 돕는 것이 목적임에도 그가 빛날 수 있도록 대화의 얼개를 짰다. 그가 신중형이었다면 나는 세부 사항에 집중했을 것이다. 주도형이었다면 그에게 실적이 부진하며 변화가 필요하다고 단도직입적으로 말했을 것이다. 남을 뒷받침하기를 좋아하는 안정형이었다면 그가 팀에 미치는 영향을 강조했을 것이다. 그는 사교형이므로 나는 대화를 긍정적인 관점에서 제시하여 "우리의 개선 방법을 내가 이해하도록 도와주는" 기회로 프레임을 짰다. 물론 이 프레임에 따르면, 나는 회사 차원에서 개선될 수 있는 방안을 이해하기 위해서 진심으로 그에게 귀를 기울여야 했다. 그렇게 하면 나는 그가 변화의 필요성을 받아들일 것이라고 예상했다.

개선이 이루어질 것이고 나는 그를 계속 고용할 수 있을 터였다.

나의 계획은 효과가 있었다. 처음에 지미는 자신의 실적이 부진하다는 사실을 선뜻 인정하지 않고 이따금 "놀랍도록 대단한" 성과를 낸 것만 들먹였다. 내가 클라이언트 X 사례를 제기하자 그는 프로젝트가 순탄치 않았으며 자신에게 책임이 있음을 마지못해 인정했다. 나는 분위기를 누그러뜨리기 위해서 그가 훌륭한 직원이고 그의 팀이 뛰어난 발전 잠재력을 가졌음을 알고 있다고 대답했다. 그러고는 이렇게 물었다. "다음 프로젝트에서 우리가 눈부신 성과를 거두려면 무엇을 해야 할지 당신은 어떻게 생각합니까?" 그 순간 지미는 자신에게 고쳐야 할 점이 있음을 인정하고 몇 가지 방안들을 내놓았다. 그후로 몇 달간 그의 실적은 개선되었고 우리의 관계는 돈독해졌다.

대화 개요를 짜는 방법

취업 면접, 고객이나 공급 업체와의 협상, 동료나 가족, 친구와의 까다로운 대화, 이성과의 중요한 만남, 주목받고 싶은 자리 등을 앞두고 있다면 무작정 상황에 뛰어드는 것은 생각도 하지 말라. 나는 이 책의 내용들을 종합하여 거의 모든 종류의 대인 상호작용에 대해서 "대화 개요(앞으로의 대화에 대해서 문서로 작성하는 밑그림)"를 준비할 수 있는 효과적인 10단계 체계를 개발했다. 차차 보겠지만 이렇게 준비하면 당신의 상호작용은 훨씬 시원시원하고 명쾌하고 순탄하고 생산적일 것이다. 대화가 예상치 못한 방향으로 흘러가도 상황을 통제할 수 있기 때문에 자신감도 커질 것이다. 이제 10가지 단계를 빠르게 들여다보면서 대화 개요를 짜는 최선의 방법을 알려주겠다. 그런 후에는 구체적인 대화를 예로 들어서 대화 개요를 작성하는 법을 설명하고 꼼꼼한 계획이 틀어질 수 있는 경우(더 현실적으로 말하자면 '틀어졌을 때') 어떻게 대처해야 하는지 그 방법을 제시할 것이다.

1단계 : 지도를 그린다

대화 개요를 작성하는 1단계는 대화에 대해서 조사하여 관련 사실들을 기록하는 것이다. 누구와 상호작용을 할 예정인가? 관심인의 디스크를 분석하거나 그의 디스크 유형을 대략적으로 추측하라. 취업 면접에 참석하거나 자동차 구입을 위해서 흥정하는 경우처럼 상대방이 낯선 사람이라면 사전 조사를 통해서 정보를 최대한 수집하라. 관심인의 소셜 미디어 계정이 공개되어 있다면 게시물을 보고서 그의 소통 유형과 성격 특질을 파악하라. 지인 중에 관심인을 상대해본 사람이 있다면 그에게 연락하여 관심인에 대해서 더 많은 것을 알아보라. 자동차를 사려면 대리점을 사전에 잠시 방문하여 영업 사원을 몇 분간 관찰하라.

관심인의 마음 상태와 더불어서 그의 필요와 욕구에 대한 사실들을 파악하라. 임금 인상 요구를 위해서 사장실에 찾아갈 계획이라면 다음 사항을 알아보라. 사장과 이야기할 수 있는 시간이 제한되어 있는가? 그는 어떤 문제를 겪고 있으며 당신은 어떻게 도울 수 있는가? 당신의 요구는 그에게 어떤 우려를 불러일으킬 수 있는가? 그에게는 협상의 여지가 얼마나 있는가? 당신이 대화에서 발휘할 수 있는 영향력은 얼마큼인가? 상대방을 더 "필요"로 하는 쪽은 누구인가? 관심인이 요구를 거절했을 때에 대안이 있는가?

2단계 : 목표를 정의한다

이 단계는 필수적이다. 미래의 의사소통을 상상할 때에 많은 사람들은 대화의 처음부터 끝까지를 머릿속에 그린다. 그러나 그보다는 목표를 먼저 정의하고 그에 따라서 소통의 여러 측면을 정하는 것이 훨씬 낫다.

목표를 정의할 때에는 정확해야 한다. 얼마 전에 우리 딸 어마야가 집안 규칙을 어겼다는 사실을 알게 되었다. 아내와 내가 분명히 금지했는데도 다른 10대들과의 특정 온라인 채팅에 참여한 것이다. 우리는 화가 났지만, 아이를 혼내서 자신의 행동을 인정하고 다시는 그러지 않겠다고 다짐하게 하는 것에 그쳐서는 안 되겠다는 생각이 들었다. 더 중요한 목표는 아이가 왜 부모의 말을 듣지 않고 부모를 속였는지를 알아내어 우리의 관계를 탄탄하게 다지는 것이었다. 이 목표를 분명히 염두에 두자 아이를 다그쳐서는 안 되겠다는 판단이 섰다. 아이가 방어적으로 돌아서서 우리에게 사실을 털어놓지 않으려고 할 가능성이 커질 테니 말이다. 우리는 더 온건한 접근법을 쓰면서도 우리가 아이의 행동에 실망했음을 똑똑히 밝혀야 했다.

목표를 정의할 때에는 지도를 그리면서(1단계) 당신이 발견하는 것들에 주의를 기울여라. 당신이 자동차를 구입해야 한다면, 차가 당장 필요하기 때문에 협상에서 불리한 상황임에도 "꿈꾸는 차를 정가보다 5,000달러 더 싸게 사는 것"을 목표로 삼을지도 모른다. 그러나 그 가격은 현실적이지 않을 수도 있다. 게다가 영업 사원이 2,000달러밖에 못 깎아주겠다고 하면 성에 차지 않을 것이다. 목표를 구상할 때에는 관심인의 행복과 욕구를 염두에 두어라. 어떻게 하면 당신을 만난 것이 그에게 잘된 일이 되겠는가? 우리와의 대화를 통해서 자신의 행동을 이해받고 관계가 탄탄해진다면 그 대화는 어마야에게 잘된 일이 될 것이다. 그러면 아이가 어떤 합리적인 이유 때문에 규칙을 어겼을 경우 우리는 그 이유를 해결하기 위해서 적절한 조치를 취할 수 있다.

3단계 : 밑밥을 정한다

대부분의 상황에서는 목표를 명확하게 정의하면 밑밥도 자연스럽게 정해진다. 어마야와의 대화에서 우리는 아이가 대체 왜 그런 행동을 했는지 알아내고 싶었기 때문에 "엄하고 성난 부모"의 밑밥을 선택할 수는 없었고 "걱정하는 부모"의 역할을 내세워야 했다. 딩동댕! 이렇게 밑밥이 선택되었다. 차를 렌트해야 하는데 직원으로부터 무료로 업그레이드를 받고 싶다면, "불만스러운 고객"의 역할이 아니라 "힘든 하루를 보내고 있어서 도움이 필요한 고객"의 역할을 내세우는 것이 좋겠다(물론 진실에 기초해야 한다). 이웃집 개가 시도 때도 없이 짖어대는 것이 불만이지만 이웃과 화기애애한 관계를 유지해야 한다면 "소송을 불사할 성난 이웃"보다는 "잠을 이루지 못해서 도움이 필요한 젊은 부모"의 역할을 내세우는 것이 유리하다.

목표를 뚜렷하게 정하지 않으면 요긴한 밑밥을 만들어내기 힘들어진다. 제5장에서 나는 해킹 대상인 물리학 교수와 라포르를 형성하려다가 실패한 일화를 소개했다. 나는 그가 발표한 학술 논문에 지대한 관심과 지식을 가진 것처럼 행세했다. 그러나 그가 논문에 대해서 본격적인 질문을 던지자 내가 논문을 읽지 않았으며 나의 밑밥이 허위라는 사실이 똑똑히 드러났다. 나는 목표를 준비하고 그 목표에 초점을 맞추는 일에 충분한 시간을 들이지 않았다. 나는 "교수 앞에서 똑똑해 보이는 것"을 목표로 삼았다. 그렇게 나는 똑똑한 척하려다가 실패했다. 더 곰곰이 생각했다면 더 나은 목표를 채택했을 것이다. 그때의 목표는 교수에게 잠깐 건물을 안내해달라고 부탁한 다음에 짧은 대화를 하며 중요한 정보를 캐내는 것이었다. 그랬다면 교수는 우리의 대화를 기억조차 못할 것이다. 돌이켜보면 나는 교수가 가르치는 수업에 대해서 간단하고 악의 없는 질문이 있는 "호기심 많은 학생"의 밑밥을 선택해야 했다. 그런 역할은 교수에게 더 그럴듯했을 테고 나도 수고를 덜 수 있었을 것이며 더 성공적이었을 것이다.

4단계 : 라포르 형성을 상상한다

밑밥을 확정했으면 이를 어떻게 구사하여 관심인과 유익한 관계를 맺을지 궁리하라. 당신이 다른 회사로부터 이직 제안을 받았고 지금 회사의 사장에게 임금 인상을 요구할 작정이라고 가정해보자. 당신은 "사장이 임금 인상을 받아들이지 않으면 퇴사하려는 직원" 같은 호전적인 밑밥을 선택할 수도 있고 "영입 제안을 받았지만 회사에 남고 싶어서 사장과 함께 그 방법을 모색하고 싶어하는 직원"을 표방할 수도 있다. 어느 경우든 간에 라포르 형성 방법에는 언제, 어떻게 그 대화를 시작할 것인지를 포함해야 한다. 사장이 다음 주 월요일에 중대 발표를 앞두고 있다는 사실을 알면서도 금요일 오후 4시 30분 퇴근하기 직전에 불쑥 사장실에 쳐들어가야 할까? 아니면 발표가 순조롭게 끝날 때까지 기다렸다가 이튿날 점심 때에 샌드위치나 함께 먹자고 청해야 할까? 후자의 경우에는 사장이 발표를 잘 끝낸 것을 축하하고 발표가 어떻게 진행되었는지 물으면서 분위기를 누그러뜨린 다음에 여유롭게 대화를 진행할 수 있다. 물론 사장과 충분한 친분이 쌓이지 않았다면 배우자나 자녀에 대해서 물으며 과도하게 친한 척을 하지는 말라.

5단계 : 잠재적 영향력 구축 기법이나 도출 기법을 파악한다

현재의 상황과 관심인과의 기존 관계를 감안했을 때 어떤 영향력 기법을 구사할 수 있는지 파악하라. 특정 기법에 전적으로 매달릴 필요는 없지만, 무엇을 활용하고 무엇을 피해야 하는지에 대한 전반적인 감이 있다면 유익하다.

사장에게 임금 인상을 요구할 계획이라면 권위 원리(제4장)를 동원하는 것은 바람직하지 않다. 이 대화의 목적에 비추어 보자면 권위가 있는 사람은 분명히 사장이기 때문이다. 그러나 호감 원리는 도움이 될 수도 있다. 당신이 사장을 좋아하고 함께 일하는 것이 즐거웠다면, 두 사람이 함께 프로젝트를 성공시켰던 때를 상기시키며 사장의 지도력과 조언이 당신에게 큰 보탬이 되었음을 인정하라. 그런 다음 이렇게 말해보라. "오늘 사장님과 이야기하고 싶었던 이유는 무척 솔깃한 이직 제안을 받았기 때문입니다. 이 문제로 고민이 이만저만이 아닙니다. 사장님을 위해서 일하는 것이 좋기 때문에 제안을 받아들이고 싶지는 않지만, 그쪽에서 제시하는 금액이 하도 커서 선뜻 거절하기가 쉽지 않네요."

상호주의 원리를 시도하여, 임금 인상 요구의 전주곡 격으로 당신이 그동안 회사에 기여한 점들을 전술적이고도 담담하게 사장에게 상기시킬 수도 있다. 이렇게 말해보라. "이 회사에서 일하는 것이 정말 좋습니다. 저는 우리의 최대 고객들을 위해서 정말로 신나고 중요한 프로젝트들을 진행해왔습니다. 저는 그런 도전을 반겼습니다. 앞으로도 이 회사를 위해서 훌륭한 성과를 거두고 싶습니다." 그러고는 당신이 받은 제안을 소개하고, 그럼에도 불구하고 당신이 지금의 회사에 남을 수 있는 해결책을 사장과 함께 모색해보고 싶다고 말하라.

남들에게서 정보를 얻어내려는 상황이라면 다양한 도출 기법들을 따져보라. 자동차 대리점에서 가격을 흥정할 계획인데 상대방이 어디까지 양보할지 알고 싶다면 제5장에서 설명한 구간 제시 기법을 쓸 수 있다. 가능한 가격 범위를 제안하고서 그들이 호응하는지 보라. 어마야가 규칙을 어겼을 때에 아내와 나는 아이가 무슨 일을 하고 있는지에 대해서 들은 이야기가 있다며 대화를 유도했다. 물론 그 말은 사실이었다. 우리는 공격적으로 접근하지 않으려고 조심했다. FBI 수사관처럼 보이고 싶지는 않았다. 이를 위해서 몸짓언어(복부 과시, 약간의 슬픔을 암시하는 표정)에 조금 신경을 썼다.

6단계 : 조종 여부를 재빨리 점검한다

이 시점에서는 영향력을 행사하는 것과 조종하는 것 사이의 결정적인 선을 무심코 넘지 않았는지를 확인하라. 당신이 계획한 말과 행동 중에 관심인에게 두려움을 일으켜서 그들이 원해서가 아니라 어쩔 수 없이 억지로 요구에 응하게 하는 것이 있는가? 당신이 사장과 마주 앉은 채로, 임금 인상이 받아들여지지 않아서 당신이 퇴사하면 핵심 프로젝트가 무산될 것이라고 말한다면 이것은 조종이다. 아내와 내가 어마야의 죄책감을 자극하려고 우리가 아이를 위해서 얼마나 많은 일을 했는지 나열하고 아이의 행동에 대한 실망감을 표현하고 자신의 생각을 우리에게 털어놓는 것이 자녀의 "의무"라고 주장하는 경우도 마찬가지이다. 이 단계에서는 정직해야 한다. 당신의 조치나 행동이 관심인에게 어떤 영향을 **정말로** 미칠 것인가? 또한 상황에 따라서는 당신이 무슨 말이나 행동을 하든지 관심인이 두려움이나 부정적인 감정을 느낄 수 있음을 염두에 두어라. 당신이 그 두려움을 불러일으켰거나 유리하게 악용하지 않는 한, 자신의 행동에 대해서 안심하고 그 행동이 조종이 아니라고 확신해도 좋다.

7단계 : 비언어적 표현을 곁들인다

밑밥과 라포르 형성을 계획할 즈음에는 옷차림, 어조, 몸짓을 비롯한 비언어적 표현에 대해서 이미 생각해보았을 것이다. 당신이 절친한 친구와 논쟁을 벌여야 하는데 두 사람이 전형적인 "죽마고우" 관계라고 가정해보자. 당신이 사람들을 만났을 때에 주먹 인사를 즐겨 한다면, 주먹 인사를 라포르 형성의 작은 시작으로 삼아도 좋겠다. 또는 지난해의 교제가 만족스럽지 않아서 결별을 통보할 계획이라고 가정해보자. 다정한 포옹으로 대화를 시작한다는 계획을 세울 수 있을 것이다. 제7장을 훑어보면서 영향력 형성을 뒷받침하고 당신을 목표로 인도할 핵심적인 비언어적 표현과 그러지 못할 비언어적 표현을 추려보라. 결정적인 순간에 표출하고 싶은 기본 감정들에 대해서도 곰곰이 생각해보라. 최근에 비언어적 표현을 연습한 적이 없다면 대화를 시작하기 몇 분 전에 연습하라.

8단계 : 진정성을 점검한다

소통의 윤곽이 잡혔으면 이제는 이것이 얼마나 "진실하게" 보이는지를 살펴볼 차례이다. 밑밥, 라포르 형성, 영향력 확립, 도출, 몸짓언어 등은 자신의 성격, 관심인이 알고 있는 당신의 성격, 두 사람의 관계의 성격에 비추어 보았을 때에 전부 진실하게 보일 것인가? 계획한 행동이나 발언 중에서 뜬금없거나 지나치거나 부적절한 것이 있는가? 제3자에게 계획을 들려주고 어떻게 생각하는지 들어보라. 제3자로는 신뢰할 수 있고 훌륭한 사교 능력을 갖춘 사람을 선택하라. 모든 것이 괜찮아 보이면 소통이 더 진실하게 보이도록 덧붙이거나 조절할 수 있는 세부 사항이 있는지 살펴보라. 밑밥을 계획할 때에 말이나 행동이 더 믿음직하게 보일 방법이 있는가? 소도구를 요긴하게 활용하는가? 어떻게 하면 밑밥을 명시적으로 드러내기보다는 행동을 통해서 은밀하게 또는 암묵적으로 확립할 수 있겠는가? 세부 사항을 너무 많이 구사하거나 기만적인 세부 사항을 선택하고 있지는 않은가? 진정성을 높일 수 있도록 세부 사항을 조율해두면 그날을 더욱 자신 있게 맞이할 수 있을 것이다.

9단계 : 우발적 사건에 대비한다

대화 개요를 준비할 때에는 자신이 알고 있는 것을 파악하고, 통제할 수 있는 것을 최대한 활용하도록 계획을 짠다. 그러나 어떤 대화에서든 불가항력적인 일이 일어나게 마련이다. 관심인, 그의 심리 상태, 그가 어떻게 반응할 것인지에 대한 당신의 가정이 옳다는 보장은 전혀 없다. 어느 이유에서든 가정이 틀릴 때가 있으며, 그러면 당신의 말이나 행동은 의도치 않게 유익하지 않은 결과를 낳을 것이다. 관심인이 대화 중에 뜻밖의 스트레스를 느끼면 어떻게 될까? 주변의 무엇인가가 당신이나 관심인의 주의를 흐트러뜨리거나 달갑지 않은 감정을 불러일으킨다면? 당신이 중요한 정보를 빼먹었다면? 중요한 순간에 서툴게 대응하거나 계획에 없는 행동을 무심코 하게 된다면? 무슨 말과 행동을 해도 관심인이 도무지 요청을 들어주려고 하지 않는다면 어떻게 해야 할까?

모든 문젯거리를 예견할 수는 없지만, 가능성이 가장 큰 우발적 사건들에 대비하는 일은 도움이 된다. 당신이 다른 회사로부터 솔깃한 이직 제안을 받았을 때 지금 회사의 사장이 임금 인상에는 동의하면서도 다른 회사가 제안한 금액만큼은 올려주지 않을지도 모른다. 그렇다면 어떻게 하겠는가? 이 경우를 사전에 고려한다면, 당신이 받아들일 수 있는 인상폭의 하한선을 정하여 이것을 대화의 기준으로 삼을 수 있다. 사장의 제안이 허용 범위 안에 든다면 휴가 연장이나 탄력 근무 등 낮은 임금을 상쇄할 수 있는 추가적인 복리 후생을 제공할 수 있는지 사장에게 물어보기로 계획할 수도 있다.

규칙 위반에 대해서 어마야와 대화할 준비를 하면서 우리는 어떤 벌을 내릴지 미리 정해두지 않았다. 알고 보니 정상 참작이 가능한 상황이어서 아이가 보기만큼 잘못을 저지르지 않았을 가능성을 열어두고 싶었기 때문이다. 그 대신 우리는 강도가 저마다 다른 몇 가지 벌을 준비해두었다. 어마야와 대화를 나눠보니 실은 친구 하나가 몰래 아이를 채팅방에 끌어들인 것이었다. 아이는 채팅방에 입장한 후에는 친구들이 언짢아할까봐 좀처럼 나가기가 힘들었다고 했다. 우리에게 이야기하지 못한 것은 이 일이 당황스러웠고 우리가 어떻게 나올지 두려워서였다고 했다. 어마야가 규칙을 어긴 것은 사실이지만 우리에게 고의로 반항한 것은 아니었다. 우리가 기분이 상했다는 사실을 분명히 하려면 벌을 내려야 했지만, 엄한 벌을 내린다고 해서 아이에게 교훈을 줄 수 있다는 보장은 없었다. 그래서 그 대신에 우발적 사건에 대비한 계획에 따라서 아이가 앞으로 또래 압력에 대처하고 우리와 더 효과적으로 소통할 수 있는 전략을 짜도록 도와주는 일에 중점을 두었다. 우리가 우발적 사건에 대해서 생각해보지 않은 채 아이가 책임을 받아들이고 결과를 감수해야 한다는 단순한 계획만을 고집했다면 이면의 문제를 파악하고 해결할 기회를 놓쳤을 것이다.

우발적 사건을 미리 생각하고 이에 어떻게 대응할지 계획하면 막상 그 상황이 닥쳤을 때에 더 훌륭하게 대처하고 자신에게 유익하도록 행동할 수 있다. 이와 반대로, 전문 해커들조차 일어날 가능성이 매우 큰 우발적 사건들을 고려하지 않은 탓에 낭패를 겪는 일이 비일비재하다. 한번은 해충 방제원으로 가장하여 클라이언트의 건물에 침투한 적이 있었다. 건물이 멀리 떨어진 도시에 있어서, 평소에 밑밥에 신빙성을 부여하기 위해 가지고 다니던 전문가급 해충 방제 장비를 모조리 챙길 수는 없었다. 대신 월마트에 가서 싸구려 분무기를 몇 개 골랐다. 계획을 제대로 짰다면 우리는 눈썰미 좋은 경비원이 예전에 보았던 방제원보다 부실한 우리의 장비를 눈여겨보고서 우리를 불러 세울 가능성을 고려했을 것이다. 그랬다면 그럴듯하게 대응할 계획을 세울 수도 있었을 것이다. 이를테면 장비가 부실하다는 것을 인정하면서도 소규모 작업에는 이 장비를 쓰고 더 규모가 크고 복잡한 작업에는 전문가급 장비를 쓴다고 해명할 수 있었을 것이다. 그러나 우리는 목표 시설에 도착하여 제지받았을 때에 제대로 대답하지 못했다. 경비원은 의심의 눈초리를 보냈으며 출입은 **불허되었다**.

10단계 : 이득을 확고히 한다

당신의 통제력 바깥에 있는 모든 난관을 이겨내고 대화가 계획대로 진행되어 목표가 달성되었다고 해보자. 그다음에는 어떻게 해야 할까? 대부분의 상황에서는 이득을 확고히 하는 후속 조치를 취하는 것이 유익하고 적절하다. 사장이 임금 인상에 동의한다면 세부 내용을 두 사람 모두 기억할 수 있도록 서면으로 작성하라. 단, 지나치게 법적인 태도를 취하지는 말라. 친근한 이메일을 보내서 세부 내용을 열거하고 사장에게 감사를 표하고 당신이 잘못 알고 있는 것이 있다면 바로잡아달라고 청하라. 차를 사려고 흥정하고 있다면 그 자리에서 계약서를 작성하라. 그냥 자리를 뜨는 것은 금물이다. 영업 사원에게 생각을 고쳐먹고 흥정을 무를 기회를 주는 셈이기 때문이다. 합의를 서면으로 작성할 수 없거나 이메일을 보내는 것이 적절하지 않은 상황에서는 적어도 악수를 나누면서 합의된 "조항들"을 조목조목 읊어라. 그러면 상대방은 체면을 잃을 각오를 하지 않고서는 합의를 파기하기 힘들 것이다. 정원사를 채용한다면 이렇게 말해보라. "당신을 만나서 다행이에요. 잔디 깎기에 주당 75달러, 봄맞이 청소에 150달러면 무척 좋은 조건이네요. 고마워요!" 기억력이 나쁘다는 핑계를 대며 정원사에게 합의된 금액을 명함에 적거나 문자 메시지로 보내달라고 부탁할 수도 있겠다.

대화 개요를 준비하는 법

대화 개요가 무엇인지 이해했으니 이제 면담을 앞두고 실제로 준비를 시작해보자. 대화의 지도를 그리는 데에는 10−15분이 걸릴 텐데, 몇 번 해보면 소요 시간이 더 줄어들 것이다. 준비에 만전을 기하려면 개요를 작성한 이후에 1–2분 짬을 내어 머릿속에서 대화를 전개하면서 당신과 관심인이 정확히 무슨 말과 행동을 할지 상상하라.

계획에 너무 치중하지는 말라. 대화 개요에 15–20분 이상을 쓰거나 면담 며칠 전부터 개요를 거듭거듭 변경하고 조율하거나 며칠이 아니라 몇 주일 전부터 대화 개요를 짠다면 도를 넘은 것이다. 그러면 너무 틀에 박히고 뻣뻣하고 가식적으로 보일 우려가 있다. 계획에 너무 의존하면 대화가 뜻밖의 방향으로 흘러갔을 때에 겁에 질려서 몸이 얼어붙을지도 모른다. 유능한 해커는 계획을 짜고 세부 사항에 주목하는 것과 임기응변의 여지를 남겨놓고 상대방을 시시각각 판단하는 것 사이에서 균형을 맞출 줄 안다. 디스크 유형이 신중형이라면 천성적으로 계획을 과도하게 세우는 경향이 있으므로 특히 주의해야 한다.

우발적인 사건에 대한 계획을 꼼꼼히 세워두었어도 이따금 대화가 완전히 틀어질 수도 있다. 임금 인상을 요구하려고 사장실에 들어갔는데, 사장이 방금 가족의 부음을 듣고서 눈물을 흘리고 있다면 어떻게 해야 할까? 고대하던 대형 판촉행사를 위해서 자리에 앉았는데, 주요 경쟁사가 똑같은 제품에 대해서 20퍼센트 할인을 막 발표했다면? 대화가 계획대로 진행되었고 최선을 다했는데도 관심인이 당신이 바라는 대로 행동하지 않는다면?

전문 해커들은 이런 난관을 늘상 겪으며 그때마다 재빨리 상황에 적응하여 문제를 해결한다. 자동화기를 소지한 채 오토바이를 탄 경비원들이 지키는 개발도상국 은행을 해킹한 사례(제8장)를 기억하는가? 애초 계획은 나와 동료, 둘이서 찾아가 해킹을 시도하는 것이었다. 그러나 그 나라에 입국하여 건물을 살펴본 우리는 중무장한 경비원들을 보고서 깜짝 놀랐다. 아무도 우리에게 이 사실을 알려주지 않았다. 우리가 책상머리에서 조사를 할 때에도 이런 사실은 전혀 드러나지 않았다. 저런 무기가 결부되면 위험의 수준이 완전히 새로운 차원으로 격상된다. 계획에 차질이 생기면 총격을 받을 수도 있는 것이다. 그러나 우리는 해킹을 취소하지 않고 위험을 낮출 수 있도록 계획을 수정했다. 그 나라의 주민들은 대다수가 피부색이 짙어서 백인 미국인인 우리는 눈에 잘 띄었다. 그래서 애초에 계획한 대로 공격적으로 쳐들어가서 기술 점검을 할 수 있도록 들여보내달라고 요구하기보다는, 더 온건하고 겸손한 접근법이 안전하겠다고 판단했다. 우리는 창의적인 아이디어를 떠올려 현지인을 고용하여 경비원과 대화를 나누게 하고는 마치 이전에도 여기에 와본 사람의 행세를 하며 부리나케 그들 앞을 지나갔다.

이 경우에는 새로운 계획을 사전에 꾸밀 시간이 충분했다. 그러나 접촉이 진행되는 와중에 즉석에서 해결책을 생각해내야 하는 경우도 있었다. 한번은 대기업 최고경영자 집무실에 침투하여 민감한 서류에 접근하는 임무를 의뢰받았다. 우리는 소셜 미디어를 통해서 최고경영자가 2주일간 가족 휴가로 외국 여행을 떠난다는 사실을 알아냈다. 그가 없는 동안 나는 컴퓨터 기술자의 복장을 하고 그의 집무실에 나타나서 컴퓨터를 고치러 왔다고 주장했다. 나는 비서에게 최고경영자가 사전에 수리 일정을 잡아두었으며 복귀할 때까지 완전히 고쳐놓으라고 지시했다고 말했다.

그러나 내가 최선을 다했음에도 비서는 나를 들여보내주지 않았다. 난감했다. 계획이 무산되었으니 포기해야 할 것 같았다. 그때 아이디어가 떠올랐다. 나는 클립보드를 내밀며 말했다. "알았어요. 저를 들여보내지 않으시려는 거 충분히 이해합니다. 그렇지만 수리를 못하면 제가 곤란해져요. 정말 안 되겠다면 당신이 수리를 거부했다는 내용의 이 양식에 서명해주셨으면 해요." 이 수법은 비서에게 압박을 더했다. 나를 들여보내지 않으려면 상사의 심기를 거스를 각오를 해야 했다. 그녀에게 서명을 요구함으로써 나는 이 딜레마를 그녀에게 분명히 보여주고 강조했으며 이로써 우리 둘 사이에 새로운 역학 관계를 만들어냈다. 이 전술은 약하게나마 조종의 성격이 있었고 내가 일상적으로 구사하는 수법은 아니었지만, 이 회사와의 계약 조건에 따르면 허용 범위 안에 있었다. 비서는 클립보드에 서명하고 싶지 않았지만, 그녀가 아니더라도 누구든 서명을 해야 한다고 내가 고집하자 결국 굴복하여 나를 들여보내주었다. 나는 애초 계획에서는 살짝 벗어났지만 즉석에서 창의적인 아이디어를 떠올려서 성공적인 결과를 거두었다.

사람들 중에는 예상 밖의 난관을 맞닥뜨렸을 때에 남들보다 더 유연하게 대처하는 부류가 있다. 당신도 침착하게 대처하고 적응력을 발휘하는 능력을 기를 수 있다. 우리는 긴장된 상황에 처하면 으레 당황하여 "투쟁-도피-마비" 반응을 일으킨다. 유연성을 발휘하기 위해서는 자신의 감정 상태를 지금보다 더 꼼꼼히 들여다보는 법을 배우는 것이 관건이다. 자신이 두려워하거나 당황했다고 느끼면 그 상황에서 벗어나 평정심을 회복할 수 있는 조치를 취하라. 대화 중에 몇 초간 말을 멈추고 한두 번 심호흡을 하는 간단한 방법도 효과가 있다. 다른 상황이라면 화장실에 다녀오겠다고 양해를 구한 후에 5-10분간 마음을 추스리면서 해결책을 모색할 수도 있다. 아니면 하루 이틀 쉬었다가 다시 대화하자고 제안해볼 수도 있을 것이다. 면담을 준비할 때에는 자신의 감정에 시시각각 초점을 맞추는 연습을 하라(면담이 시작되기 직전에 스스로에게 상기시켜라). 대화를 계획하고 있다면, 일시적으로 그리고 자엽스럽게 대화를 중단하고 마음을 추스릴 방법을 미리 생각해두어라.

의사소통을 중단해야 하는 상황이었다면 나중에 대화를 재개했을 때에 재빨리 상태를 점검하라. 라포르는 여전히 그대로인가, 혹은 손상되었는가? 관심인에게 몇 가지 질문을 던져 그의 몸짓언어를 관찰하면서 감정 상태를 파악하라. 라포르가 손상되었다면 대화를 끝낼 세련된 방법을 찾아라. 라포르가 일부 남아 있다면 새로운 라포르 형성 전술을 채택하거나 다른 밑밥으로 전환하는 방안을 고려하라. 기존 밑밥을 고수할 경우, 의욕을 잃은 관심인에게 쓸 수 있는 한 가지 기법은 당신이 바라는 목표 쪽으로 상대방을 움직일 수 있는 작은 협상을 벌이는 것이다. 제2장에서는 경비원이 요구하는 정부 발급 신분증이 없었으면서도 어떻게 내가 대형 창고에 잠입할 수 있었는지를 설명했다. 경비원이 정부 발급 신분증을 요구하자 나는 방향을 전환하여 이렇게 말했다. "이 봐요, 여기까지 보안 검사를 받느라 10분이나 지났다고요. 여기 말고도 들러야 할 데가 많아요. 이제 와서 제 차에 갔다 올 수는 없어요. 이 사원증으로 대신할 수는 없을까요?" 그가 규정을 지키려고 했다면 나에게 들어가라고 손짓하는 것이 아니라 정중하게 거절했을 것이다. 그러나 우리는 일종의 중간 지대에 도달하여, 나는 출입 허가를 얻는다는 목표를 달성할 수 있었고 그는 임무에 충실했다고 자부한다는 목표를 달성할 수 있었다. 대화가 계획대로 진행되는 과정에서 저항을 맞닥뜨린다면, 도를 지나쳐 조종으로 넘어가지 않도록 주의하면서 "타협"을 제안할 여지가 있는지 살펴보라.

뜻밖의 난관이 너무 까다로우면 해킹을 아예 접는 것이 나을 때도 있다. 한번은 우리 팀과 내가 정부 시설에 들어가려고 시도하면서 사진사를 가장하여 제한구역 출입을 요구했다. 우리는 몰랐지만 하필이면 그날 고위급 정치인이 방문하기로 되어 있어서, 우리가 아는 모든 법 집행 기관의 요원들이 시설에 바글바글했다. 줄잡아 150명은 되었을 것이다. 이런 상황에서 계획을 추진하는 것은 그다지 현명한 생각이 아님을 알았지만, 나는 의심을 묵살하고 해킹을 강행했다.

우리 팀과 내가 보안 차단선에 다가가자 평소의 청원경찰 대신 보안관이 서 있었다. 나는 출입증을 받기 위해서 위조된 운전 면허증을 내밀었는데 그는 청원경찰과 달리 한눈에 가짜임을 알아보았다. 내가 운전 면허증이 진짜라고 우기자 보안관은 의심하며 나에게 총을 겨누었고 근처에 서 있던 다른 경관 두어 명도 총을 꺼냈다. 그들은 나에게 수갑을 채우고는 주거 침입 및 위조 신분증 소지 혐의로 체포했다. 우리의 진짜 목적을 알게 된 이후에 풀어주기는 했지만 우리의 밑밥은 물거품이 되었다. 우리는 다시 시설 잠입을 시도할 수 있었으나 사진사로 가장하는 것은 불가능했다. 완전히 새로운 역할을 궁리해내야 했다.

접촉에서 억지를 부리면 실패할 위험이 부쩍 커진다. 나처럼 체포당하거나 피격의 위험에 처하지는 않을지 몰라도, 꼴사납고 둔감하게 보이거나 관심인을 속상하게 하거나 요청을 거절당할지도 모른다. 그보다는 인내심을 발휘하여 다른 날에나 다른 방식으로 목표 달성에 도전하는 것이 훨씬 낫다. 계획을 포기할 수밖에 없더라도 실패는 결코 부끄러운 일이 아님을 명심하라. 자신의 결점을 파악하지 못하고 고치지도 못하는 것이야말로 부끄러운 일이다. 우리 팀과 나는 임무에 실패할 때마다 우리가 주도면밀하게 구상한 계획이 어떻게 그리고 왜 성과를 거두지 못했는지 분석한다. 당신도 다음과 같은 구체적인 질문을 스스로에게 던지면서 실패 원인을 분석하기 바란다.

- 어느 지점에서 지나치게 감정에 치우쳤는가?
- 어느 지점에서 상황이 통제 불능으로 치달았는가?
- 나의 발언 중에서 상대방이 이해하지 못한 것은 무엇인가? 어떻게 하면 나의 생각을 더 효과적으로 표현할 수 있었겠는가?
- 옹졸하거나 냉소적이거나 매몰찬 말을 하지는 않았는가?
- 상대방의 필요나 욕구 중에서 내가 고려하지 못한 것은 무엇인가?
- 대화를 더 효과적으로 이끌 여지가 있었는가?
- 대화를 다시 시도해야 하는가, 잊어버리는 것이 최선인가?
- 나를 만난 것이 상대방에게 잘된 일이 되도록 하기 위해서 무엇을 할 수 있었는가?

계획이 성공했을 때에도 원인을 분석하라. 무엇이 효과가 있었는가? 다르게 시도해볼 만한 것으로는 무엇이 있는가? 이번에 거둔 성과는 과거의 해킹 시도들과 어떤 차이가 있는가? 주요 분야에서 발전이 보이는가? 어떤 분야에서 개선에 애를 먹고 있는가? 다음번에 구사해야 하는 구체적인 기술은 무엇인가? 모든 사교적 행위는 스스로에 대해서 알아가고 자신의 해킹 능력을 파악하고 발전 상황을 점검할 귀중한 기회이다. 당신이 아무리 연습해도, 사교 상황에서 아무리 능숙해져도, 성장과 개선의 여지는 언제나 존재한다. 해커의 훈련은 결코 끝나지 않는다.

공감은 흥겹다

조언 하나만 더 하겠다. 대화 개요를 이용하여 다가올 소통을 구상할 때, 당신이 이 도구를 가지고 그리고 이 책에서 설명한 모든 해킹 원리와 전술들을 가지고 **정말로** 하는 일이 무엇인지 곰곰이 성찰하라. 대화를 사전에 체계적으로 조사하고 계획하면서 우리는 상대방에 대해서, 우리가 그와 어떻게 소통하고 싶어하는지에 대해서 더 잘 알게 된다. 해킹 기법을 즉석에서 구사할 때에도, 그 정도가 덜하고 비격식적이기는 해도 이런 정보를 알 수 있다. 기본적으로 휴먼 해킹은 상대방을 더 꼼꼼히 관찰하고 **상대방**에 대해서 생각하고 상대방이 자신의 필요와 소원을 충족하도록 행동하고 그 과정에서 우리에게도 도움이 되도록 하는 방법이다. 해킹은 완벽하게 이타적이지는 않지만 다른 사람의 삶에 어마어마한 차이를 가져다줄 수 있다. 당신이 의사소통에 더 사려 깊고 신중하게 임하게 되기 때문이다.

　명심하라. 남들과의 관계에서 경험하는 갈등의 대부분은 우리가 자신의 행동에 무지하고 경솔하기 때문이다. 우리는 자신을 친절하고 다정한 사람이라고 생각할지도 모른다. 어쩌면 대체로는, 또한 중요한 측면에서는 정말 그럴 수도 있다. 그러나 대부분의 사람들은 많은 상호작용에서 마치 눈먼 사람처럼 헤맨다. 상대방이 어떻게 느끼는지, 우리를 어떻게 경험하는지, 우리에게서 필요로 하고 원하고 기대하는 것이 무엇인지 거의 또는 전혀 알지 못하기 때문이다. 우리가 농담을 내뱉거나 잡담을 주고받거나 목소리를 높이거나 오만 가지 방식으로 행동하는 것은 그것이 **우리에게** 옳게 느껴지거나 **우리의** 기분을 좋아지게 하기 때문이다. 우리는 자신의 행동이 상대방을 불편하게 하거나 귀를 막게 한다는 사실을 깨닫지 못한다. 우리는 감정에 사로잡혀서 시시각각 감정이 시키는 대로 말하고 행동한다.

휴먼 해킹을 처음으로 연습하다 보면, 문득 그동안의 대인 상호작용에서 자신에게 무엇이 결여되어 있었는지 깨닫게 된다. 그래서 예전보다 상대방과 그의 경험에 더 주의를 기울이기 시작한다. 더 공감하고 상대방과 그의 감정에 더 예민해지며 자신의 행동과 그 영향을 더 뚜렷이 인식하게 된다. 자신의 행동에 대해서 상상보다 훨씬 더 큰 통제권을 누릴 수 있음을 깨닫고는 자신과의 만남이 좋은 경험이 되도록 말과 행동을 다듬기 시작한다. 시간이 흐르면서 즉석에서 본능적으로 관찰하고 공감하고 자신의 행동을 통제하는 법을 터득한다. 타인을 자각하고 타인과 공감하면 행동에 신중을 기하게 된다. 이것이야말로 내가 이 책에서 말한 해킹 초능력의 알맹이이다.

최악의 해킹 범죄자들이 그러하듯이 이 초능력을 사악한 목적에 쓸 수도 있다. 그러나 나는 당신이 그러지 않으리라고 확신한다. 이 책 첫머리에 있는 엄숙한 서약에 서명했을 테니까. 설마 한 입으로 두말하려는 것은 아니겠지? 어쩌다 그러더라도 금방 뉘우치고 태도를 고칠 것임을 안다. 내가 그랬듯이 조종이 어떤 피해를 입힐 수 있는지 목격한다면 당신은 조종을 혐오하고(지독한 사이코패스가 아니라면) 선한 편에 확고하게 발 디디기 위해서 최선을 다할 것이다. 다른 한편으로, 해킹 기술로 타인을 이롭게 하는 일이 얼마나 보람 있는지 경험한다면 당신은 그런 기회를 더 많이 찾게 될 것이다. 사람들이 해킹 기법을 처음 배우고서는 영영 탈바꿈하여 타인을 돕는 쪽으로 삶의 방향을 근본적으로 바꾼 사례를 나는 수도 없이 보았다.

해킹은 나의 수강생, 우람하고 무시무시한 오토바이족(빡빡 민 머리, 불룩한 술배, 괄괄한 성미, "다채로운" 어휘, 길고 흰 수염) 더그를 속속들이 바꿔놓았다. 수업에 처음 나타났을 때의 그는 꼭 그런 모습이었다. 어두컴컴한 골목에서 그가 걸어오는 것을 본다면 당신은 왔던 길로 되돌아가고 싶을 것이다. 1주일 수업의 첫날, 나는 그가 수업에서 무엇을 얻을지, 아니 무엇이라도 얻기나 할지 의심스러웠다. 그의 태도는 잘봐주어야 냉소적인 듯했다. 그런데 알고 보니 그는 첫인상과는 딴판이었다. 1주일이 끝나갈 무렵 더그가 나에게 개인 면담을 신청했다. 그는 해킹 기법을 배우고서 큰 영향을 받았다고 말했다. 자신의 행동과 타인과의 상호작용을 바라보는 관점이 완전히 달라졌다고 했다. 그가 말했다. "이제부터는 만나는 사람마다 저를 만난 것이 잘된 일이 되도록 할 겁니다. 하루에 적어도 한 사람에게는 좋은 일을 할 거고요."

더그는 새로운 규율을 이미 실천하기 시작했다. 그날 아침 그가 호텔 레스토랑에서 아침을 먹는데 손님 하나가 종업원에게 서비스가 형편없다며 큰소리로 혼쭐을 내기 시작했다. 종업원은 잘못한 것이 없기 때문에 얼떨떨한 기색이 역력했다. 더그는 종업원의 감정에 공감하여 무엇인가를 해야겠다고 느꼈다. 그는 손님에게 다가가 얼간이니 뭐니 하고 고함을 지를 수도 있었다. 아니면 종업원에게 다가가 살만 뒤룩뒤룩 찐 [심한 욕설] 손님 때문에 욕보셨다며 위로할 수도 있었다. 그러나 더그는 근처에 있는 다른 사람들의 감정에도 민감했으며 둘 중에 어느 방법을 쓰더라도 자신과의 만남이 그들에게 잘된 일이 되지 않을 것임을 알았다. 오히려 이 부정적인 대화는 그들의 심기를 불편하게 하여 즐거운 아침 식사를 방해할 것이다.

잠시 생각한 후에 더그는 종업원에게 다가가 미소를 지으며 나직한 목소리로 말했다. "당신이 해주는 모든 것에 감사한다는 말을 하고 싶었어요." 그게 전부였다. 어떤 이기적인 동기도 없이 더그는 그 종업원에게 다정한 말을 선물로 건넸으며 그녀를 직업인이자 한 사람으로서 존중했다. 1주일 내내 그는 자신의 감성지능, 즉 타인에게 공감하고 그들과 관계 맺기 위해서 신중하게 행동하는 것을 키우는 일에 초점을 맞추었다. 그는 수업에서 배운 초능력에 감명받았으며 이 능력을 악한 일이 아니라 선한 일에 써야겠다는 의무감을 느꼈다.

휴먼 해킹 기술을 연습하고 결국 숙달하면 새로 발견한 이 능력을 활용하여 남들을 이롭게 하라. **상대방**이 무엇을 원하는지 생각하라. **상대방**의 감정에 주목하라. 라포르를 형성하기 위해서 특별한 노력을 기울여라. 영향력 기법을 구사하여 당신의 소원을 들어주는 것이 상대방에게 기분 좋은 일이 되도록 하라. 상대방에게 진솔한 모습을 보이고 최대한 솔직하게 말하라. 상대방이 당신의 요청을 거절했을 때에 점잖게 대응하라. 해킹은 미디어에서 으레 묘사하는 것처럼 언제나 사악하지는 않다. 좋은 해커도 있으며 그들은 세상을 더 나은 곳으로 만든다. 당신도 동참하기를 바란다. 주위 사람들을 기쁘게 하는 일은 원하는 것을 얻는 가장 수월하고 효과적이고 보람 있는 방법이다. 이 방법으로 나는 철통 보안의 건물과 IT 시스템에 침투한다. 당신 또한 직장에서 승진하고 가정에서 화목을 다지고 어떤 상황에서든지 더 효과적으로 대처할 수 있을 것이다. 당신을 만난 것이 언제나, **언제나** 상대방에게 잘된 일이 되도록 하라. 공감은 흥겹다!

감사의 글

나의 친구 조 내버로가 뛰어난 저작권 대리인 스티브 로스에게 나를 소개해주지 않았다면, 그리고 스티브가 나를 믿어보기로 결정하지 않았다면 나의 생각을 종이에 옮길 기회를 얻지 못했을 것입니다. 조와 스티브, 고맙습니다.

공저자 세스 슐먼에게 감사합니다. 그는 말, 생각, 감정을 종이 위에서 살아 있게 하는 신비로운 재주가 있습니다. 세스와 함께 일하는 것은 기쁨이자 배움의 기회이자 축복이었습니다.

홀리스 하임바우치, 이 집필 계획의 잠재력을 알아봐주어서 고맙습니다. 이 책을 쓰는 동안 당신의 조언과 협력은 정말이지 완벽하고 너무나 요긴했습니다. 조사, 사실관계 확인, 교정, 교열 등으로 참여한 하퍼콜린스 직원들과 세스의 동료들에게도 감사하고 싶습니다. 여러분의 부단한 노고 덕분에 이 책이 이렇게 근사하게 나올 수 있었어요.

이 책에 실린 개념들은 많은 사람들이 오랫동안 연구한 결과물입니다. 폴 에크먼 박사, 로빈 드리크, 조 내버로, 라이언 맥두걸에게 심심한 감사를 표합니다. 여러분은 나에게 자극을 주고 내가 발전하도록 힘이 되어주었어요. 소셜 엔지니어링 빌리지의 설립과 운영을 도와준 핵심 인력인 짐 맨리, 크리스 로버츠, 빌리 보트라이트, 웨인 로널드슨, 크리스Chris 실버스, 크리스Kris 실버스, 해나 실버스를 비롯한 소셜 엔지니어링 빌리지의 동료들, 그리고 우리 회사와 세콤Secom의 씨앗을 뿌린 제이미슨 시어스에게 감사하고 싶습니다. 수년 동안 우리의 강좌를 들은 많은 보안 전문가와 시민들에게도 감사합니다. 나는 여러분에게 가르친 것 못지않게 많은 것을 배웠습니다.

무고한 생명 재단과의 협력은 나에게 크나큰 영향을 미쳤습니다. 팀 멀로니, 내가 끊임없이 나의 지평을 넓히며 배려와 공감을 배우고 있는 것은 당신 덕분이에요. 닐 팰런, 당신은 세계 최고의 음악을 만들었을 뿐만 아니라 이 책의 정신에 살을 입혔으며 **사람들**과 그들의 감정에 늘 주목해야 한다는 것을 나에게 일깨워주었어요.

이 세상에서 가장 친한 친구인 닉과 클레어 퍼노, 벤과 설리나 반스, 가즈유키와 어맨다 니시, 닐과 매릴린 비텔, 마크와 티애나 해먼에게 감사하고 싶습니다. 당신들은 한결같이 나의 곁을 지켜주었고 내가 준 것보다 더 많은 것을 베풀어주었어. 고마워.

마지막으로, 하느님에 대한 깊은 믿음과 나의 환상적인 가족이 나를 여기까지 이끌었습니다. 우리 가족은 내가 사회공학을 전문으로 하는 세계 최초의 회사를 설립하고 성장시키는 동안 꾸준히 나를 지지해주었습니다. 어리사, 콜린, 어마야, 내가 더 나은 남편, 아빠, 인간이 되게 해주어서 고마워. 그 누구를 만난 것보다 당신들을 만난 것이 나에게는 가장 잘된 일이야.

부록 : 디스크 일람표
주도형

주도형은 상대방이 직설적이고 단도직입적이고 개방적이고 솔직하고 결과에 집중하기를 바란다.

당신이 주도형인지 아는 방법 : 사람들은 주도형을 강압적이거나 가혹하거나 공격적이거나 주도적이라고 묘사하지만, 집념이 강하고 끝장을 보는 사람으로 생각할 수도 있다.

주도형의 특징		주도형과 소통하는 방법	
말	행동	해야 할 일	대비해야 할 일
사실을 알고 싶어한다	업무에 집중한다	간결하고 요점에 충실하라	무뚝뚝함
묻기보다는 말하는 쪽이다	성질이 급할 수 있다	자율성을 존중하라	공감 부족
듣기보다는 말하는 쪽이다	단도직입적이다		배려 부족
무례하거나 강압적으로 보일 수 있다	기꺼이 위험을 감수한다	기대하는 것을 분명히 밝혀라	단답형 대화
권위를 내세운다	시간을 의식한다	지도자가 되게 하라	난데없는 논평 제시
말이 빠르다	훌륭한 성취를 거둔다	당신의 능력을 보여주어라	
무뚝뚝하다	직감에 의존한다	주제에서 벗어나지 말라	
자신의 의견에서 출발한다	말썽을 두려워하지 않는다	독립적으로 처신하라	
주도형을 상대하는 요령			
주도형이 성장하도록 도와주는 방법			
공감을 느끼도록 한다	질문을 더 많이 던진다	논리를 결정의 근거로 삼는다	긴장을 풀게 도와준다
여유를 가지고 경청하게 한다	남을 칭찬하게 한다	몸짓 언어를 누그러뜨리게 한다	남이 다가올 수 있도록 한다
주도형이 대가로 바라는 것			
권위를 인정받는 것	세부 사항에 얽매이지 않는 것	주도권을 가지는 것	직설적인 대답
거창한 과제	융통성	명확히 규정된 기대	어느 정도의 특전
소셜 미디어에서 주도형을 알아보는 방법			
글이 짧다	주제에 집중한다	과제에 집중한다	공격적이다

사교형

사교형은 상대방이 감정에 솔직하고 친근하고 유머 감각이 있고 무엇보다 자신의 성취를 인정해주기를 바란다.

당신이 사교형인지 아는 방법 : 사람들은 당신을 외향적이고 허풍이 심하고 경쟁심이 강하고 피상적이지만, 유머 감각이 대단하고 인정 욕구가 있다고 묘사한다.

사교형의 특징		사교형과 소통하는 방법	
말	**행동**	**해야 할 일**	**대비해야 할 일**
상대방을 알고 싶어한다	표정을 활용한다	허물없이 다가가라	상대방에게 영향력을 미치려는 시도
묻기보다는 말하는 쪽이다	자발적이다	긴장을 풀라	스포트라이트에 대한 갈망
듣기보다는 말하는 쪽이다	웃는 것을 좋아한다	자신의 감정에 대해서 말하게 하라	감정 과잉
삼천포로 빠지거나 과장하는 경향이 있다	주의 집중 시간이 짧다	심각하게 받아들이지 말라	허풍
이야기를 많이 늘어놓는다	온화해 보인다	세부 사항을 서면으로 제시하라	거절당하면 상처를 입는다
말이 빠르다	바싹 붙어서 말하기를 좋아할 수도 있다	남들 앞에서 칭찬하라	설득하려 든다
감정을 나누고 싶어한다	뻐긴다	유머를 활용하라	
사교형을 상대하는 요령			
사교형이 성장하도록 도와주는 방법			
시간 관리	체계적으로 정리한다	더 분석적으로 행동하도록 한다	
객관적인 입장이 되도록 한다	분명한 결과를 강조하도록 한다	긴박감을 느끼게 한다	
사교형이 대가로 바라는 것			
인기	남들 앞에서의 칭찬	다정한 관계	
눈에 보이는 보상	인정	세부 사항에 얽매이지 않는 것	
소셜 미디어에서 사교형을 알아보는 방법			
자신에 대해서 이야기한다	조금 뻐긴다	외모를 중시한다	셀카를 많이 올린다

안정형

안정형은 상대방이 무던하고 협조적이고 공감하면서도 느긋하기를 바란다.

당신이 안정형인지 아는 방법 : 사람들은 당신을 무심하고 변화를 꺼리고 느리지만, 남을 잘 도와주고 상대방의 말에 귀 기울이고 예의 바르다고 묘사한다.

안정형의 특징		안정형과 소통하는 방법	
말	행동	해야 할 일	대비해야 할 일
이유를 알고 싶어한다	의견을 묻는다	논리적으로 행동하라	친근함
말하기보다는 묻는 쪽이다	다정한 분위기를 좋아한다	안정감을 느끼게 하라	변화에 대한 저항
덜 말하고 더 듣는다	편안한 분위기를 좋아한다	변화할 시간을 주어라	우선순위를 정하지 못함
느리고 꾸준하다	끈기	그가 중요한 존재임을 일깨워라	마감을 맞추지 못함
내성적이다	봉사 정신이 투철하다	변화할 때까지 시간을 두고 지켜보라	스포트라이트에 대한 거부감
과묵하다	요란하거나 인정을 추구하지 않는다	진지하라	
온정적이다	남에게 관용을 베푼다		

안정형을 상대하는 요령			
안정형이 성장하도록 도와주는 방법			
변화에 개방적이도록 한다	과시하는 법을 배우게 한다	스스로를 믿고 의견을 개진하게 한다	
자기 긍정	내세우는 법을 배우게 한다		
안정형이 대가로 바라는 것			
사적인 인정	차분한 관계	안정	적응 기간
만족스러운 관계	표준 절차	진심	경청
소셜 미디어에서 안정형을 알아보는 방법			
동료에 대해서 이야기한다	매우 성실하다	감정을 활용한다	꾸준하고 믿음직하다

신중형

신중형은 세부 사항을 중시한다. 상대방이 정확하기를 바라고 세부 사항에 주목하며 대인 접촉을 기피한다.

당신이 신중형인지 아는 방법 : 사람들은 당신이 정확하고 꼼꼼하지만, 이따금 지나치게 비판적이고 부정적이고 트집을 잘 부린다고 묘사한다. 당신은 숫기가 없기는 하지만 소수의 친밀한 관계는 중요하게 생각한다.

신중형의 특징		신중형과 소통하는 방법	
말	**행동**	**해야 할 일**	**대비해야 할 일**
방법을 알고 싶어한다	과제에 집중한다	분명한 마감일을 제시하라	모호한 것에 대한 반감
말하기보다는 묻는 쪽이다	질서 정연하다	당신이 믿음직한 사람임을 보여주어라	사실관계를 재확인하려는 욕구
덜 말하고 더 듣는다	매우 꼼꼼하다	충성심을 보여주어라	남을 필요로 하지 않는다
호들갑을 떨지 않는다	정확하다	기민하고 겸손하라	조사를 많이 한다
말이 느리다	시간을 의식한다	시간을 엄수하라	경계심
말보다 글에 능하다	속내를 알기 힘들다	높은 기준을 중시하라	
꼼꼼하고 정확하다	올바르고 싶어한다	집중하라	
신중형을 상대하는 요령			
신중형이 성장하도록 도와주는 방법			
인내심을 길러준다	집단 활동을 즐기게 한다	타인의 한계를 받아들이게 한다	
도움을 청하는 법을 배우게 한다	타인의 아이디어를 받아들이게 한다		
신중형이 대가로 바라는 것			
분명한 기대	사실관계 검증	두각을 드러낼 기회	분명한 임무 범위
전문성	급격한 변화가 없을 것	개인적 자율성	
소셜 미디어에서 신중형을 알아보는 방법			
세부 사항을 많이 동원한다	완벽한 사진만 올린다	게시물이 길다	사실관계를 많이 언급한다

주

머리말 : 당신의 새로운 초능력

1 Rod Scher, "Is This the Most Dangerous Man in America?," *Computer Power User,* 2011년 7월, https://www.social-engineer.org/content/CPU-MostDangerousMan.pdf.

2 Christopher Hadnagy, *Social Engineering : The Art of Human Hacking* (Indianapolis : Wiley, 2010), 민병교(역), 『사회공학과 휴먼 해킹 : 인간의 심리를 이용해 어떻게 원하는 것을 얻는가?』(에이콘, 2012), 30쪽.

3 Simon Baron-Cohen, *The Science of Evil : On Empathy and the Origins of Cruelty* (New York : Basic Books, 2011).

4 이를테면 다음을 보라. Shahirah Majumdar, "Why Empathy Is Bad," *Vice,* 2016년 12월 21일, https://www.vice.com/en_us/article/78bj8a/why-empathy-is-bad ; Paul Bloom, *Against Empathy : The Case for Rational Compassion* (New York : HarperCollins, 2016), 이은진(역), 『공감의 배신 : 아직도 공감이 선하다고 믿는 당신에게』(시공사, 2019).

제1장 : 자신을 알라, 그래야 남을 알 수 있다

1 이는 실화이다. Jon Willing, "City Treasurer Was Victim of a 'Whaling' Scam, Transferred $100K to Phoney Supplier," *Ottawa Citizen,* 2019년 4월 8일, https://ottawacitizen.com/news/local-news/city-treasurer-was-victim-to-a-whaling-scam-transferred-100k-to-phoney-supplier.

2 Andrew Duffy, "Florida Man Named as Suspect in City of Ottawa Fraud Case Faces Trial in U.S. Email Scam," *Ottawa Citizen,* 2019년 4월 10일, https://ottawacitizen.com/news/local-news/florida-man-named-as-suspect-in-city-of-ottawa-fraud-case-faces-trial-in-u-s-email-scam.

3 이를테면 치과의사들은 환자들이 정기적으로 치실을 쓰고 이를 닦도록 하기 위해서 디스크를 이용한다. 다음을 보라. Mark Scarbecz, "Using the DISC System to Motivate Dental Patients," *Journal of the American Dental Association* 138, no. 3 (2007년 3월) : 381–85, doi:10.14219/jada.archive.2007.0171.

4 예컨대 한 연구에 따르면, 팀을 구성할 때에 디스크를 활용했더니 팀의 창의성이 증

진되고 협력이 강화되었다. 다음을 보라. Ioanna Lykourentzou et al., "Personality Matters : Balancing for Personality Types Leads to Better Outcomes for Crowd Teams," *Proceedings of the 19th ACM Conference on Computer-Supported Cooperative Work & Social Computing* (2016년 2월) : 260–73, https://doi.org/10.1145/2818048.2819979. 어쨌거나 우리 회사에서 이용하는 상업적인 디스크 검사 서비스에서도 디스크가 신뢰할 만하고 유익하다는 사실을 보여주는 자체 조사 결과를 나에게 제공했다.

5   "Everything DiSC : A Wiley Brand," Everything DiSC, 2020년 4월 3일 확인, https://www.everythingdisc.com/EverythingDiSC/media/SiteFiles/Assets/History/Everything-DiSC-resources-historyofdisc-timeline.pdf.

6   Stan Phelps, "Five Lessons on Delivering Breakaway CX from Forrester's CXNYC Conference," *Forbes,* 2017년 7월 19일, https://www.forbes.com/sites/stanphelps/2017/07/19/five-lessons-on-delivering-breakaway-cx-from-forresters-cxnyc-conference/#63af4dce4f9d.

7   "Avista Warns of Scammers Continuing to Target Utility Customers," KHQ-TV, 2019년 6월 18일, https://www.khq.com/news/avista-warns-of-scammers-continuing-to-target-utility-customers/article_ed857844-91df-11e9-a6f2-2b08fc7d4d40.html.

제2장 : 되어야 하는 사람이 되어라

1   "100 Funny Jokes and Quotes about Love, Sex and Marriage," *Telegraph,* 2018년 12월 14일, https://www.telegraph.co.uk/comedy/comedians/100-funny-jokes-quotes-love-sex-marriage/richard-jeni.

2   Malcolm Gladwell, *Talking to Strangers : What We Should Know about the People We Don't Know* (New York : Little, Brown, 2019), 73, 유강은(역), 「타인의 해석 : 당신이 모르는 사람을 만났을 때」(김영사, 2020), 101쪽.

3   같은 문헌(한국어판은 102쪽/옮긴이).

4   Brittany Taylor, "Scam Caught on Camera : Man Accused of Impersonating West U. Public Works Employee," KPRC-TV, 2019년 1월 22일, https://www.click2houston.com/news/scam-caught-on-camera-man-accused-of-impersonating-west-u-public-works-employee.

5   Clifford Lo, "Scammers Swindle Hong Kong Man out of HK$430,000 in the Space of Four Hours on WhatsApp," *South China Morning Post,* 2019년 1월 17일, https://www.scmp.com/news/hong-kong/law-and-crime/article/2182575/scammers-swindle-hong-kong-man-out-hk430000-space-four.

6   Kathy Bailes, "Two Parents Fall Prey to St. Lawrence College Fees Email Scam," *Isle of Thanet News,* 2019년 1월 8일, https://theisleofthanetnews.com/2019/01/08/two-parents-fall-prey-to-st-lawrence-college-fees-email-scam.

7   뤼스티히 이야기의 출처는 다음과 같다. "The Most Notorious Financial Frauds in History," *Telegraph,* 2016년 6월 6일, https://www.telegraph.co.uk/money/consumer-affairs/the-most-notorious-financial-frauds-in-history/victor-lustig ; Jeff Maysh, "The Man Who Sold the Eiffel Tower. Twice," *Smithsonian Magazine,* 2016년 3월 9일, https://www.

smithsonianmag.com/history/man-who-sold-eiffel-tower-twice-180958370.

8 이 사건은 보도되었지만 입증되지는 않았으며 출처는 다음과 같다. Maysh, "The Man Who Sold the Eiffel Tower, Twice".

9 David J. Dance, "Pretexting : A Necessary Means to a Necessary End?" *Drake Law Review* 56, no. 3 (2008년 봄) : 807, https://lawreviewdrake.files.wordpress.com/2015/06/lrvol56-3_dance.pdf.

10 William Safire, "Pretexting," *New York Times,* 2006년 9월 24일, https://www.nytimes.com/2006/09/24/magazine/pretexting.html.

11 다음을 보라. Art Markman, "How Your Personality Shines Through," *Psychology Today,* 2010년 4월 5일, https://www.psychologytoday.com/us/blog/ulterior-motives/201008/how-your-personality-shines-through. 이 기사에서 소개하는 논문은 다음과 같다. Ryne A. Sherman, Christopher S. Nave, and David C. Funder, "Situational Similarity and Personality Predict Behavioral Consistency," *Journal of Personality and Social Psychology* 99, no. 2 (2010년 8월) : 330–43.

12 Christopher Soto, "Personality Can Change Over a Lifetime, and Usually for the Better," NPR, 2016년 6월 30일, https://www.npr.org/sections/health-shots/2016/06/30/484053435/personality-can-change-over-a-lifetime-and-usually-for-the-better.

13 기밀 유지를 위해서 이야기의 몇 가지 사실을 변경했다.

제3장 : 방법을 확실히 정하라

1 학계에서는 "동종애(homophily)"라고 부른다. 자세한 내용은 다음을 보라. Alessandro Di Stefano et al., "Quantifying the Role of Homophily in Human Cooperation Using Multiplex Evolutionary Game Theory," *PLOS One* 10, no. 10 (2015), doi:10.1371/journal.pone.0140646.

2 Amos Nadler and Paul J. Zak, "Hormones and Economic Decisions," *Neuroeconomics,* ed. Martin Reuter and Christian Montag (Berlin : Springer-Verlag, 2016), 41–66. 또한 다음도 참고하라. Jorge A. Barraza and Paul J. Zak, "Empathy toward Strangers Triggers Oxytocin Release and Subsequent Generosity," *Annals of the New York Academy of Sciences* 1667, no. 1 (2009년 6월) : 182–89, https://doi.org/10.1111/j.1749-6632.2009.04504.x.

3 이를테면 다음을 보라. Clint Berge, "Barron Co. Residents Scammed out of $100K as Sheriff Gives Warning," WQOW News 18, 2019년 6월 24일, https://wqow.com/news/top-stories/2019/06/24/barron-co-residents-scammed-out-of-100k-as-sheriff-gives-warning.

4 사회공학의 윤리 규정에 대해서는 다음을 보라. "The Social Engineering Framework," Security Through Education, 2019년 11월 13일에 확인, https://www.social-engineer.org/framework/general-discussion/code-of-ethics.

5 Ewa Jacewicz et al., "Articulation Rate across Dialect, Age, and Gender," *Language Variation and Change* 21, no. 2 (2009년 7월) : 233–56, doi:10.1017/S0954394509990093.

6 Yanan Wang, "These Are the States with the Fastest Talkers (New York Isn't One of

Them)," *Washington Post,* 2016년 2월 4일, https://www.washingtonpost.com/news/morning-mix/wp/2016/02/04/these-are-the-states-with-the-fastest-talkers-new-york-isnt-one-of-them ; Marchex Marketing Team, "America's Speech Patterns Uncovered," *Marchex* (블로그), 2016년 2월 2일, https://www.marchex.com/blog/talkative.

7 David Cox, "Is Your Voice Trustworthy, Engaging or Soothing to Strangers?," *Guardian,* 2015년 4월 16일, https://www.theguardian.com/science/blog/2015/apr/16/is-your-voice-trustworthy-engaging-or-soothing-to-strangers.

8 이 주제에 대해서는 방대한 문헌이 있다. 이를테면 다음을 보라. Will Storr, "The Metamorphosis of the Western Soul," *New York Times,* 2018년 8월 24일, https://www.nytimes.com/2018/08/24/opinion/the-metamorphosis-of-the-western-soul.html.

9 Sidney Kraus, *Televised Presidential Debates and Public Policy* (New York and London : Routledge, 2000), 66, 송종길(역), 『텔레비전 대통령 후보 토론과 공공정책』(한울아카데미, 2002), 122쪽.

10 Thomas R. Zentall, "Reciprocal Altruism in Rats : Why Does It Occur?," *Learning & Behavior* 44 (2016년 3월) : 7–8, https://doi.org/10.3758/s13420-015-0201-2.

11 Janelle Weaver, "Monkeys Go Out on a Limb to Show Gratitude," *Nature,* 2010년 1월 12일, https://doi.org/10.1038/news.2010.9.

12 Hajo Adam and Adam D. Galinsky, "Enclothed Cognition," *Journal of Experimental Social Psychology* 48, no. 4 (2012년 7월) : 918–25, doi:https://doi.org/10.1016/j.jesp.2012.02.008.

제4장 : 도와주고 싶은 사람이 되어라

1 Mathukutty M. Monippally, *Business Communication : From Principles to Practice* (New Delhi : McGraw Hill Education, 2013), 137.

2 Robert B. Cialdini, *Influence : The Psychology of Persuasion* (Melbourne : Business Library, 1984, 국내에는 이 책의 교과서 격인 *Influence : Science and Practice*가 『설득의 심리학 1 : 사람의 마음을 사로잡는 6가지 불변의 법칙』[황혜숙 역, 21세기북스, 2019]이라는 제목으로 출간되었다/옮긴이).

3 Dave Kerpen, *The Art of People : 11 Simple People Skills That Will Get You Everything You Want* (New York : Crown Business, 2016), 박종성(역), 『어떻게 소통할 것인가 : 상식이 흔들리는 시대에 맞서 사람을 대하는 11가지 기술』(알에이치코리아, 2017) ; Peter Economy, "How the Platinum Rule Trumps the Golden Rule Every Time," *Inc.,* 2016년 3월 17일, https://www.inc.com/peter-economy/how-the-platinum-rule-trumps-the-golden-rule-every-time.html.

4 Mama Donna Henes, "The Universal Golden Rule," Huffington Post, 2012년 12월 23일 수정, https://www.huffpost.com/entry/golden-rule_b_2002245 ; W. Patrick Cunningham, "The Golden Rule as Universal Ethical Norm," *Journal of Business Ethics* 17, no. 1 (1998년 1월) : 105–9.

5 Jonathan L. Freedman and Scott C. Fraser, "Compliance without Pressure : The Foot-in-the-Door Technique," *Journal of Personality and Social Psychology* 4, no. 2 (1966) : 195–

202, https://doi.org/10.1037/h0023552.

6 Michael Lynn, "Scarcity Effects on Value : A Quantitative Review of the Commodity Theory Literature," *Psychology & Marketing* 8, no. 1 (1991), 43–57 ; Luigi Mittone and Lucia Savadori, "The Scarcity Bias," *Applied Psychology* 58, no. 3 (2009년 7월) : 453–68, https://doi.org/10.1111/j.1464-0597.2009.00401.x.

7 Paul Dunn, "The Importance of Consistency in Establishing Cognitive-Based Trust : A Laboratory Experiment," *Teaching Business Ethics* 4 (2000년 8월) : 285–306, https://doi.org/10.1023/A:1009870417073.

8 Alfonso Pulido, Dorian Stone, and John Strevel, "The Three Cs of Customer Satisfaction : Consistency, Consistency, Consistency," McKinsey & Company, 2014년 3월, https://www.mckinsey.com/industries/retail/our-insights/the-three-cs-of-customer-satisfaction-consistency-consistency-consistency.

9 Robert B. Cialdini et al., "Compliance with a Request in Two Cultures : The Differential Influence of Social Proof and Commitment/Consistency on Collectivists and Individualists," *Personality and Social Psychology Bulletin* 25, no. 10 (1999년 10월) : 1242–53, https://doi.org/10.1177/0146167299258006.

10 Stanley Milgram, "Behavioral Study of Obedience," *Journal of Abnormal and Social Psychology* 67, no. 4 (1963) : 376, https://doi.org/10.1037/h0040525.

11 Brandi Vincent, "The Federal Trade Commission Warns That Criminals' 'Favorite Ruse' Is Pretending to Be from a Government Agency," *Next Gov,* 2019년 7월 2일, https://www.nextgov.com/cio-briefing/2019/07/scammers-are-impersonating-government-agencies-more-ever/158165.

12 Adam J. Hampton, Amanda N. Fisher Boyd, and Susan Sprecher, "You're Like Me and I Like You : Mediators of the Similarity-Liking Link Assessed before and after a Getting-Acquainted Social Interaction," *Journal of Social and Personal Relationships* 36, no. 7 (2019년 7월) : 2221–44, https://doi.org/10.1177/0265407518790411.

제5장 : 이야기하고 싶은 사람이 되어라

1 매사추세츠 대학교 애머스트 캠퍼스의 심리학, 뇌과학 명예교수 수전 크라우스 휘트본은 자기 폭로의 일반적 과정을 다음과 같이 설명한다. "자기 폭로에 대한 한 가지 이론에 따르면 당신이 보답하려는 경향이 있는 것은 당신에게 폭로하는 사람이 당신을 좋아하고 신뢰한다고 가정하기 때문이다. 당신이 그 대가로 자기 폭로를 할수록 상대방은 당신을 더욱 좋아하고 신뢰하며 더더욱 자기 폭로를 하게 된다. 이것이 자기 폭로 상호성의 **사회적 매력-신뢰 가설**이다. 두 번째 가설은 사회적 교환 이론에 근거를 두며 우리가 자기 폭로로 보답하는 것은 관계의 균형을 유지하기 위함이라고 주장한다. 당신이 폭로하니 나도 폭로한다는 것이다(Susan Krauss Whitbourne, "The Secret to Revealing Your Secrets," *Psychology Today,* 2014년 4월 1일, https://www.psychologytoday.com/us/blog/fulfillment-any-age/201404/the-secret-revealing-your-secrets)."
더 근본적으로 들여다보자면 학자들은 인간이 사회적 동물이기 때문에 천성적으로 타인을 믿는다고 주장했다(진실기본값). "진실기본값 이론"과 인간의 어수룩한 성격으로 인해서 나타난 한 결과들에 대한 자세한 내용은 다음을 보라. Timothy R. Levine *Duped : Truth-Default Theory and the Social Science of Lying and Deception* (Tuscaloosa : University of Alabama Press, 2020) ; Gladwell, *Talking to Strangers*.

2 Jeff Stone, "LinkedIn Is Becoming China's Go-to Platform for Recruiting Foreign Spies," CyberScoop, 2019년 3월 26일, https://www.cyberscoop.com/linkedin-china-spies-kevin-mallory-ron-hansen ; Anthony Cuthbertson, "China Is Spying on the West Using LinkedIn, Intelligence Agency Claims," *Newsweek*, 2017년 12월 11일, https://www.newsweek.com/china-spying-west-using-linkedin-743788.

3 이 시나리오는 다음에서 인용했다. "Elicitation," National Counterintelligence and Security Center, 2019년 12월 16일에 확인, https://www.dni.gov/files/NCSC/documents/campaign/Elicitation.pdf.

4 Sharon Stone, "Michigan State Police Tweet Warning Signs for Terrorism," *Tri-County Times*, 2019년 4월 22일, https://www.tctimes.com/news/michigan-state-police-tweet-warning-signs-for-terrorism/article_65d7c0fc-653c-11e9-904c-bb92d94c6056.html.

5 68퍼센트는 임의로 정한 비율이다. 정확한 통계나 어느 신문 기사에서 읽었는지는 기억나지 않지만, 우리가 실제 신문 기사에서 찾은 진짜 통계를 이용한 것은 사실이다. 이에 관심이 있는 독자를 위해서 알려드리자면 2010년에 「가디언(*Guardian*)」에서는 5명 중에 1명이 생일을 비밀번호로 쓴다고 보도했으며(Sceaf Berry, "One in Five Use Birthday as PIN Number," *Telegraph*, 2010년 10월 27일, https://www.telegraph.co.uk/finance/personalfinance/borrowing/creditcards/8089674/One-in-five-use-birthday-as-PIN-number.html) 2012년에는 전체의 10.7퍼센트가 1234를 비밀번호로 쓴다고 보도했다(Nick Berry, "The Most Common Pin Numbers : Is Your Bank Account Vulnerable?" *Guardian*, 2012년 9월 28일, https://www.theguardian.com/money/blog/2012/sep/28/debit-cards-currentaccounts).

6 텍사스 대학교 오스틴 캠퍼스의 심리학-마케팅 애너벨 아이리언 워셤 센테니얼 교수 아트 마크먼은 설득 과정의 명료함, 정확함, 경쟁이라는 주제에 대한 학술 연구를 논의하면서 이렇게 말했다. "이것을 종합하면, 자신의 태도에 대한 자신감은 타인에게 자신이 옳다는 것을 설득하려고 노력하는지의 여부에 영향을 미칠 수 있다. 특히, 자신의 태도가 옳다는 믿음이 확고할수록 남을 설득하는 데에 초점을 맞출 것이다(Art Markman, "Why We Need Everyone to Believe We're Correct," *Psychology Today*, 2014년 7월 14일, https://www.psychologytoday.com/us/blog/ulterior-motives/201407/why-we-need-everyone-believe-were-correct)." 이런 성향은 학계에서 "설명 깊이의 착각(즉, 자신의 이해 정도를 과대평가하려는 인간적 성향)"이라고 부르는 것에 의해서 가중될 수 있다. Leonid Rozenblit and Frank Keil, "The Misunderstood Limits of Folk Science : An Illusion of Explanatory Depth," *Cognitive Science* 26, no. 5 (2002년 9월) : 521–62, https://doi.org/10.1207/s15516709cog2605_1.

7 연구, 조사에서 소득, 연령 등에 대해 정확한 수치를 묻지 않고 범위를 고르라고 하는 이유 중의 하나는 그래야 응답률이 높아지기 때문이다. Joachim K. Winter, "Bracketing Effects in Categorized Survey Questions and the Measurement of Economic Quantities,"

Sonderforschungsbereich 504, Rationalitätskonzepte, Entscheidungsverhalten und Ökonomische Modellierung/Universität Mannheim, discussion paper, 2002, 35, https://epub.ub.uni-muenchen.de/19729.

제6장 : 악행을 중단시켜라

1 Justin Bariso, "What Is an Emotional Hijack? How Learning the Answer Made Me a Better Husband, Father, and Worker," *Inc.,* 2018년 7월 11일, 2020년 4월 4일에 확인, https://www.inc.com/justin-bariso/what-is-an-emotional-hijack-how-emotional-intelligence-made-me-a-better-husband-father-worker.html.

2 이는 시작에 불과하다. 카지노에서 사람들을 조종하여 도박에 더욱 빠지게 하는 여러 방법들에 대해서 더 알고 싶다면 다음을 보라. Mark Griffiths and Jonathan Parke, "The Environmental Psychology of Gambling," *Gambling : Who Wins? Who Loses?,* ed. Gerda Reith (New York : Prometheus Books, 2003), 277~92.

3 Humayun Khan, "How Retailers Manipulate Sight, Smell, and Sound to Trigger Purchase Behavior in Consumers," *Shopify Retail Marketing Blog,* 2016년 4월 25일, https://www.shopify.com/retail/119926083-how-retailers-manipulate-sight-smell-and-sound-to-trigger-purchase-behavior-in-consumers.

4 John Leyden, "Romanian 'Ransomware Victim' Hangs Self and 4-Year-Old Son—Report," *Register,* 2014년 3월 18일, https://www.theregister.co.uk/2014/03/18/romania_ransomware_murder_suicide.

5 J. Stuart Ablon, *Changeable : How Collaborative Problem Solving Changes Lives at Home, at School, and at Work* (New York : TarcherPerigee, 2018), 119.

6 Stephen Little, "Beware Holiday Villa Scams That Could Cost You £5,000," *Moneywise,* 2019년 1월 17일, https://www.moneywise.co.uk/news/2019-01-17%E2%80%8C%E2%80%8C/beware-holiday-villa-scams-could-cost-you-ps5000.

7 이 스캠에 대해서 자세히 알고 싶다면 다음을 보라. "Virtual Kidnapping Ransom Scam," National Institutes of Health Office of Management, 2020년 4월 4일 확인, https://www.ors.od.nih.gov/News/Pages/Beware-of-Virtual-Kidnapping-Ransom-Scam.aspx.

8 "Terrifying Kidnapping Scam Targets Families with Hoax Calls from Loved Ones' Phones," NBC Chicago 5, 2019년 3월 18일, https://www.nbcchicago.com/news/local/virtual-kidnapping-scam-reported-in-indiana/162372.

9 "조지아 대학교 언론학-매스커뮤니케이션 그레이디 칼리지의 광고-홍보학과 교수이자 학과장 톰 라이커트는 '광고업자들이 섹스를 활용하는 것은 효과가 매우 뛰어나기 때문이다'라고 말했다." 그러나 그는 이런 경고를 덧붙였다. "섹스는 금융 서비스, 설비, 다용도 트럭처럼 위험성이 크고 정보가 많이 필요한 제품을 팔 때에는 그만큼 효과적이지 않다(April Reese Sorrow, "Magazine Trends Study Finds Increase in Advertisements Using Sex," *University of Georgia Today,* 2012년 6월 5일, https://news.uga.edu/magazine-trends-study-finds-increase-in-advertisements-using-sex)."

10 패스트푸드 체인점 칼스 주니어의 모회사인 CKE 레스토랑은 선정적인 광고를 여러 해

동안 내보냈고, 2019년 말에 섹스를 실제 상품(이 경우에는 식품)으로 대체하기로 결정했다. Tiffany Hsu, "Carl's Jr.'s Marketing Plan : Pitch Burgers, Not Sex," *New York Times*, 2019년 11월 13일, https://www.nytimes.com/2019/11/13/business/media/new-carls-jr-ads.html.

11 리가딩 휴머니티(Regarding Humanity)의 공동 설립자 린다 래프트리는 "빈곤 포르노"라는 용어를 만들었으며 이것이 대다수 자선 단체의 목표를 신장하기보다는 저해한다고 확신한다. Aimee Meade, "Emotive Charity Advertising—Has the Public Had Enough?," *Guardian*, 2014년 9월 29일, https://www.theguardian.com/voluntary-sector-network/2014/sep/29/poverty-porn-charity-adverts-emotional-fundraising.

12 Meade, "Emotive Charity Advertising."

13 이 개략적인 설명은 다음을 참고했다. Bruce Grierson, "What if Age Is Nothing but a Mind-Set?," *New York Times Magazine*, 2014년 10월 22일, https://www.nytimes.com/2014/10/26/magazine/what-if-age-is-nothing-but-a-mind-set.html.

14 Ellen J. Langer, *Counter Clockwise : Mindful Health and the Power of Possibility* (New York : Ballantine Books, 2009), 변용란(역), 『마음의 시계 : 시간을 거꾸로 돌리는 매혹적인 심리 실험』(사이언스북스, 2015).

15 Carol Rosenberg, "What the C.I.A.'s Torture Program Looked Like to the Tortured," *New York Times*, 2019년 12월 4일, https://www.nytimes.com/2019/12/04/us/politics/cia-torture-drawings.html.

16 Editorial Board, "Don't Look Away," *New York Times*, 2019년 12월 5일, https://www.nytimes.com/2019/12/05/opinion/cia-torture-drawings.html ; James Risen and Sheri Fink, "Trump Said 'Torture Works.' An Echo Is Feared Worldwide," *New York Times*, 2017년 1월 5일, https://www.nytimes.com/2017/01/05/us/politics/trump-torture-guantanamo.html.

17 그러나 우울과 섭식 장애보다는 불안과의 연관성이 훨씬 컸다. Julie Beck, "How Uncertainty Fuels Anxiety," *Atlantic*, 2015년 3월 18일, https://www.theatlantic.com/health/archive/2015/03/how-uncertainty-fuels-anxiety/388066.

18 Archy O. de Berker et al., "Computations of Uncertainty Mediate Acute Stress Responses in Humans," *Nature Communications* 7 (2016년 3월), https://doi.org/10.1038/ncomms10996. 이 조사에 대한 평가는 신경과학자 마크 루이스에게서 인용했다. 그는 이 연구가 "불확실성과 스트레스의 관계에 대해서 이제껏 고안된 것 중에 가장 정교한 실험"이라고 논평했다(Marc Lewis, "Why We're Hardwired to Hate Uncertainty," *Guardian*, 2016년 4월 4일, https://www.theguardian.com/commentisfree/2016/apr/04/uncertainty-stressful-research-neuroscience).

19 Lewis, "Why We're Hardwired."

20 같은 문헌.

21 같은 문헌.

22 루이스는 차를 몰고 출근하다가 지각할 가능성을 맞닥뜨렸을 때에 직원이 느끼는 불안에 대해서도 비슷한 가설을 제시한다. 같은 문헌.

23 Susan Weinschenk, "Why Having Choices Makes Us Feel Powerful," *Psychology Today*,

2013년 1월 24일, https://www.psychologytoday.com/us/blog/brain-wise/201301/why-having-choices-makes-us-feel-powerful.

24 Lauren A. Leotti, Sheena S. Iyengar, and Kevin N. Ochsner, "Born to Choose : The Origins and Value of the Need for Control," *Trends in Cognitive Sciences* 14, no. 10 (2010년 10월) : 457–63, https://doi.org/10.1016/j.tics.2010.08.001.

25 같은 문헌.

26 Diane Hoskins, "Employees Perform Better When They Can Control Their Space," *Harvard Business Review* 2014년 1월 16일, https://hbr.org/2014/01/employees-perform-better-when-they-can-control-their-space.

27 Ranjay Gulati, "Structure That's Not Stifling," *Harvard Business Review*, 2018년 5–6월, https://hbr.org/2018/05/structure-thats-not-stifling.

28 셀리그먼에 대한 이 개략적 설명은 전부 다음을 참고했다. Maria Konnikova, "Trying to Cure Depression, but Inspiring Torture," *New Yorker*, 2015년 1월 14일, https://www.newyorker.com/science/maria-konnikova/theory-psychology-justified-torture.

29 Michael Shermer, "We've Known for 400 Years That Torture Doesn't Work," *Scientific American*, 2017년 5월 1일, https://www.scientificamerican.com/article/we-rsquo-ve-known-for-400-years-that-torture-doesn-rsquo-t-work.

30 같은 문헌. 분별력 있게 실시하는 고문(또는 "가벼운 고문")의 효과에 대한 또다른 관점에 대해서는 다음을 보라. Mark Bowden, "The Dark Art of Interrogation," *Atlantic*, 2003년 10월, https://www.theatlantic.com/magazine/archive/2003/10/the-dark-art-of-interrogation/302791.

제7장 : 몸으로 말하라

1 찰스 다윈이 1872년에 쓴 『인간과 동물의 감정 표현(*The Expression of the Emotions in Man and Animals*)』은 비언어적 소통을 탐구하려 했던 시도 중의 하나이다.

2 참고할 만한 문헌으로는 다음이 있다. Paul Ekman, *Telling Lies : Clues to Deceit in the Marketplace, Politics, and Marriage* (New York and London : Norton, 2009) ; Paul Ekman and Wallace V. Friesen, *Unmasking the Face : A Guide to Recognizing Emotions from Facial Expressions* (Los Altos, CA : Malor Books, 2003), 함규정(역), 『언마스크, 얼굴 표정 읽는 기술』(청림출판, 2014) ; David Matsumoto, Mark G. Frank, and Hyi Sung Hwang, eds., *Nonverbal Communication : Science and Applications* (Los Angeles : Sage, 2013) ; Joe Navarro, *What Every Body Is Saying : An Ex-FBI Agent's Guide to Speed-Reading People* (New York : William Morrow Paperbacks, 2008), 박정길(역), 『FBI 행동의 심리학 : 말보다 정직한 7가지 몸의 단서』(리더스북, 2010) ; Joe Navarro, *The Dictionary of Body Language : A Field Guide to Human Behavior* (New York : William Morrow Paperbacks, 2018), 김수민(역), 『FBI 관찰의 기술 : 몸의 신호로 상대를 꿰뚫어 보는 실전 매뉴얼』(리더스북, 2019) ; Daniel Goleman, *Emotional Intelligence : 10th Anniversary Edition ; Why It Can Matter More Than IQ* (New York : Bantam, 2006), 한창호(역), 『EQ 감성지능』(웅진지식하우스, 2008) ; Paul J. Zak, *The Moral*

Molecule : The Source of Love and Prosperity (New York : Dutton, 2012) ; Amy Cuddy, *Presence : Bringing Your Boldest Self to Your Biggest Challenges* (New York : Little, Brown Spark, 2015), 이경식(역), 『프레즌스 : 위대한 도전을 완성하는 최고의 나를 찾아서』(알에이치코리아, 2016). 내가 쓴 다음의 책도 참고가 될 것이다. *Unmasking the Social Engineer : The Human Element of Security* (Indianapolis : Wiley, 2014).

3 Navarro, *What Every Body Is Saying*, 88, 『FBI 행동의 심리학』, 212쪽.

4 인간은 거시적 표정과 미표정에 더불어서, 감정이 아니라 생각을 표현하는 이른바 대화 신호와 얼굴 표정 같은 몸동작도 구사한다. 당신이 애완동물인 아프리카목도리앵무의 짝짓기 의식에 대해서 나에게 말하면 나는 눈썹을 치켜올리고 고개를 끄덕임으로써 "거기에 관심이 있어"라는 생각을 표현할 수 있다.

5 반영 효과에 대한 연구로는 다음을 보라. Costanza Navarretta, "Mirroring Facial Expressions and Emotions in Dyadic Conversations," conference paper, Language Resources and Evaluation Conference (LREC 2016), Portoroz, Slovenia, vol. 10, 469–74, https://www.researchgate.net/publication/311588919_Mirroring_Facial_Expressions_and_Emotions_in_Dyadic_Conversations ; Robert W. Levenson, Paul Ekman, and Wallace V. Friesen, "Voluntary Facial Action Generates Emotion-Specific Autonomic Nervous System Activity, *Psychophysiology* 27, no. 4 (1990) : 363–84, https://bpl.berkeley.edu/docs/36-Voluntary%20Facial%20Action90.pdf.

6 Sourya Acharya and Samarth Shukla, "Mirror Neurons : Enigma of the Metaphysical Modular Brain," *Journal of Natural Science, Biology, and Medicine* 3, no. 2 (2012년 7–12월) : 118–24, https://doi.org/10.4103/0976-9668.101878.

7 Daniele Marzoli et al., "Sun-Induced Frowning Fosters Aggressive Feelings," *Cognition and Emotion* 27, no. 8 (2013년 5월) : 1513–21, https://doi.org/10.1080/02699931.2013.801338.

8 Jessica Bennett, "I'm Not Mad. That's Just My RBF," *New York Times*, 2015년 8월 1일, https://www.nytimes.com/2015/08/02/fashion/im-not-mad-thats-just-my-resting-b-face.html?_r=0&module=ArrowsNav&contentCollection=Fashion%20%26%20Style&action=keypress&region=FixedLeft&pgtype=article.

9 *Merriam-Webster,* "contempt"의 뜻풀이.

10 "Throwing Shade : The Science of Resting Bitch Face," Test Your RBF, 2020년 4월 4일 확인, https://www.testrbf.com/content/throwing-shade-science-resting-bitch-face.

11 Tomas Chamorro-Premuzic, "The Upside to Being Angry at Work," *Fast Company,* 2020년 2월 25일, https://www.fastcompany.com/90467448/the-upside-to-being-angry-at-work.

12 Preston Ni, "4 Types of Anger and Their Destructive Impact," *Psychology Today,* 2019년 5월 19일, https://www.psychologytoday.com/us/blog/communication-success/201905/4-types-anger-and-their-destructive-impact.

13 L. R. Mujica-Parodi, H. H. Strey, B. Frederick, R. Savoy, D. Cox, et al., "Chemosensory Cues to Conspecific Emotional Stress Activate Amygdala in Humans," PLoS ONE 4, no. 7 (2009) : e6415. doi:10.1371/journal.pone.0006415.

14 Ellie Lisitsa, "The Four Horsemen : Contempt," Gottman Institute, May 13, 2013, https://www.gottman.com/blog/the-four-horsemen-contempt/?rq=contempt.

제8장 : 연출을 다듬어라

1　George Lakoff, *The All New Don't Think of an Elephant! : Know Your Values and Frame the Debate* (White River Junction, VT : Chelsea Green, 2014), xi–xii, 유나영(역), 『코끼리는 생각하지 마 : 미국 진보 세력은 왜 선거에서 패배하는가』(미래엔, 2015), 11쪽.

2　같은 책, 1(한국어판은 21쪽/옮긴이).

3　Oliver Burkeman, "This Column Will Change Your Life : The Beauty in Imperfection," *Guardian,* 2010년 4월 23일, https://www.theguardian.com/lifeandstyle/2010/apr/24/change-your-life-beauty-imperfection에서 재인용, 천병희(역), 『명상록』(숲, 2020), 39쪽.

4　Sarah Todd, Hanna Kozlowska, and Marc Bain, "'Aspirational Realness,' the Instagram Cool-Girl Look, Disguises Advertising as Authenticity," *Quartz,* 2019년 10월 12일, https://qz.com/quartzy/1722511/how-brands-like-glossier-sell-aspirational-realness-on-instagram.

읽을거리

Robert B. Cialdini, *Influence : The Psychology of Persuasion* (Harper Business, 2006). 영향력을 정의하고 학술적으로 분석한 최초의 책.

Amy Cuddy, *Presence : Bringing Your Boldest Self to Your Biggest Challenges* (Little, Brown Spark, 2015), 이경식(역), 『프레즌스』(알에이치코리아, 2016). 작업 전에 몸짓언어가 어떻게 신경을 이완시키는지, 자세를 이용하여 어떻게 의사소통을 향상시킬 수 있는지 해커들이 이해할 수 있도록 도와주는 책.

Robin Dreeke, *It's Not All about Me : The Top Ten Techniques for Building Quick Rapport with Anyone* (Robin K. Dreeke, 2011). 드리크는 FBI에서 오랫동안 휴먼 해커로 일했다. 타인과의 신속한 라포르 형성을 다룬 최고의 책이다.

Paul Ekman, *Emotions Revealed : Recognizing Faces and Feelings to Improve Communication and Emotional Life* (paperback, Second Edition, Holt, 2007), 허우성, 허주형(역), 『표정의 심리학 : 우리는 어떻게 감정을 드러내는가?』(바다출판사, 2020). 비언어적 소통에 대해서 에크먼보다 이름난 학자는 없다. 이 책은 인간 감정과 그것이 얼굴에 어떻게 나타나는지를 서술한다.

Daniel Goleman, *Emotional Intelligence : Why It Can Matter More Than IQ* (10th Anniversary Edition, Bantam, 2006). 한창호(역), 『EQ 감성지능』(웅진지식하우스, 2012). 편도체와 이것이 심리와 행동에 어떤 영향을 미치는지에 대한 중요한 연구 결과를 소개한다.

Chris Hadnagy, Paul F. Kelly, and Dr. Paul Ekman, *Unmasking the Social Engineer : The Human Element of Security* (Wiley, 2014). 일상생활에서 비언어적 표현을 구사하는 법을 심층적으로 다룬다.

Ellen J. Langer, *On Becoming an Artist : Reinventing Yourself through Mindful Creativity* (Ballantine, 2006), 이모영(역), 『예술가가 되려면 : 심리학의 눈으로 바라본 예술가 이야기』(학지사, 2008). 이 책은 마음 챙김의 역할에 주목하는데, 이 기술은 모든 휴먼 해커에게 유익할 것이다.

Joe Navarro, *What Every Body Is Saying : An Ex-FBI Agent's Guide to Speed-Reading People* (William Morrow Paperbacks, 2008), 박정길(역), 『FBI 행동의 심리학』(리더스북, 2010). 머리에서 발끝까지 몸짓언어에 대한 최고의 책. 휴먼 해커의 필독서이다.

Paul J. Zak, *The Moral Molecule : The New Science of What Makes Us Good or Evil* (Bantam, 2012). 잭의 옥시토신 연구는 신뢰와 라포르 형성에 대한 우리의 이해를 바꿔놓았다.

역자 후기
마법의 올가미

탐정소설을 좋아하는 사람은 외젠 프랑수아 비독이라는 이름이 낯익을 것이다. 비독은 1775년에 태어난 프랑스의 전설적인 범죄자로, 1809년부터 경찰에 협조하기 시작하여 이후 경시청을 설립하고 경시청장을 지내며 범죄와 싸우는 일에서 자신의 전문성(?)을 발휘했다. 아서 코난 도일의 명탐정 셜록 홈스와 빅토르 위고의 형사 자베르가 그를 모델로 했다고 알려졌으며, 에드거 앨런 포의 『모르그 가의 살인*The Murders in the Rue Morgue*』 등 여러 책에 그의 실명이 등장하기도 한다. 한때 어둠의 세계에 몸담았으나 개과천선하여 세상을 더 나은 곳으로 바꾸기 위해서 애쓴 비독. 이 책을 번역하고 나니 저자 크리스 해드내기에게서 비독의 모습이 겹쳐 보였다.

물론 해드내기는 범죄자와는 정반대 위치에 있는 사람이다. 그는 (자신의 설명에 따르면) 어릴 시절부터 뛰어난 화술로 사람들을 설득하여 자신이 원하는 것을 얻어내는 데에 명수였다. 컴퓨터 보안 업계에 진출한 그가 휴먼 해킹이라는 생소한 분야에서 두각을 드러낸 것은 어쩌면 운명이었는지도 모르겠다.

처음에 번역 작업을 의뢰받았을 때 "아, 그 분야 잘 알아요. 전에 번역해본 적 있거든요"라고 대답했다. 일전에 『트랜스휴머니즘*To Be A Machine*』이라는 책을 번역한 적이 있었는데, 인체를 해킹하여 각종 생물학적 정보를 알아내는 기법을 그 책에서 '바이오 해킹'이라고 불렀기 때문이다. 그래서 휴먼 해킹이 바이오 해킹의 일종인 줄만 알았다. 알고 보니 휴먼 해킹은 인간의 몸이 아니라 정신과 감정을 해킹하는 기법이었다. 하긴 두뇌를 정보처리 기계라고 생각하면 휴먼 해커가 하는 일도 컴퓨터 해커와 별반 다르지 않겠지만.

컴퓨터 해커가 악질적인 크래커*cracker*와 선한 화이트 해커*white hacker*로 나뉘듯이 휴먼 해킹 분야에도 악당과 우리 편이 있다. 저자는 우리를 나쁜 해커로부터 지켜주는 착한 해커이다. 이쯤에서 독자들은 그가 어떤 일을 하는지 궁금할 것이다. 그는 기업과 정부 기관의 건물에 침입하고 시스템에 침투하여, 정보를 빼내……는 것이 아니라 자신이 알아낸 보안 취약점을 의뢰 기관에 보고하여 그들이 진짜 해커로부터 스스로 보호하도록 돕는다. 그의 전작 『사회공학과 휴먼 해킹』은 기업과 정부 기관이 휴먼 해킹에 당하지 않도록 해킹 기법과 대처법을 가르쳐주는 지침서이다.

그렇다면 기업이나 정부 기관의 보안 담당자가 아닌 여러분이 이 책을 읽어야 하는 이유는 무엇일까? 휴먼 해킹이 일상에서 상대방을 설득하여 자신의 목적을 달성하고 관계를 돈독하게 다지고 남을 돕고 행복하게 하는 방법이기도 하기 때문이다. 식물이 균류와 애벌레를 죽이려고 만들어낸 카페인이 인간의 정신을 맑게 해주는 고마운 약이 되듯이 휴먼 해킹도 선용하면 세상을 더 나은 곳으로 만드는 약이 될 수 있다.

『사회공학과 휴먼 해킹』을 접한 사람이라면 밑밥, 라포르, 도출, 조종 등 사회공학 분야의 개념이 이 책에서 어떻게 일상생활의 의사소통에 적용되는지 비교해가며 읽으면 더욱 흥미로울 것이다. 디스크 검사로 상대방의 의사소통 성향을 파악하고, 목적에 맞는 맥락과 소도구를 동원하고, 상대방이 나에게 마음을 열어 본심을 털어놓게 하고, 상대방의 표정과 몸짓을 읽고, 나의 표정과 몸짓으로 상대방에게 영향을 미치는 일련의 단계를 연습하면 인간관계의 달인이 될 수 있을 것이다.

이 책에서는 '호구'가 되지 않는 법도 알려준다. 나쁜 의도를 품고서 상대방에게 접근하여 사회공학 기법으로 자신의 이기적인 목적을 달성하고 상대방을 불행하게 만드는 수법을 '조종'이라고 하는데, 이 책을 읽으면 조종을 간파하고 스스로를 지킬 수 있다.

이 책에서 몇 번이고 강조하는 단어는 바로 '공감'이다. 사기꾼과 범죄자조차 상대방을 구워삶고 자기편으로 만들려고 공감을 활용한다는 대목을 읽고서 당혹감을 느끼는 사람도 있을 것이다. 공감은 양날의 칼이다. 너무나 효과적인 소통의 도구인 공감이 나쁜 자들의 손에 악용되지 않고 사람들을 더 행복하게 하는 데에 쓰이도록 하는 것은 우리의 의무이기도 할 것이다.

원더우먼은 악당을 진실의 올가미로 묶어 진실을 털어놓게 만든다고 한다. 저자의 말처럼 이 책이 여러분에게 요긴한 마법의 올가미가 되기를 바란다.

2022년 1월

역자 노승영

인명 색인